Antje König

Chinas wandernde Massen

Antje König

Chinas wandernde Massen

Die rund 200 Millionen Wanderarbeiter und ihre Gründe zur Migration

Tectum Verlag

Antje König

Chinas wandernde Massen.
Die rund 200 Millionen Wanderarbeiter
und ihre Gründe zur Migration

ISBN: 978-3-8288-2139-2

Umschlagabbildung: www.istockphoto.com, travelphotographer

Besuchen Sie uns im Internet
www.tectum-verlag.de

Bibliografische Informationen der Deutschen Nationalbibliothek
Die Deutsche Nationalbibliothek verzeichnet diese Publikation in der Deutschen Nationalbibliografie; detaillierte bibliografische Angaben sind im Internet über http://dnb.ddb.de abrufbar.

Dank an meinen Professor Gaudenz Assenza,
der mich stets unterstützt und ermutigt hat.

I WORK IN THE CITY

Auszüge aus einem Gedicht von Yu Chengda

Another day blowing dust in my face
In a strange city, I unload my bundle of dreams.
The skyscrapers are taller and denser than the trees of home.
The bright neon lights are like leaves,
Like drops of acid dew in the moonlight,
Which cannot moisten my chaffed lips …

Here I must bid farewell to a rhythm of life
Which is as slow as the yellow cow plowing.
I must speed ahead as fast as a car
To chase the moment
And build a life from reinforcement steel, and concrete,
And drops of sweat …

At the end of every month,
Neither wind nor rain stops us from going to the post office,
To remit notes with money which are thin but not heavy,
And wipe away the longing and poverty of home …

We will meet without prior appointment
At a common spot with our luggage rolled up
Returning down familiar path
And our hearts will be clear
That in the distance
Autumn and farming await us.

Übersetzt von Rachel Murphy, abgedruckt in ders., How Migrant Labor is Changing Rural China, Cambridge 2002. Originalquelle Zhongguo nongcun-qingnian [Rural Youth of China] (1996/2), S. 29.

INHALTSVERZEICHNIS

ABKÜRZUNGSVERZEICHNIS*

ACFTU	All China Federation Trade Union
AI	Amnesty International
BICCS	Brussels Institute of Contemporary China Studies
CASS	Chinese Academy of Social Science
CEDAW	Convention on the Elimination of all Forms of Discrimination against Women
CERD	Convention on the Elimination of Racial Discrimination
CESCR	Committee on Economic, Social and Cultural Rights
CLB	China Labour Bulletin
CLW	China Labor Watch
CPPCC	Chinese People's Political Consultative Conference
CSR	Corporate Social Responsibility
GIGA	German Institute of Global and Area Studies
HRIC	Human Rights in China
HRS	Household Responsibility System
HRW	Human Rights Watch
ICCPR	International Covenant on Civil and Political Rights
ICESCR	International Covenant on Economic, Social and Cultural Rights
ILO	International Labor Organisation
KAS	Konrad-Adenauer-Stiftung
KP	Kommunistische Partei
KPC	Kommunistische Partei Chinas
LPC	Local People's Congress
MPS	Ministry of Political Security
NGO	Non Governmental Organisation
NVK	Nationaler Volkskongress
PLA	People's Liberation Army

* Die Bedeutung deutsch- und englischsprachiger Akronyme bleibt wie Literaturtitel aus diesen Sprachen unübersetzt.

SS	(Chinese) State Security
SWZ	Sonderwirtschaftszone(n)
UDHR	Universal Declaration of Human Rights
UN	United Nations
UNHCHR	United Nations High Commissioner for Refugees
UNO	United Nations Organisation
USA	United States of America
VN	Vereinte Nationen
VRC	Volksrepublik China
WB	Worldbank
WTO	World Trade Organisation
ZK	Zentralkomitee

Verzeichnis der Abbildungen und Tabellen

1 Einleitung: Eskalation ländlicher Arbeitsbewegungen

1.1 Thematische Einführung, Fragestellung und Hypothese

Schätzungsweise 150 bis 200 Millionen Menschen bewegen sich derzeit zwischen Land und Stadt in China.[1] Die hohe Zahl der Wanderarbeiter stellt ein gegenwärtiges Phänomen dar, denn seit den 50er Jahren wurden derartige Wanderungsströme in China nicht beobachtet. Damals flüchteten die Menschen vor der Hungersnot (*Great Famine*) und suchten die Teilnahme an so genannten Umsiedlungsprogrammen zur Arbeit auf dem Land. Nach dem Tod Mao Tse-tungs (1976) und mit Beginn der Reformpolitik Deng Xiaopings verließen seit den frühen 1980ern über 100 Millionen Chinesen ihre Heimatdörfer, um in der Stadt als Wanderarbeiter und Händler zu arbeiten. Damit formten sie die größte Menschenbewegung zu Friedenszeiten in der Geschichte.[2] Die Eskalation ländlicher Arbeitsbewegungen in China ist auf das rasante Wirtschaftswachstums des Landes seit den 1990er Jahren zurückzuführen. Diese freiwilligen

1 Auf diese Zahlen berufen sich Organisationen wie Amnesty International und Human Rights Watch. Sie ziehen diese Informationen teilweise aus dem Report der International Labor Organisation (ILO; Hrsg.), Equality at work: Tackling the Challenges. Global Report under the follow-up to the ILO Declaration on Fundamental Principles and Rights at Work, Genf 2007, S. 34 (<http://www.ilo.org./wcmsp5/groups/public/---dgreports/---dcomm/---web_dev/documents/publication/wcms_082607.pdf> am 30.05.2008). [Im Folgenden abgekürzt mit "Report ILO".] Laut der deutschen Botschaft werden die Zahlen der Wanderarbeiter auf 94 Millionen geschätzt; Unstimmigkeiten würden von Doppelzählungen rühren. (<http://www.peking.diplo.de/Vertretung/peking/de/05/Aussenwirtschaftsfoerderung/basisinfos__chines__lw__seite.html> am 05.05.2008.) Die Verfasserin nimmt die Signifikanz der Zahlen der Berichte von Amnesty International und Human Rights Watch an, da auch andere Organe sich auf sie berufen.

2 Vgl. Murphy, Rachel, How Migrant Labor is Changing Rural China, Cambridge 2002, S. 1 und auch Roberts, Kenneth D., Rural Migrants in Urban China: Willing Workers, Invisible Residents, in: Asia Pacific Business Review (8/2002), S. 141-158, hier S. 141. Noch 1980 wurden zwei Millionen Wanderarbeiter gezählt. Bis 2015 werden es wohl bis zu 300 Millionen Menschen sein. Vgl. Amnesty International (Hrsg.), People's Republic of China. Internal migrants: Discrimination and abuse. The human cost of an economic miracle, London [März] 2007, S. 1f. (<http://www.amnesty.org/en/library/asset/ASA17/008/2007/en/dom-ASA170082007en.pdf> am 18.10.2007). [Im Folgenden abgekürzt mit „Report AI".]

Wanderungen sind größtenteils Land-Stadt-Bewegungen, wobei aber auch innerregionale Arbeitsmigrationen zustande kommen.

Wanderarbeiter werden von Firmenmanagern vorrangig eingestellt, denn sie werden geringer bezahlt, arbeiten länger und unter härteren sowie teilweise lebensbedrohlichen Bedingungen und sind nicht zu Gesundheitsversorgung, Bildung, Unterkunftsvorteilen, Unfallversicherung und staatlicher Unterstützung berechtigt.[3] Trotzdem entscheiden sich täglich abertausende Landbewohner zur Migration in die Städte, teilweise aus Verlockung, teilweise aus Hoffnung wie auch Verzweiflung. Für die meisten ländlichen chinesischen Haushalte ist die Landwirtschaft nicht ausreichend und die Wanderarbeit bietet die Möglichkeit das Einkommen zu steigern und zu diversifizieren, der Arbeitslosigkeit zu entkommen sowie den Verbrauch zu regulieren und Vermögen aufzubauen.

Obwohl die chinesische Nation einer zentralen Wirtschaftsplanung obliegt und durch eine explizit festgesetzte Migrationspolitik bestimmt wird, führt die rasche wirtschaftliche Entwicklung in den Städten zur Reduzierung der effektiven behördlichen Kontrolle über die Migration und nun werden mehrere Millionen Wanderarbeiter in Peking, Shanghai und Guangzhou gezählt.

Ziel der vorliegenden Arbeit ist es, eine theoretisch fundierte Analyse der Ursachen dieser umfassenden Migrationsprozesse zu leisten, um damit die zentrale Forschungsfrage zu beantworten, warum sich jedes Jahr rund 200 Millionen chinesische Landbewohner angesichts der zu erwartenden Zustände zur Migration in die Städte entscheiden.[4]

Im Hinblick auf die Olympischen Spiele 2008 wurden Arbeitskräfte zum Aufbau der Städte dringend gebraucht. Laut Human Rights Watch sind fast 90 Prozent der etwa einen Million Wanderarbeiter in Peking im Bausektor tätig. Ohne sie hätten die Infrastruktur und die Sportstätten für die Olympiade nicht rechtzeitig fertig gestellt werden können.[5] Die „mo-

---

3 Nur eine Minderheit der Arbeitsmigranten in den Städten verfügt über eine Registrierung, die Mehrheit der Wanderarbeiter leidet unter den diskriminierenden Vorschriften des Haushaltsregistrierungssystems (*Hukou*).

4 Die Verfasserin wählte dieses Thema für ihre Magisterarbeit, da einerseits die Auseinandersetzung mit der Menschenrechtsproblematik der Schwellenländer, insbesondere China, in der Politikwissenschaft noch wenig Aufmerksamkeit erlangt hat und andererseits diese Thematik persönlich großes Interesse weckt und besonders im Hinblick auf die wirtschaftliche Situation *die Menschen*, welche dieses Wachstum ermöglichen, nicht aus den Blickpunkt der Untersuchungen verschwinden dürfen.

5 Vgl. Human Rights Watch (Hrsg.), „One Year of My Blood". Exploitation of Migrant Construction Workers in Beijing, o.O. 2008, S. 5-8

bilen" Arbeitskräfte vom Land stellen also ein wichtiges Element der (wirtschaftlichen) Entwicklungen in China dar. Politische Barrieren, wie die des Registrierungssystems (*Hukou*), werden seitens potentieller Migranten eher ausgeblendet bzw. umgangen oder gar hingenommen; in der Hoffnung den ärmlichen Zuständen auf dem Land zu entgehen, um in einer der von den Medien vermittelten glitzernden Städte ein neues Leben zu beginnen und bessere Erfahrungen zu machen als auf dem Lande. Andererseits wandern die Menschen mit der Vorstellung keine andere Möglichkeit zu haben, die häusliche Situation der Familie zu verbessern. Da es unmöglich scheint diese Problematik monokausal zu erklären, ergeben sich neben der Leitfrage dieser Arbeit weitere Teilfragen: Wer wandert und mit welcher Vorstellung? Welche Rolle spielte die wirtschaftliche Lage bei der Entscheidung? Inwiefern reagiert die politische Führung auf das Problem? Welche anderen Faktoren wirken in welcher Weise auf den Entscheidungsprozess ein? Diese Fragen als auch die Forschungsfrage werden von der Hypothese geleitet, dass neben den ökonomischen Gründen wie der finanziellen Lage, vor allem soziale Motive wie die familiäre Verbundenheit oder die Suche nach einem besseren Leben, Anlass zur Entscheidung für die Wanderarbeit sind.

1.2 Forschungsstand und Quellen

Durch das gewaltige Aufkommen der Migrationsbewegungen verstärkte sich seit Ende der 1980er Jahre die Aufmerksamkeit in den chinesischen und internationalen Medien, sowie in Politik und Wissenschaft. Neben Ökonomen und Soziologen nahmen sich Vertreter verschiedener Behörden dieser Problematik an. In der Folge entstanden Arbeiten, welche die städtische Zuwanderung untersuchten. Diese lassen sich thematisch in mehrere große Bereiche einteilen. Eine breite Anzahl der Arbeiten ist weitestgehend deskriptiv angelegt und beschäftigt sich mit der allgemeinen Charakteristik der Migranten und der Diskussion einiger Ursachen der Migration.[6] Die meisten Studien auf diesem Gebiet stützen ihre Aus-

(<http://www.hrw.org//reports/2008/china0308/china0308webwcover.pdf> am 16.04.2008). [Im Folgenden abgekürzt als „Report HRW".]

6 Viele Arbeiten im Gebiet der internen Migration Chinas veröffentlichte Alice Goldstein. Besonderer Betonung bedarf folgender Aufsatz: Goldstein, Alice/ Goldstein, Sidney, Migration in China. Methodological and Policy Challenges, in: Social Science History (11/1987), S. 85-104. Ebenso gebührt dem Sammelband von Pieke und Malle Aufmerksamkeit. Vgl. Pieke, Frank/ Malle, Hein (Hrsg.), Internal and International Migration, Surrey 1999.

sagen auf CASS-Untersuchungen[7] und eigens erhobener Daten in Städten oder Regionen. Besonders der Charakter als Pilotstudien ist diesen Untersuchungen anzurechnen, da teilweise durch einzelne Fallbeispiele auf regionale Besonderheiten hingewiesen wird.

Einen zweiten Themenkomplex bildet die Untersuchung der Auswirkungen der Zuwanderung auf die Städte. Der größte Teil der Arbeiten bezieht sich auf die Belastung des Arbeitsmarktes, die städtische Infrastruktur, die Ressourcennutzung und die wachsende Kriminalität. Neben Kapazitätsproblemen werden das Wohnungs- und Schulwesen kritisch angesprochen.[8] Darüber hinaus wird der Verstädterungsgrad untersucht und die Frage zwischen dem Zusammenhang von Migration und Urbanisierung in den Vordergrund gerückt. Große Bedeutung kommt hierbei der Frage nach der Tragfähigkeit der Städte und deren zukünftigen Entwicklung zu.[9]

Der dritte Bereich thematisiert die politisch-administrative Ebene, welche vor allem das Registrierungsprogramm (*Hukou*) und damit die Mechanismen der sozialen Kontrolle näher beleuchtet. Mittlerweile hat die Beschäftigung mit dem *Hukou*-System vorrangige Relevanz in den neuesten Gesellschaftsstudien zu China erfahren. Bis in die ersten Jahre des 21. Jahrhunderts existierten kaum Studien, die sich mit dieser Thematik auseinandersetzten, obwohl das *Hukou*-System seit den 50er Jahren legitim ist. Das grundlegende Werk seiner Klasse von Fei-Ling Wang *„Organizing Through Division and Exclusion. China's Hukou System"* aus dem Jahre 2005 bedarf in Bezug auf das eben Genannte besonderer Aufmerksamkeit. Es sticht durch die Aktualität und Brisanz seiner Thematik hervor.[10]

---

7 CASS ist die Abkürzung für akademische Forschungsorganisation Chinese Academy of Social Science. Auf ihrer Homepage erklärt sich die Organisation mit ihren Schwerpunkten. Siehe (<http://bic.cass.cn/English/InfoShow/Arcitle_Show_Cass.asp?BigClassID=1&Title=CASS> am 02.03.2008).

8 Vgl. die Arbeit von Solinger, Dorothy J., The Impact of Migrants on City Services, in: Chinese Environment and Development (7/1996), S. 118-43 und auch Day, Lincoln/ Xia, Ma (Hrsg.), Migration and Urbanisation in China, New York 1994.

9 Hierzu beispielhaft McGee, Terry/ Lin, George/ Marton, Andrew u.a., China's urban space: development under market socialism, London u.a. 2007.

10 So musste der Autor, wie er in seiner Vorbemerkung äußert, zwei Wochen in Haft der Chinese State Security (SS) Polizei in Shanghai bleiben, weil die Behörden seine Arbeit über das Registrierungssystem nicht gestatteten. Vgl. Wang, Fei-Ling, Organizing Through Division and Exclusion. China's Hukou System, Stanford 2005, S. xiv.

Diese drei Themenfelder beschreiben den Großteil der Literatur bezüglich der chinesischen Migrationsforschung. In den meisten monographischen Abhandlungen werden viele Aspekte und Verweise zur Geschichte, dem internationalen Umfeld als auch zur Theorie hergestellt. Sie sind vor allem als Zusammenfassungen und Überblickswerke anzusehen. Erst in den letzten Jahren entstand eine Reihe von Arbeiten zu speziellen Themenbereichen. Darunter zählt beispielsweise die Arbeit von Qinglian He zur Schattenwirtschaft in China, in der u.a. die Rolle von Wanderarbeitern erörtert wird[11] sowie die hervorragende Studie von Walter Schulze, der die Handlungsmuster und Gegebenheiten der Migranten eingehend untersucht.[12] In neueren Studien zur Migration in China erfahren besonders die Frauen immer größere Aufmerksamkeit.[13] Auch Solingers Überlegungen zur Rolle von Migranten bei der Segmentierung des chinesischen Arbeitsmarktes sind anzuführen.[14] Daneben gibt es zunehmend Analysen von überwiegend chinesisch-stämmigen Wissenschaftlern mit Fokus auf den Übergang vom bäuerlichen Staat zu einer wirtschaftlichen Großmacht und inwiefern die Bauern und damit die Wanderarbeiter, einen wesentlichen Beitrag zu dieser Entwicklung leisteten.[15] Diese Arbeiten sind bezeichnend für eine allmähliche Hinwendung zur Problematik der Migrationsprozesse in China, die mehr die Mikroebene und somit das Individuum in den Vordergrund stellen.

Auf Basis der mikrotheoretischen Untersuchungen sei De Jongs Sammelband *„Migration Decision Making. Multidisciplinary Approaches to Microlevel Studies in Developed and Developing Countries"* aus dem Jahr 1981

---

11 He, Qinglian, China in der Modernisierungsfalle, aus dem Chinesischen übersetzt von Christine Reiter, Bonn 2006.

12 Schulze, Walter, Arbeitsmigration in China 1985 - 1995: Strukturen, Handlungsmuster und Probleme unter besonderer Berücksichtigung der Zuwanderung in Großstädte des Perlflussdeltas, Hamburg 2000. Auch das Werk von Murphy, Rachel, How migrant labor is changing rural China, Cambridge 2002 sticht durch seine explizite Forschungsarbeit hervor.

13 In diesen Studien werden die Situation sowie die Beeinflussung der Frauen zur Migration beleuchtet. Siehe spezieller dazu Gaetano, Arianne/ Jacka, Tamara, On the Move: women and rural-to-rural urban migration in contemporary China, New York 2004; Davin, Delia, Migration, Women and Gender Issues in Contemporary China, in: Scharping, Thomas (Hrsg.), Floating Population and Migration in China. The Impact of Economic Reforms, Hamburg 1997, S. 297-314.

14 Solinger, Dorothy J., Contesting Citizenship in Urban China. Peasant Migrants, the State, and the Logic of the Market. Berkeley 1999.

15 Hervorzuheben seien die Arbeiten von Zhou, Kate Xiao, How the Farmers Changed China, Boulder 1996 sowie Yang, Dali L., Calamity and Reform in China, Stanford 1996 und Zhang, Mei, China's Poor Regions. Rural-urban migration, poverty, economic reform and urbanisation, London 2003.

besonders herauszustellen. Grundlegend charakterisieren die Autoren Motive zur Wanderung an problematischen Zuständen und Einflüssen wie Arbeitslosigkeit, Wohnumstände, Bildung und industrieller Modernisierung. Unter Rückgriff auf unterschiedliche Theorien bzw. Theorieansätze der Migration suchen diese Arbeiten zumeist deduktiv nach Gründen, warum Menschen ihren gewohnten Heimatort aufgeben und einen geografischen als auch persönlichen Wechsel vornehmen. Um der vorliegenden Arbeit eine theoretische Fundierung zu geben, wird eine ausführlichere Auseinandersetzung mit diesen Studien im zweiten Kapitel Folge geleistet.

1.3 Benutzte Theorien und Methodik

Für die Untersuchung und Darstellung der Mikroebene von Migrationsvorgängen sollen in den folgenden Kapiteln soziale Veränderungen und politische Einflüsse gezeigt werden. Als Anknüpfungspunkte für eine theoretisch fundierte Analyse sind vor allem Untersuchungen zur allgemeinen Problematik der Migration wichtig. Der Literaturbestand bietet dabei eine Reihe von Mikro- und Makrolevel-Studien bezüglich der Migrationswirkung auf andere Länder an. In der neoklassischen Migrationstheorie wird von der Überlegung ausgegangen, dass Länder mit großen Arbeitsressourcen im Verhältnis zum Kapital durchschnittlich niedrige Marktgehälter zahlen. Die daraus entstehenden Lohnunterschiede spornen Arbeitskräfte aus Niedriglohnländern an, in Hochlohnländer abzuwandern.[16] Derartige Studien tragen zwar zum Verständnis der Wanderungen als Ganzes bei, doch sie erklären die Ursachen der Migration in so genannten Entwicklungsländern[17] nur ungenügend. Obgleich alle diese Studien den gleichen Forschungsschwerpunkt der Migration beziehen, sind die meisten mit makroökonomischen Einheiten behaftet und implizieren weniger den individuellen Stellenwert der Motivation zur Wanderung. Somit sind sie für die Ursachenanalyse der chinesischen Wanderar-

16 Vgl. dazu Sjaastad, Larry A., The Costs and Returns of Human Migration, in: The Journal of Political Economy (70/1962), S. 457-476. Und auch die Werke von Todaro, Michael, International Migration in Developing Countries: A Survey, in: Population and economic change in developing countries (1980), S. 361-402 und ders., A Model of Labor Migration and Urban Unemployment in Less Developed Countries, in: The American Economic Review (59/1969), S. 138-148.

17 Einer genauen Begriffsbestimmung wird im zweiten Kapitel nachgegangen.

beit weniger nutzbar; zur Untersuchung der Forschungsfrage müssen sie jedoch Beachtung finden.

Für eine Analyse der Ursachen und Determinanten von Wanderungen scheint das von Everett Lee erarbeitete Modell der Push- und Pullfaktoren besonders geeignet. Dieses Modell ist ein Ansatz, der die Migration aus dem Zusammenwirken von „abstoßenden" Faktoren in der Auswanderungsregion mit „anziehenden" Faktoren in der (potentiellen) Zielregion erklärt. Ausgangspunkt dieser Überlegungen ist die Idee, die Faktoren, welche die Migration direkt oder indirekt beeinflussen, zu systematisieren und in unterschiedliche Kategorien zu ordnen. Migration wird somit als das Ergebnis des Zusammenspiels von unterschiedlichen Faktoren beschrieben[18], wobei insbesondere anziehende und abstoßende Kräfte der Herkunfts- und Zielregion berücksichtigt werden.

Mit der vorliegenden Arbeit knüpft die Verfasserin an die genannten Literaturstränge an und sucht die bestehende Lücke einer differenzierten Ursachenanalyse der Migrationsprozesse bzw. -entscheidungen in China zu schließen. Als Hauptinformationsquelle dient dabei deutsch- und englischsprachige Sekundärliteratur. Zudem verlangt die Forschungsfrage auch eine Beschäftigung mit primärem Datenmaterial; es werden sowohl Dokumente, wie Interviews und internationale Berichte, als auch statistische Daten[19] zum Informationsgewinn verwendet. Neben den Monografien und Sammelbänden wird bezüglich des aktuellen Stellenwertes des Themas auf verschiedene Berichte von Menschenrechtsorganisationen wie Amnesty International und Human Rights Watch als auch Internetdienste zurückgegriffen. Auch die Internationale Arbeitsorganisation ILO (*International Labor Organisation*) wird zur Untersuchung der Problematik herangezogen. Zudem sollen Artikel englischsprachiger Zeitungen Chinas zum Verständnis und zur Klärung der Forschungsfrage beitragen.[20]

---

18 Zu beachten seien vor allem die menschlichen Entscheidungen, welche aus Denken, Fühlen und Wollen resultieren.

19 Zu den statistischen Daten sei zu sagen, dass die meisten von den chinesischen Behörden veröffentlichten Angaben nicht der Realität entsprechen. Derartige Behauptungen beweisen sich in der genauen Betrachtung der Arbeitslosigkeit. Zudem ist es besonders für ausländische Wissenschaftler sehr schwer an brauchbare Daten zu gelangen. Diese Erfahrung musste auch die Verfasserin machen. Selbst nach mehrmaligen Aufrufen an statistische Ämter wie dem National Bureau of Statistics und der chinesischen Botschaft kamen weder Antworten, noch wurde benötigtes Material herausgegeben. Dieser Umstand ist für eine politikwissenschaftliche Recherche zwar hinderlich, soll eine entsprechende Darstellung einzelner Elemente jedoch nicht verhindern.

20 Aufgrund der perspektivischen Vorgehensweise wird vor allem auf Zeitungen Chinas wie dem *China Daily* zurückgegriffen werden. Neben verschiedenen Inter-

Auf Grund der begrenzten Literaturlage werden zudem die Einschätzungen von Personen mit in die Analyse einbezogen, die durch Beschäftigung mit der Thematik einschlägige Expertise besitzen. Quellen sind dabei zum Einen Aussagen jeweiliger Personen in Reports und medial zugängigem Material; zum Anderen hat die Verfasserin zwischen Mai und August 2008 verschiedene qualitative Interviews in deutscher und englischer Sprache geführt, die Informationslücken schließen halfen.[21]

Um sich der Leitfrage dieser Arbeit analytisch anzunähern, werden neben der Erläuterung definitorischer Aspekte der Migration zunächst bestehende Erklärungskonzepte für Migrationsprozesse auf der Makro- und Mikroebene vorgestellt und typologisiert. Davon ausgehend wird das bereits genannte Modell des Sozialwissenschaftlers Everett Lee für die Untersuchung ausgewählt, mit dessen Hilfe alle ursächlichen Faktoren der Arbeitsmigration Chinas weitgehend überlappungsfrei gefasst werden können. Die Variablen des Modells werden anschließend genauer definiert und inhaltlich nötige Anpassungen an den Forschungsgegenstand vorgenommen. In dieser adaptierten Form strukturiert Lees Modell die Ursachenanalyse für die chinesischen Wanderarbeiter im 5. Kapitel dieser Arbeit.

Da die Wanderarbeit in China ohne einen historischen Rückblick und einen Einblick in das politische System nur schwer verstanden werden kann, schließt sich im dritten Kapitel zunächst eine Vorstellung historischer, kultureller und politischer Determinanten und Kontextfaktoren an. Zum Einblick in die Situation der Wanderarbeiter folgt ein Überblickskapitel, um in die Thematik einzuführen und anschließend die Entscheidungsprozesse der Migranten analytisch darzustellen. Diese Vorgehensweise ist deshalb von großer Wichtigkeit, da neben persönlichen Einflussfaktoren auch die Rahmenbedingungen des Landes auf Migrationsentscheidungen wirken und somit als eine Status-quo-Analyse der zu untersuchenden Veränderungen dient. Daher wird danach gefragt, wie die Wanderarbeit einerseits ihren Anfang nahm und andererseits von diver-

---

netdiensten und -seiten zur Gesetzeslage und zur Einsicht divergenter Artikel sowie Medienbibliotheken, werden zudem internationale wissenschaftliche Zeitungen wie das *Journal of Contemporary China* zum Vergleich der Darstellungen benutzt. Anzumerken ist, dass die Dienste der Internetseiten China-interner Zeitungen oder Journale (zu nennen sei *China Daily*) oft nicht aufrufbar sind bzw. nicht immer auf Artikel zurückgegriffen werden kann.

21 Es wurden Telefon- als auch Emailinterviews mit den jeweiligen Personen geführt. Da die Verfasserin selbst kein Chinesisch spricht oder liest, wird auf Daten von Sekundärquellen verwiesen bzw. werden statistische Zusammentragungen älterer Quellen benutzt. Die Datenlage wird sich im Zeitraum von 1978 an bis zu neueren zugänglichen statistischen Daten erstrecken.

sen Barrieren beeinflusst wird. Aber auch vielseitige Aspekte, die Richtung, Ursache und Anlass der Migration sind in diesem Teil beinhaltet und stellen damit bereits einen wichtigen Teil der Hauptanalyse dar.[22]

Im darauf folgenden Teil der Arbeit werden die Faktoren - entsprechend dem in Kapitel 2 ausgewählten und angepassten Untersuchungsmodell nach Push- und Pullfaktoren - untersucht, welche die Migrationsentscheidung beeinflussen. Dabei werden die einzelnen Variablen nicht nur nebeneinander vorgestellt, sondern es soll gezeigt werden, welche Auswirkungen sie auf das Individuum haben, um zu verstehen, was die Bauern und Landbewohner zur Wanderarbeit treibt.

Nach einer inhaltlichen Zusammenfassung werden schlussfolgernd über den Erkenntnisgewinn durch Anwendung des Modells hinaus Aussagen über die Wirkungsweise der verschiedenen Faktoren der Migrationsprozesse und -entscheidungen getroffen. Auch wenn die vorliegende Arbeit ihrer Konzeption nach vor allem eine empirische Studie ist, muss eine wissenschaftliche Analyse, die sich auf ein Modell stützt, abschließend eine differenzierte Kritik des ausgewählten Modells leisten können. Deshalb wird eine solche Bewertung vorgenommen, bevor in einem letzten Schritt Anstöße für weitere Forschungsperspektiven gegeben werden.

1.4 Abgrenzung und Einschränkungen

Aufgrund des eingeschränkten Umfangs der Arbeit müssen verschiedene Begrenzungen gesetzt werden. Aus geografischer Sicht wird die Studie nur die Grenzen Chinas beachten. Internationale Bewegungen und die Emigration aus China heraus werden in die Untersuchung nicht einbezogen. Allein die Wanderungen im Inneren des Landes zwischen den Regionen und in die Städte finden zur Bearbeitung des Themas Beachtung. Bezüglich der zeitlichen Dimension sei zu bedenken, dass die gewählte Thematik ein aktuelles Problem darstellt und eine Reaktion auf die wirtschaftlichen Entwicklungen des Landes ist. Daher sollen Ereignisse und Politik zu Zeiten Mao Tse-tungs (1949-1976)[23] eher ausgeblendet werden. Vor allem nach der Reformpolitik Deng Xiaopings (1978-1997) entwickel-

22 Eine genaue Abgrenzung der Begriffe Ursache und Anlass gibt es nicht. In dieser Arbeit soll die Unterscheidung sowohl zeitlich als auch inhaltlich begriffen werden: „Ursache" soll als eine Art von Bedingung verstanden werden, die zeitlich vor der Wirkung liegt und damit eine langfristige Struktur besitzt; unter „Anlass" ist hingegen ein kurzfristig auftretender Auslöser für eine bestimmte Wirkung zu begreifen.

23 Regierungsjahre.

te sich China zu einer der am schnellsten wachsenden Volkswirtschaften der Welt. Darum wird diese Epoche zur Erklärung des Wandels und der damit verbundenen individuellen Wünsche und Bestrebungen Berücksichtigung finden, auch wenn sie nicht im Einzelnen vorgestellt wird.

Es wird zudem keine Analyse der politischen Prozesse und Entwicklungen auf Gesetzesebene oder der Menschenrechtsproblematik im Speziellen vorgenommen. Die Situation der Wanderarbeiter, ihre Wohnverhältnisse, ihre soziale Stellung und vor allem die unwürdigen Zustände, denen sie begegnen werden erklärt, jedoch steht die Untersuchung aus humanrechtlicher Sicht unter Einbezug internationaler Gesetze nicht im Vordergrund dieser Arbeit, wenngleich sie Beachtung finden.

Neben diesen Abgrenzungen begegnet die Beschäftigung mit der gewählten Forschungsfrage durch Methode und Forschungsrahmen weiteren Grenzen und Problemen. Im Bereich der Quellenanalyse stellen sich auf Grund der gegebenen politischen Lage Fragen nach der Glaubwürdigkeit bestimmter Quellen. Auch wenn diese Problematik in der vorliegenden Arbeit weder gelöst noch tiefgründig untersucht werden kann, soll ein kurzes Befassen mit ihr zur Erklärung und zum Verständnis beitragen. Zudem ist weiterhin zu beachten, dass das chinesische Volk einer anderen Wertetradition folgt als das Europäische. Es ist sicherlich schwierig, derartige charakteristische Muster von außen einzuschätzen, dennoch tragen einzelne Erfahrungsberichte dazu bei, dem Verständnis zur Gemütslage der Menschen näher zu kommen, daraus Entscheidungen zur Wanderarbeit zu erklären versuchen und damit die Beantwortung der Forschungsfrage zu finden.

Eine wichtige Abgrenzung ist zudem durch den Charakter der Arbeit als wissenschaftliche Einzelstudie gegeben. Es kann und soll hier kein kausaler Zusammenhang im Sinne einer empirischen Korrelation von Ursachen und Konsequenzen geleistet werden, womit eine Übertragbarkeit der gewonnenen Erkenntnisse auf vergleichbare Fälle ermöglicht wäre. Ziel soll eine als empirisch zu verstehende Analyse der grundlegenden Ursachen und Anlässe zur Wanderarbeit in China sein. Das Erkenntnisinteresse zielt auf eine Untersuchung der konkreten Motive, Bestimmungsfaktoren und Behinderungen der Migration in China.

2 MIGRATION ALS FORSCHUNGSGEGENSTAND

2.1 Definition und Schlüsselbegriffe

Seit jeher ist der Mensch ein wanderndes Individuum. Veränderungen der Gesellschaftsstruktur bewirken gleichzeitig Änderungen im individuellen Handeln und damit auch im Wanderungsverhalten. Die Migration stellt somit einen besonderen Forschungsbereich dar. Bereits gegen Ende des 19. Jahrhunderts versuchte Ernest G. Ravenstein mit seinen Gesetzen der Wanderung einen ersten theoretischen Rahmen zur inländischen Migration zu entwickeln. Die hauptsächlichen Gründe zur Wanderung sah er in der wirtschaftlichen Entwicklung und dem damit verbundenen Streben der Menschen vom Lande in die Industrie- und Handelszentren zu ziehen.[24] Ravenstein argumentiert, dass durch die technischen Neuerungen der Infrastruktur, die Erschließung neuer Arbeitsplätze und der Bedarf an Arbeitskräften in den Industriegebieten, Menschen den Entschluss zur Wanderung fassen.[25] Ravensteins Untersuchungen, die zum größten Teil auf eigens von ihm erhobenen Daten basierten, waren der erste Versuch statistische Regelmäßigkeiten in der Richtung und der geografischen Entfernung der Wanderungsströme zu formulieren und eine Klassifikation der Wanderer, die er in *local migrant, short-journey migrant, migration in stages, long journey migrants* und *temporary migrants* unter-

---

24 Vgl. Ravenstein, Ernest G., Die Gesetze der Wanderung, in: Széll, György (Hrsg.), Regionale Mobilität, München 1972 (engl. Original 1885), S.41-63. Nach der Volkszählung von 1881 im Vereinigten Königreich beleuchtet Ravenstein den Abzug von ländlichen Arbeitskräften in die Ballungszentren der Industrie. Vgl. auch die komplette, originale Fassung Ravenstein, E. G., The Laws of Migration, in: Journal of the Statistical Society of London, Vol. 48, No. 2. (1885), S. 167-235. Die von ihm vorgenommene Reduktion möglicher Migrationsgründe aus rein ökonomischen und demografischen Gründen scheint fragwürdig. Migranten werden auch von Bindungen und Verpflichtungen beeinflusst, als nur von potentiellen Erwerbsmöglichkeiten. Damals aber hatte Ravensteins Überlegung eine wirtschaftsliberale Ausrichtung, was die Ansätze erklärbar macht. Lange Zeit bildeten seine Normen den Grundstein der Migrationsforschung. Die von ihm aufgestellten sieben Gesetze der Migration stellen jedoch keine unantastbaren Gesetze dar. Vielmehr können sie als Grundannahmen angesehen werden. Die Gesetze werden hier nicht näher vorgestellt, finden aber in der Bearbeitung der Forschungsfrage Beachtung.

25 Weitere Wanderungsgründe seien außerdem Ausbildungsmöglichkeiten, Zuträglichkeit des Klimas oder niedrige Kosten für den Lebensunterhalt. Vgl. ebd., S. 41.

scheidet, anzugeben.[26] Um die einzelnen Klassifikationen übersichtlich zu erklären, ergibt sich anhand der Unterscheidungen Ravensteins folgende Übersicht.

Tabelle 1: Ravensteins Migrationskategorisierung

	Lokaler Wanderer	**Nahwanderer**	**Etappenwanderer**	**Fernwanderer**	**Temporärer Wanderer**
Geografische Mobilität	▪ Umzug in der gleichen Gemeinde	▪ Kurze Strecke ▪ „Wanderung von Grafschaft zu Grafschaft"	▪ Niederlassung für eine gewisse Zeitspanne ▪ Etappenweise Wanderung zum Zielort	▪ Niederlassung an entfernten Ort des Landes	▪ „bewegliches Element der Bevölkerung" ▪ Rückkehr eingeschlossen

Eigene Darstellung anhand der Aussagen von Ravenstein, Ernest G., Die Gesetze der Wanderung, in: Széll, György (Hrsg.), Regionale Mobilität, München 1972, S.41-63, S. 43-47.

Der Begriff der Migration hat seinen wörtlichen Ursprung in der lateinischen Bezeichnung *migrare* (wandern) bzw. *migratio* (Wanderung). Theoretisch betrachtet gilt die Migration als ein wichtiger Mechanismus ökonomischer Entwicklung. Vor allem die zunehmende Zeitarbeit[27] wird als entscheidendes Element von Entwicklungsprozessen verstanden. Kurzzeitige Bewegungen während Perioden enormer wirtschaftlicher Umgestaltung verursachen ein Zuströmen großer Migrantengruppen. Grundsätzlich wird Migration in den Sozialwissenschaften als eine Bewegung von Personen verstanden, welche mit einem dauerhaften Wohnwechsel verbunden ist.[28]

---

26 Vgl. Haug, Sonja, Klassische und neue Theorien der Migration (=Arbeitspapiere - Mannheimer Zentrum für Europäische Sozialforschung), Nr. 30 (2000), S. 6. Neben dieser Auflistung erwähnt Ravenstein auch die Bewegung der Frauen und behauptet, dass diese mehr wandern als Männer. Inwiefern dieser Aussage Relevanz hinsichtlich der chinesichen Wanderarbeiter zugeordnet werden kann, soll in den folgenden Kapiteln geklärt werden.

27 Darunter zählen auch zirkuläre Bewegungen. Eine genaue Begriffsbestimmung der Zirkulation folgt in diesem Kapitel.

28 Eine Bewegung oder auch Mobilität wird laut Bogue als eine Veränderung des üblichen Aufenthaltes definiert, wobei eine Bewegung von einer strukturellen Einheit (Haus, Hotel, usw.) zu einer anderen erfolgt. Demographen unterscheiden diese Bewegungen in lokale Wanderungen und Migration, wobei letzteres einen Wechsel des Wohnsitzes zwischen Gemeinschaften einbezieht. Migration impliziert das Wachstum ganzer Gemeinden, Regionen und Nationen. Vgl. Bogue, Donald J., Principles of Demography, New York u.a. 1969, S. 752. Beide Begriffe -

Dieser so genannte *permanent change of residence* wurde bis 1950 von der internationalen statistischen Erfassung der Migrationsbewegungen auf Grundlage einer UN-Empfehlung erfasst, wenn er länger als ein Jahr dauerte. Seit 1960 gilt ein Wohnortwechsel, der länger als fünf Jahre anhält, als Migration.[29] Allerdings kann die Ein-Jahr-Regel nach Meinung der Verfasserin als treffender befunden werden, weil sie die reale Migrationssituation als Ganzes beinhaltet. Maßgeblich ist die Richtung in die sich eine Migration bewegt; wobei zwischen dem Ursprung und dem Ziel der Bewegung zu bestimmen ist. Neben den verschiedenen geografischen und zeitlichen Ausprägungen (die nähere Erläuterung dazu folgt in diesem Kapitel) ist vor allem zwischen Migrantengruppen zu unterscheiden. Darunter zählen vor allem legale oder illegale Arbeitsmigranten, freiwillige oder illegale Emigranten und Flüchtlinge.[30] In der Praxis als auch in der Theorie ist es schwierig zwischen Migrant und Flüchtling[31] eindeutige Unterscheidungen zu treffen, insofern eine solche Differenzierung zur Erklärung der Migrationsprozesse in China sehr wichtig ist, da hier die Trennlinien zwischen einer freiwilligen und unfreiwilligen Wanderung gezogen werden müssen.[32]

Migration und Wanderung - drücken die Aktion der Mobilität aus, welche das (räumliche) Verhalten einer Person als auch die Beschreibung eines Zustandes einer Gesellschaft darstellt. Vgl. Franz, Peter, Soziologie der räumlichen Mobilität. Eine Einführung, Frankfurt a.M. und New York 1984, S. 23f.

29 Vgl. Han, Petrus, Soziologie der Migration. Erklärungsmodelle, Fakten, Politische Konsequenzen, Perspektiven, Stuttgart 2000, S. 7f.

30 Vgl. Braun, Gerald/ Topan, Angelina, Internationale Migration. Ihre Folgen für die Ursprungsländer und Ansätze eines Migrationsregimes, Sankt Augustin 1998, S. 10. Weitere Unterscheidungen, wie sie von William Petersen beschrieben wurden, folgen in Kapitel 2.2.

31 Nach Artikel 1, Absatz 2 der Genfer Flüchtlingskonvention (1951), wird ein Flüchtling als Person, „die sich außerhalb des Heimatlandes befindet [...] und die wegen ihrer Rasse, Religion, Nationalität, [...] eine wohlbegründete Furcht vor Verfolgung hat und den Schutz dieses Landes nicht in Anspruch nehmen kann oder wegen dieser Furcht vor Verfolgung nicht dorthin zurückkehren kann, definiert". Das vollständige Gesetz kann auf verschiedenen Internetseiten nachgelesen werden, so auch unter: <http://www2.amnesty.de/internet/deall.nsf/3c7abab8e052c42fc1256eeb004ce861/fffaf4218cc99453c1256eec00492ea9?OpenDocument> am 29.02.2008.

32 Obwohl diese in der Realität oft ineinander fließen bzw. selbst aus Interviews schwer zu erkennen sind. Wie sich zeigen wird, lassen sich in China verschiedene Migrationsgruppen differenzieren, zu denen auch Flüchtlinge gezählt werden. Man denke nur an Umwelt- und Armutsflüchtlinge, sowie den durch die Regierung in ihrer religiösen Freiheit unterdrückten Tibetern oder Uriguren.

Die Entscheidung zur Migration ist subjektiv und individuell. In der Regel liegt ihr ein multikausaler Ursachenkomplex zugrunde, wobei ein einzelner Erklärungsfaktor (z.B. ein Wirtschaftlicher) dominieren kann. Die Grenze zwischen Zwang und Freiwilligkeit verwischt zudem häufig. Die freiwillige Migration ist von Hoffnung geprägt. Hoffnung auf einen Arbeitsplatz, auf bessere Löhne und ein besseres Leben, als es vorher in der Heimat geführt wurde. Besonders den persönlichen Motiven gilt es Beachtung zu schenken, da ihr Entscheidungsspielraum größer ist als bei der unfreiwilligen Migration[33]. Die Grenzen zwischen den Wanderungen von Arbeitern, freiwilliger Emigration und erzwungenen Bewegungen von Flüchtlingen sind häufig fließend.[34] Neben der Gruppe der Flüchtlinge lassen sich weitere Einstufungen von Migranten treffen, welche in den nachfolgenden Kapiteln näher vorgestellt werden.

Wird Mobilität also als Veränderung zwischen zwei lokalen Positionen aufgefasst, gilt die Wanderung als eine Form von Migration. Wichtige Unterscheidungsmerkmale liegen in der Bestimmung, was ein Individuum zur Wanderung bewegt und der Abgrenzung zu Kurzeitmobilität und Langzeitbewegungen.[35] Dementsprechend heißt es: territoriale, regionale, geographische und horizontale Mobilität. Weitere Formen sind die soziale bzw. vertikale und die psychisch-geistige Bewegung. Jedoch ergeben sich bereits hier Schwierigkeiten, denn die so genannte soziale Mobilität erfasst im Eigentlichen alle genannten Phänomene. Auch die Bezeichnung horizontale Mobilität wird unterschiedlich gebraucht. Einerseits steht sie für die geografische Positionsveränderung, andererseits für jede Veränderung, die keinen (beruflichen) Auf- oder Abstieg mit sich bringt. Die Kennzeichnung regionaler Mobilität ist zudem umfassender als der Wanderungsbegriff allein. Denn sie beinhaltet sowohl Reisen als auch Umzüge und Pendlerwanderungen.[36]

---

33 Im englischen Sprachgebrauch wird hier von einer „forced migration" gesprochen, ein Begriff der neben „migration" als einziger benutzt wird und nur bedingt der deutschen Übersetzung „unfreiwilliger" Migration entspricht.

34 Darunter zählen auch „illegalen Wanderungen", welche von den UN durch den Begriff der „irregulären" Migration ersetzt wurden, um die Kriminalisierung der „Illegalen" vorzubeugen. Vgl. Braun/ Topan (1998), S. 10.

35 Vgl. Chan, Kam Wing, Internal migration in China: A dualistic approach, in: Pieke, Frank N./ Mallee, Hein, Internal and International Migration. Chinese Perspectives, Surrey 1999, S. 49-72, hier S. 52. Die Unterscheidung wird in China wesentlich von dem Haushaltsregistrierungssystem beeinflusst und in Kapitel 3.2 erläutert.

36 Vgl. Széll, György, Einleitung: Regionale Mobilität als Forschungsgegenstand, in: ders., Regionale Mobilität, S. 12-40, hier S. 27.

In der bestehenden Forschung werden neben den genannten Achsen Unterscheidungen zwischen International- und Binnenmigration getroffen. Untersuchungen auf diesen Gebieten sind recht unterschiedlich. Die Binnenmigration (*internal migration*) findet speziell im Falle Chinas (noch) kaum Aufmerksamkeit, da wie Kam Wing Chang ausdrückte es an mangelndem Interesse liege überhaupt eine angemessene Konzeptspezifizierung des Begriffes „Migrant" in China vorzunehmen, wie es auf internationaler Ebene längst geschieht.[37]

Viele Theorien der Migration beschäftigen sich mit deren internationalen Ausprägung. Besonders aufgrund der globalen Ausdehnung wirtschaftlicher Prozesse ist der Migrationsdruck aus den Armutsregionen der Welt von großem Interesse. Denn auch die Industrienationen sind dadurch betroffen. Viele Menschen aus minder entwickelten Ländern wandern vor allem in die reichen Länder Europas[38]. Diese kämpfen seit Jahren mit Migrationsproblemen, der Eingliederung selbiger in die Gesellschaft als auch der Schaffung rechtlicher Rahmen.[39] Auserwählte Zielländer müssen jedoch nicht zwingend die Reichsten sein, welche die größte Anziehungskraft haben, sondern es sind eher die nächsten Länder. Nach einigen Motivationsstudien wollen Migranten zudem selten auf Dauer auswandern, sondern hoffen als Arbeitsmigranten genug Geld für ihre Familien verdienen zu können, um sich nach der Rückkehr eine neue Existenz aufzubauen. Das Modell Nuschelers verdeutlicht diese Stufen der Migration.

---

37 Vgl. Chan (1999), S. 52. So wird ein Wanderarbeiter im Chinesischen "Bauernarbeiter" („Nongmingong", kurz gesagt "Mingong") genannt. In einem Interview der Verfasserin mit der chinesisch stämmigen Doktorandin in Medienwissenschaft Beibei Wang. Zudem wird meist davon ausgegangen, dass die mehrheitlichen Migrationsbewegungen in der Post-Mao-Ära auf Freiwilligkeit zurückzuführen sind. Die diesbezügliche Erklärung im Zusammenhang mit dem Haushaltsregistrierungssystem folgt in Kapitel 3.2.

38 Zu nennen seien Migranten aus Nigeria, die Zuflucht in Italien suchen oder auch Marokkaner, welche zu tausenden auf Schiffen nach Spanien flüchten.

39 Eine besondere Form der Migration findet sich in den USA. Aufgrund seines migrationsgeografischen Hintergrundes bildet das Land Enklaven für binnenländlich vielseitige kulturelle Unterschiede. Durch seine wirtschaftliche Macht finden zudem immer wieder illegale Migrationen, v.a. an den Staatsgrenzen zu Mexiko, statt. Jedoch stellen die USA ein gesondertes Phänomen der Migrationsprozesse dar und sollen in dieser Arbeit keine Beachtung finden. Weiterführende Literatur: Huntignton, Samuel P., Who are we. Die Krise der amerikanischen Identität, übers. von Helmut Dierlamm und Ursel Schäfer, Hamburg 2004. Die Problematik der illegalen Einwanderung von Lateinamerikanern dokumentiert Löwer, Hans-Joachim, Bahnhof der Träumer. Mit Latinos illegal durch Mexiko, München 2006.

Abbildung 1: Stufen der Migration

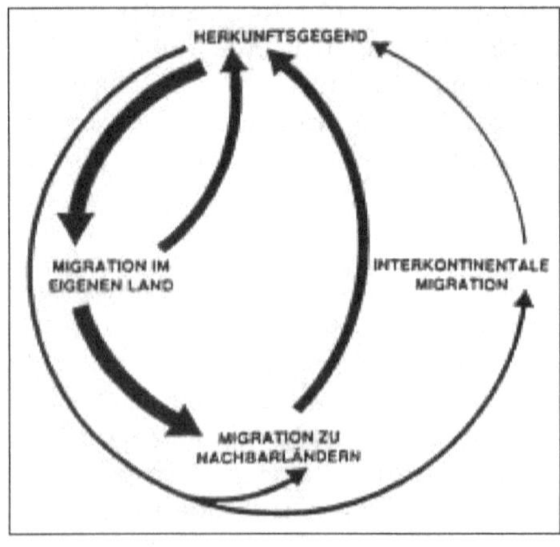

Vgl. Nuscheler, Franz: Internationale Migration. Flucht und Asyl, 2. Aufl., Wiesbaden 2004, S. 83.

Im Hinblick auf die Forschungsfrage soll in dieser Arbeit besonders die Binnenmigration berücksichtigt werden und muss daher als ein besonderer Migrationstyp näher erläutert werden. Spezifisch ist bei dieser Wanderungsart, dass ein ständiger Wohnsitz von einer politischen Gemeinde in eine andere verlegt wird, diese sich allerdings innerhalb gleicher politischer Grenzen befindet. Dieser Wohnortwechsel kann dauerhaft oder vorübergehend anhalten. Somit ist die Binnenmigration auch eine temporäre Wanderung. Anhand Nuschelers Modell zeigt sich, dass die Migration im eigenen Land die mitunter stärkste Rolle spielt. Dies liegt vorrangig daran, dass die Meisten Menschen zunächst nach alternativen Gegenden zur Herkunftsregion im eigenen Land suchen, bevor sie den Entschluss zur Migration in andere Länder treffen. Im Fall des Untersuchungsgegenstandes dieser Arbeit soll die Migration aus ländlichen Gegenden in die Großstädte bzw. wirtschaftliche Regionen betrachtet werden, welche in der Fachliteratur als *rural out-migration*[40] bezeichnet wird und mit der Landflucht verbunden ist. Die Form der Binnenmigration reicht von einfachem Wohnortwechsel zur Verbesserung der Lebensqualität über armuts- oder umweltbedingte Land-Stadt-Wanderungen bis hin zu Vertreibungen. Vor allem im Zusammenhang mit gewaltsamen Konflikten, die durch ethnische Unterschiede entstehen, oder gar Staudammprojekten, wie das des Drei-Schluchten-Damms in der chinesischen Provinz Hubei, wobei schätzungsweise eine Million Chinesen ihre Heimat verlassen mussten.

Theoretisch betrachtet können Wanderungen verschiedenen Typisierungen zugeschrieben werden. Auch wenn derartige Migrationstypisierungen häufig kontrovers diskutiert werden, bietet sich eine Differenzie-

---

40 Vgl. Han, S. 9 und vgl. auch Longino, Jr., Charles F., Internal Migration, in: Borgatta, Edgar F./ Borgatta, Marie L. (Hrsg.), Encyclopedia of Sociology, New York 1992, S. 974. Als Großstädte sollen Metropolen wie Peking und Shanghai, aber auch Städte, die mindestens 100.000 Einwohner aufweisen, zählen. Vgl. Schulze (2000), S. 37.

rung nach drei verschiedenen Aspekten an, nämlich nach zeitlichen, räumlichen und kausalen Kriterien.

Bei den zeitlichen Kriterien werden Dauer und Verlauf von Wanderungen berücksichtigt. Wird die Migration als Teilmenge räumlicher Mobilität begriffen, ist unter den zeitlichen Kriterien eine Dreiteilung möglich, welche jedoch konzeptionell als auch definitorisch Schwierigkeiten mit sich bringt. Die erste Teilgruppe Zirkulation beinhaltet keinen Wechsel des Lebensmittelpunktes, der Wandernde kehrt nach kurzer Zeit immer wieder an seinen Wohnort zurück. Im engeren Sinne können Zirkulationen als Bewegungen verstanden werden, bei denen der Wohnort für mehrere Wochen oder eine Saison verlassen wird. Somit gilt diese Art der Bewegung durchaus als temporäre Migration, die wiederum auch ein Charakteristikum für die Binnenmigration ist.

Ein Wechsel des Lebensmittelpunktes lässt sich je nach Dauer als permanente bzw. nicht-permanente Migration beschreiben. Grenzfälle sind die Wanderungen, die mehrere Monate bzw. Jahre dauern. Es ist zudem schwierig zu bestimmen, wann ein Wohnsitz permanent ist.[41] Die folgende Abbildung zeigt eine Übersicht zu den zeitlichen Klassifizierungen der Wanderung, wobei die Wanderarbeit als gesondertes Phänomen zu betrachten ist, die in Abhängigkeit zu den zeitlichen Ausprägungen der Migration steht.[42]

41 Vgl. Kröhnert, Steffen, Migration - Eine Einführung, herausg. vom Berlin-Institut für Bevölkerung und Entwicklung (<http://www.berlin-institut.org/fileadmin/user_upload/handbuch_texte/pdf_Kroehnert_Migration_Einfuehrung.pdf> am 28.12.2007), S. 2f.

42 Für die räumliche Mobilität soll im weiteren Verlauf der Arbeit der Begriff Migration verwendet werden. Als zirkuläre Mobilität sind Wohnortwechsel zu verstehen. Diese Unterscheidung leitet sich aus der Überlegung her, dass Migration in dieser Abgrenzung mit größeren Neuorientierungen in Bezug auf das gesamte soziale Umfeld eines Individuums verbunden ist. Vgl. Schulze (2000), S. 33.

Abbildung 2: Migrationstypen nach zeitlichen Kriterien

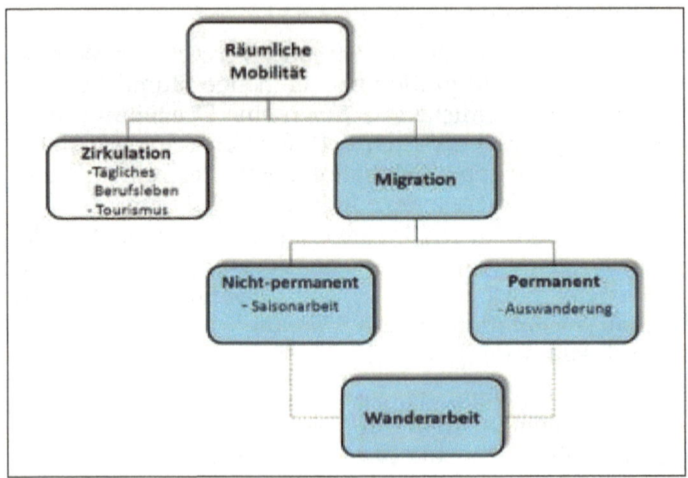

Eigene Darstellung, adaptiert nach Kröhnert, Steffen, Migration – Eine Einführung, in: Online Handbuch zum Thema Bevölkerung, herausg. vom Berlin-Institut für Bevölkerung und Entwicklung, S. 3 (<http://www.berlin-institut.org/fileadmin/user_upload/handbuch_texte/pdf_Kroehnert_Migration_Einfuehrung.pdf> am 28.12.2007).

Da Migration als eine räumliche Veränderung des Lebensmittelpunktes einer Person verstanden wird, analysieren diese Kriterien die Herkunfts- und Zielregionen der Migration. Räumliche Merkmale unterteilen die Migration in die bereits genannte „Außenwanderung“ und „Binnenwanderung“. Normalerweise werden Wanderungen zu einer administrativen räumlichen Einheit betrachtet, wie einer Stadt. Aber auch Herkunfts- und Zielregionen lassen sich somit unterscheiden.[43] Land-Stadt-Wanderungen sind speziell in Entwicklungsländern ein wichtiger Teil der Binnenmigration. Art und Umfang von Bevölkerungsbewegungen aber haben sich im Lauf der Zeit geändert, wie Wilbur Zelinsky mit seiner Hypothese der „Mobilitätstransition“ zu erklären versucht. In seinem Aufsatz „*The Hypothesis of the Mobility Transition*“ greift er die durch den Modernisierungsweg generalisierten Muster demografischer Veränderungen auf, welche von hoher zu niedriger Sterblichkeit und von hoher zu niedriger Fruchtbarkeit gehen.

Zelinsky übertrug diese Vorstellungen auf das Mobilitätsverhalten. Modernisierung ist nach diesem Konzept auch mit spezifischen Veränderungen der Mobilitätsmuster verbunden. In seinem Modell des Mobilitätsüberganges verbindet er Variationsmuster verschiedener Arten regionaler Mobilität mit jener Phase einer Gesellschaft auf ihrem Weg zur Mo-

43 Vgl. ebd., S. 3.

dernisierung. Dabei geht er in seinen Überlegungen von verschiedenen Migrationstypen aus. Neben der internationalen Migration unterscheidet Zelinsky zwischen der Migration in bislang unerschlossene Gebiete eines Landes, der Stadt-Stadt- und intra-städtischen Migration, als auch die für den Untersuchungsgegenstand dieser Arbeit nützliche Typen der Land-Stadt-Migration und diverser anderer Arten der Kurzzeitmobilität, welche er „Zirkulation" nennt.[44] Diese Zirkulation können bei der theoretischen Untersuchung hilfreich sein, unerwünschte Effekte permanenter Migration[45] zu vermeiden. Zelinskys Erklärung beschränkt sich jedoch auf moderne Gesellschaften und berücksichtigt zudem nicht politische Faktoren und Entwicklungsländer im Allgemeinen.[46] Bezüglich Chinas muss der geografische Faktor natürlich in die Überlegungen einbezogen werden, denn mit einer Landfläche von rund 9.600.000 km² ist es nach Russland und Kanada das flächenmäßig drittgrößte Land der Erde.[47] Selbstverständlich sind daher andere Weiten der Binnenbewegung zu bedenken.

Eine kausale Bestimmung der Migration erweist sich neben den genannten zeitlichen und geografischen Faktoren als relativ schwierig, da Wanderungsgründe häufig vielschichtig sind und in Politik als auch Justiz kontroverse Diskussionen hervorrufen.[48] Statt Kausalanalysen werden

---

44 "The term 'territorial mobility' is comprehensive, combining conventional migration with what, for lack of a better designation, can be called 'circulation'. Zelinsky, Wilbur, The Hypothesis of the Mobility Transition, in: Geographic Review (61/1971), S: 219-249, hier S. 225. Zelinskys Argumentation ist der Infrastruktur gewichtet. Es ist allerdings fraglich, inwiefern diese Variable im Kontext der chinesischen Wanderarbeiter von Bedeutung ist, da sie nicht nur sehr weite Strecken zurücklegen, sondern zudem keinerlei Entscheidungsmöglichkeiten haben, wie sie ihre Reise antreten, da das Verkehrsnetz in den ländlichen Regionen nicht modern ausgebaut ist und es auch keine Variation der Transportmittel gibt. Somit findet die Überlegung der demographischen Mobilität weniger Anwendung, wird jedoch im Kontext der Arbeit Beachtung finden.

45 Wie z.B. die Abwanderung brauchbarer Arbeitskräfte.

46 Bezüglich Chinas ist die politische Situation zu beachten. Denn neben der zentral gelenkten Wirtschaft wird auch die Migrationspolitik staatlich bestimmt, um die Bevölkerung in gewissem Maß zu kontrollieren. Vgl. Goldstein/ Goldstein (1987), S. 87. Das Haushaltsregistrierungsgesetz regelt derartige Bewegungen. Siehe Kapitel 3.2.

47 Die genaue Gebietsfläche beträgt 9.561.000 km². Russland verfügt über 22.404.000 km² Fläche und Kanada umfasst 9.976.100km². Vgl. Gatz, Dr. Werner, VR China. Land ·Volk Staat ·Wirtschaft (=Schriften des Bremer Ausschusses für Wirtschaftsforschung), Bremen 1972, S. 1.

48 Da wie bereits erwähnt, eine Unterscheidung zwischen freiwilliger und erzwungener Wanderung recht schwierig ist, schlug Anthony Richmond eine Typisierung

eher allgemeine und umfassende strukturelle Bedingungen jeweiliger Gesellschaften genannt. Diese Voraussetzungen sind im Wesentlichen politischer, soziokultureller, wirtschaftlicher, ökologischer, religiöser, ethnischer und kriegerischer Natur, die letztendlich für wechselseitige Push und Pull-Beziehungen verantwortlich sind.[49] In der folgenden Tabelle werden die einzelnen Dimensionen veranschaulicht. Es ist allerdings schwierig eine allgemeingültige Abgrenzung zu treffen, da beispielsweise die Arbeitslosigkeit einerseits ein wirtschaftliches Phänomen ist, andererseits aber auch für den Einzelnen zum sozialen Problem wird. Anlehnend an Petrus Han werden Beispiele den verschiedenen Kategorien zugeordnet, wobei hinsichtlich der Situation in China eine eigene Auswahl getroffen wurde.

Tabelle 2: Wanderungsgründe

Wanderungsgründe	Politisch	Wirtschaftlich	Kulturell	Sonstiges
Gesellschaftliche Gründe	▪ Verfolgung ▪ Gesetzlich verankerte Diskriminierung ▪ Flucht/ Vertreibung ▪ Kriege	▪ Niedriger (materieller) Lebensstandard ▪ Arbeitslosigkeit ▪ Unterbeschäftigung ▪ Ausbildungs- und Erwerbszwecke	▪ Stereotypen und Vorurteile gegenüber Minderheiten ▪ Einschränkung der Religionsausübung ▪ Ethnische Spannungen/ Verfolgungen ▪ Familiäre Entscheidungen	▪ Hungernot ▪ Suche nach neuer Lebensaufgabe
Ökologische Gründe	▪ Staudammprojekt ▪ Industriestandorte (politische Bestimmung)	▪ Wasserverschmutzung ▪ Bodenbelastung	▪ Überfischung ▪ Fehlende Grundversorgung (fehlende Agrarwirtschaft)	▪ Naturkatastrophen

Eigene Darstellung, anlehnend an Han, Petrus, Soziologie der Migration – Erklärungsmodelle, Fakten, Politische Konsequenzen, Perspektiven, Stuttgart 2000, S. 22.

Der Schwerpunkt der Untersuchung vorliegender Arbeit besteht in der Ursachenanalyse. In der Regel sind dabei drei Größen von Bedeutung: der Herkunftsstaat, der Zielstaat und der Migrant selbst. Bezogen auf die Binnenmigration werden diese Größen modifiziert in das Herkunftsgebiet, das Zielgebiet sowie dem Verhalten und die Einflüsse des

mit fließenden Übergängen vor, indem er proaktive und reaktive Wanderungsentscheidungen unterschied. Vgl. Richmond, Anthony, Immigration and ethnic conflict, Basingstoke 1988. Allerdings ist seine Arbeit für den vorliegenden Untersuchungsschwerpunkt eher uninteressant. Eine weitaus komplexere Typologie nach Ursachen und Zielen entwarf William Petersen, welche im Kapitel 2.2.1 dieser Arbeit näher vorgestellt wird.

49 Vgl. Han(2000), S. 22.

Migranten, welcher bezüglich der Fragestellung den einfachen Landbewohner darstellt. Diese Einteilung spielt in dem Push- und Pull-Modell (sieh 2.2.2) eine besondere Rolle, da sie die Punkte der Bewegung darstellen.

Die Migration als ein fächerübergreifendes Phänomen zeichnet sich durch ihren interdisziplinären Charakter aus.[50] Durch die vielschichtigen Beweggründe der Migranten beschäftigen sich heute neben Soziologen und Demografen (wie es Ravenstein war) auch Ökonomen, Ethnologen, Anthropologen und Politologen mit diesem Bereich. Trotz vielschichtiger Literatur der Migrationsforschung gibt es in den Sozial- und Wirtschaftswissenschaften[51] deutliche Lücken. So fehlt es an Untersuchungen hinsichtlich der Konsequenzen und Aussichten von Entwicklungsländern.

Die meisten Wanderungsmodelle beschränken sich auf einen monokausalen Erklärungsansatz.[52] Zudem gibt es kein einheitliches, umfassendes Modell der Migrationsbeweggründe, auch wenn Brown und Sanders, anlehnend an Mabogunje, bereits Anfang der 1980er Jahre ein Modell der Migrationsentscheidung entwickelten.[53] Darüber hinaus ist die Arbeitsmigration in China eine kaum beleuchtete Problematik.[54] Wie bereits von Kam Wing Chan erläutert, sind die Strukturen und Begebenheiten in China entweder noch zu unbekannt und erfahren hinsichtlich des wirtschaftlichen Aufschwungs noch weniger Aufmerksamkeit. Oder es ist für die Wissenschaftler ein schwer zugängliches Feld, da quantitative als

---

50 Vgl. Santel, Bernhard, Migration in und nach Europa. Erfahrungen. Strukturen. Politik, Opladen 1995, S. 19.

51 Zwischen den Modellen werden vor allem Unterscheidungen in der Soziologie, der Ökonomie und in der Politik getroffen.

52 Nicht nur die geringe Allgemeinheit der theoretischen Aussagen und die Beschränkung auf einen ad-hoc-Charakter wird in der Literatur zur Wanderungsforschung kritisch bemerkt, sondern auch die häufig ungenügende theoretische Fundierung der Wanderungsmodelle. Vgl. Feithen, Rosemarie, Arbeitskräftewanderungen in der Europäischen Gemeinschaft. Bestimmungsgründe und regionalpolitische Implikationen, Frankfurt a.M. 1985, S. 55.

53 Dieses Modell liefert zwar erste Grundsätze zur Wanderungsentscheidung, findet aber keine universelle Anwendung. Siehe dazu die Arbeit von Brown, Lawrence/ Sanders, Rickie, Toward a Development Paradigm of Migration, with Particular Reference to Third World Settings, in: De Jong, Gordon/ Gardner, Robert Wi, Migration Decision Making. Multidisciplinary Approaches to Microlevel Studies in Developed and Developing Countries, New York u.a. 1981, S. 149-185.

54 Die überwiegende Mehrheit der Migrationstheorien beschäftigt sich mit der internationalen Ausprägung, da sie die am meisten verbreitete und bekannteste Form der Wanderung darstellt, welche besonders an die Nationalstaaten und deren Integrationspolitik große Anforderungen stellt.

auch qualitative Erhebungen schwierig sind, weil die chinesische Regierung diese Bestrebungen zu unterdrücken versucht. Auf der anderen Seite ist es ein sensibles Thema der chinesischen Gesellschaft. Wanderarbeiter gehören zum Bild großer Metropolen dazu; eine Auseinandersetzung innerhalb der Bevölkerung findet nur gemächlich statt[55] und ist als wissenschaftliche Analyse seitens der Regierung unerwünscht, da somit Fehler einer so gepriesenen „sozialistischen Demokratie“[56] aufgedeckt werden könnten.

Für die hiesige Untersuchung sind die individuellen Beweggründe von besonderer Bedeutung, denn erst durch sie können die Wanderungsströme erklärt und versucht werden, politische Entwicklungen als auch Möglichkeiten zu erfahren und zu beschreiben. Somit bedingen die einzelnen Wissenschaftsgebiete einander und können zu Lösungsvorschlägen beitragen. Im Laufe dieses Kapitels wird erklärt, welche Theorie zur Beantwortung der Untersuchungsfrage genutzt wird und inwiefern die bestehenden ideologischen Ansätze modifiziert werden müssen.[57]

2.2 Theoretische Erklärungsansätze zur Migration

Für eine Ursachenanalyse der Migration ist es nicht nur sinnvoll, sondern zwingend, mit einem Einblick auf bestehende Theorien zur Migration zu beginnen. Die vorliegende Untersuchung betritt theoretisch kein Neuland, sondern kann an Modelle und Theorieansätze anknüpfen, welche

55 So Beibei Wang in einem Gespräch mit der Verfasserin.

56 Diese Bezeichnung ist in der chinesischen Medien- und Politiklandschaft alltäglich und kann in verschiedenen Berichten und Artikeln nachgelesen werden. Vgl. beispielsweise das Presseamt des Staatsrats der Volksrepublik China unter <http://www.Peking.diplo.de/Vertretung/peking/de/05/Aussenwirtschaftsfoerderung/basisinfos__chines__lw__seite.html> am 05.05.2008. Erste Untersuchungen zum Schwerpunkt der Wanderarbeit wurden erst gegen Ende der 1980er Jahre unternommen. Auch wenn die Menschenrechtsproblematik in westlichen Medien und wissenschaftlichen Debatten größer werdendes Interesse erfährt, sind die Untersuchungen in diesem Gebiet überblickbar.

57 Auch wenn Ziel dieser Arbeit die Untersuchung der Ursachen zur Wanderung in China auf einer mikroanalytischen Basis ist, kann keine allgemein gültige Regel für individuelle Entscheidungen gegeben werden. Einerseits sind Einzelheiten individueller Motivationen zu räumlichen Veränderungen nicht verfügbar, andererseits würden sie die theoretischen Grundlagen mit zu viel Infomationsgehalt überladen. Vgl. Weidlich, Wolfgang/ Haag, Günther, Concepts of the Dynamic Migration Model, in: ders. (Hrsg.), Interregional Migration. Dynamic Theory and Comparatative Analysis, Berlin 1988, S. 9-20, hier S. 11.

die Komplexität von Migrationsprozessen und deren Variablenvielfalt reduzieren. Die Auswahl unterschiedlicher Konzeptionen erklärt sich durch die fächerübergreifende Relevanz des Untersuchungsschwerpunktes. Im Folgenden sollen kurz die beständigen Erklärungsansätze und Kriterien der Wanderung vorgestellt werden, um daraufhin Migrationsmotive theoretisch zu beleuchten und die Auswahl des dieser Arbeit zugrunde liegenden Modells zu erläutern.

Generell lassen sich in der Migrationsforschung Unterscheidungen zwischen Makro- und Mikroansätzen treffen. Viele Studien weisen jedoch unterschiedliche Standpunkte auf und variieren sowohl in ihren theoretischen Erklärungen als auch ihrer Forschungsmethoden. Meist wird der Einfluss der Migration auf die Ungleichheit bezüglich der Beurteilung zur Beeinflussung häuslicher Einkommen untersucht. Eine Analyse allein basierend auf Einkommensdisparitäten scheint jedoch zu einfach. Zum einen ist es ungenügend Migration als Ergebnis von Ungleichheit zu akzeptieren. Zweitens ist das Einkommen, wie die vorliegende Hypothese behauptet, nicht einziges Kalkül zur Wanderung. Außerdem ist es teilweise schwierig den Statistiken Glauben zu schenken, da eine eindeutige Überprüfung der finanziellen Situation der Wanderarbeiter kompliziert ist.

Es muss also stärkere Motive für den Entschluss zur Wanderung geben. Die Mehrzahl der Erklärungsansätze zu Wanderungen liegt im ökonomischen Bereich. Auf der Makroebene wird der Versuch unternommen, Migrationsverhalten über den Bezug zu übergeordneten sozioökonomischen Strukturvariablen zu erklären. In der neoklassischen Tradition der Ökonomie erhalten besonders sektor- und raumspezifische Einkommensunterschiede die entscheidende Triebkraft für die Faktormobilität von Kapital und Arbeit. Über einen längeren Zeithorizont ist dann die Migration der Mechanismus, der Angebot und Nachfrage von Arbeitskräften in einen Gleichgewichtszustand bringt.[58]

Einkommensunterschiede und Beschäftigungsmöglichkeiten gelten als zentrale wirtschaftliche Determinanten. Nach der *income-differential-Hypothese* wandert der Produktionsfaktor Arbeit dahin, wo die Faktorvergütung am höchsten ist. Die *job-vacancy-Hypothese* dagegen versteht Arbeitskräftebewegungen vor allem als Reaktion auf die Verfügbarkeit von Arbeitsplätzen.[59] Ausschlaggebender Faktor ist dementsprechend die Arbeit[60]. Für die hiesige Darstellung der Wanderarbeit steht der

58 Schulze (2000), S. 9.

59 Vgl. Feithen (1985), S. 56.

60 Im Allgemeinen ist die Arbeit als zielgerichtete, zweckgebundene menschliche Verrichtung beziehungsweise Tätigkeit zu verstehen, mit der Menschen in ihrer Umwelt zu überleben versuchen.

Verkauf der Arbeitskraft im Vordergrund. Ausschlaggebend ist dabei die Entscheidung zu wandern; als Ergebnis der bestehenden Unterschiede in der Arbeitsmarktlage zwischen Stadt und Land als auch unter den Regionen (*job-vacancy-Hypothese*) sowie der ungleichen Einkommenssituation (*income-differential-Hypothese*) zwischen Heimat- und Zielregion.

Beide Hypothesen werden demnach berücksichtigt und haben maßgebende Einflüsse auf das Migrationsverhalten sowie der Entscheidung zu wandern. Die expliziten Forschungsansätze zu Migrationsentscheidungen, die hier im Speziellen auf ein so genanntes Entwicklungsland[61] angewendet werden, können grob in drei Kategorien gefasst werden: Gravitationsmodelle, Humankapitalmodelle und das Modell der Risikoberechnungsstrategien mit Rücksicht der Arbeitskraftbestimmung (*labor-force adjustment*).

In Gravitationsmodellen zeichnen sich erwartete Wanderungsströme zwischen Regionen ab. Als Bestandteil der meisten Wanderungsmodelle auf der Mikroebene geht der gravitationstheoretische Ansatz von der Annahme aus, dass Wanderungsbewegungen zwischen zwei Regionen von der Bevölkerungszahl der Herkunfts- und Zielregion sowie von der Entfernung zwischen den jeweiligen Regionen abhängen. Lange galten, basierend auf den Studien Ravensteins, allein wirtschaftliche Faktoren als ausschlaggebend bei Migrationsentscheidungen[62], doch eine Palette von anderen Faktoren, wie der Notwendigkeit lebensbedrohlicher Situationen

---

61 Seit den 50er Jahren wurden, angesichts der globalen Ost-West-Systemkonkurrenz, wirtschaftlich unterentwickelte Länder im Vergleich zu den so genannten Industrienationen, der „Dritten Welt" zugeschrieben. Jedoch gibt es immer noch Definitionsprobleme. Laut UNO wird der Sammelbegriff der „less developed countries" benutzt. Vgl. Nuscheler, Franz, Entwicklungspolitik (=Bundeszentrale für politische Bildung, Bd. 488), Bonn 2005, S. 98ff. Verschiedene Aspekte zur Entwicklungsforschung (*Development Studies*) bietet der Sammelband von Fischer, Karin/ Hödl, Gerald/ Maral-Hanak, Irmi u.a. (Hrsg.), Entwicklung und Unterentwicklung. Eine Einführung in Probleme, Theorien und Strategien, Wien 2004. Generell wird Armut in Verbindung mit dem Begriff des Entwicklungslandes gebracht. Auch wenn die Städte und Industrieregionen einen wirtschaftlichen Aufschwung erleben, lebt die Mehrzahl der Menschen Chinas unterhalb der Armutsgrenze, was bedeutet, dass sie unter absoluter oder relativer Armut leiden, sie also entweder keine Möglichkeit auf ein Existenzminimum haben oder nur hinreichende Nahrungsmittelmöglichkeiten und Lebensstandards besitzen. Vgl. Zhang, Mei (2003), S. 5. Der Begriff Entwicklungsland wird trotz der uneinheitlichen Anwendungen in der vorliegenden Arbeit bezüglich der VR China benutzt, da die Verfasserin davon ausgeht, dass in China, ungeachtet in welchen Regionen, eine (wirtschaftliche) Entwicklung stattfindet, womit dieser Sammelbegriff gerechtfertigt ist.

62 Vgl. Feithen (1985), S. 53f.

zu entfliehen, wurden bis dahin übersehen. In den auf der Mikroebene basierenden Modellen wird davon ausgegangen, dass *in* der Migration das Ergebnis eines subjektiv geprägten Entscheidungsfindungsprozesses zu sehen ist. Everett Lees Modell der Push- und Pullfaktoren (ausführlicher zu diesem Modell siehe 2.2.2) berücksichtigt diese Elemente und erkennt die Migration als bestimmte Bewegung durch positive und negative Faktoren. Nach dem handlungstheoretischen Ansatz, welcher dem Gravitationsmodell zugrunde liegt, bestimmen potentielle Migranten ihre Zielregion anhand eines Vergleiches der Merkmale der Herkunfts- und Zielregion.[63] Um zu untersuchen, ob und inwiefern auch andere Erklärungsansätze in das Push- und Pullmodell einbezogen werden können, sollen die Wichtigsten folgend kurz erklärt werden.

Bei der Betrachtung der Situation der Wanderarbeiter muss auch die ökonomische Entwicklung[64] des Landes berücksichtigt werden. Besonders China erfährt von den ostasiatischen Ländern seit seiner Öffnung gen Westen und der Reformpolitik Deng Xiaopings einen wirtschaftlichen Aufschwung, der vorwiegend in den großen Städten der Küstenregionen[65] zu finden ist. Auf Basis einer wirtschaftlichen Erklärung finden Kosten-Nutzen-Modelle, welche zum Humankapitalansatz gezählt werden, häufige Anwendung.[66] Vertretend für viele Wirtschaftstheoretiker in diesem Gebiet sei hier Larry A. Sjaastad zu nennen. Er definierte die Wanderung als individuelle Investition im Humankapital, was bedeutet, dass eine Migration für das Individuum mit Erträgen und Kosten verbunden ist. Diese differenziert er in monetäre und nichtmonetäre Kosten und Erträge. Monetäre Kosten fallen beispielsweise bei einem Umzug an, während nichtmonetäre Kosten sozialer Art sein können, wie etwa der Verlust des Freundes- und Verwandtenkreises. Monetäre Erträge stellen gut bezahlte Arbeitsplätze am Zielort dar. Im Gegensatz dazu können nichtmonetäre Erträge einer Wanderung ein mildes Klima und bessere Umweltbedingungen am Bestimmungsort sein.[67]

---

63 Vgl. ebd., S. 54.

64 Entwicklung als solche wird in den modernen Erklärungen als der Übergang von *low-productivity* zu *high-productivity* beschrieben. Vgl. Murphy (2002), S. 12.

65 Siehe zur genauen Ortsbestimmung die Landkarte im Anhang A.

66 Diese theoretischen Ansätze werden der Makroebene zugeschrieben.

67 „[…] the impact of migration can be offset by further changes in the economic forces which originally generated the earnings differentials. […] Migration [is] an investment increasing the productivity of human resources." Sjaastad (1962), S. 461. Interessant ist bei diesem Ansatz, dass sich Erträge nicht sofort einstellen müssen, sondern auch dann Wanderungen auslösen, wenn sie erst erwartet werden. Trotz der nichtmonetären Faktoren wird das Modell in eine Formel umgesetzt. Es wird davon ausgegangen, dass Länder mit großen Arbeitsressourcen rela-

Auch Michael Todaro perzipierte Kosten als konkrete und positive Kennzeichen ökonomischer Entwicklung.[68] Vor allem die Arbeitslosigkeit und die Unterbeschäftigung sieht er als beachtliches Problem in den urbanen Regionen vieler Entwicklungsländer. Erst durch diese Rahmenbedingungen ist eine Entscheidung zur Migration gegeben. Den Migrationsprozess erklärte er als ein Zwei-Phasen-Phänomen. Zuerst beschrieb er den ungelernten Landarbeiter, welcher seine Heimat für eine bestimmte Zeit verlässt, um in der Stadt eine Anstellung in einem sogenannten *urban traditional sector*[69] zu suchen. Die zweite Prämisse erklärte er an der eventuellen städtischen Arbeitsmöglichkeit für einen unbestimmten, längeren Zeitraum.

Mittels dieser Zwei-Phasen-Konzeption stellen sich Fragen zur Entscheidung der Migration in den Vordergrund der Überlegung. Todaro erklärt, dass in seinem Modell die Entscheidung zur Migration an zwei Variablen hängt, nämlich einmal das tatsächliche Einkommensdifferential zwischen Stadt und Land, als auch der Wahrscheinlichkeit auf dem Land eine Anstellung zu finden. Zudem liegen Mobilitätsentscheidungen seiner Ansicht nach an mangelhafter Information und einer dürftigen Vorstellung davon, dass in der Stadt den Landflüchtigen für ihre Arbeitskraft bessere Löhne gezahlt würden.[70] Durch diese Abstufungen gewinnt sein Modell zusätzliche Qualität auf der Erklärungsebene, für eine Untersuchungsanalyse wirkt diese Differenzierung jedoch eher ablenkend. Ein niedriges Lohnniveau hat nicht zwingend eine hohe Migrationsrate zur

---

tiv zum Kapital niedrige durchschnittliche Marktgehälter zahlen. Die daraus entstehenden Lohnunterschiede spornen Arbeitskräfte aus Niedriglohnländern an, in Hochlohnländer abzuwandern.

68 Vgl. Todaro (1969), S. 138-148. Todaro ist mit seinem Modell an der Grenze von Mikro- und Makroperspektive. Eine Migrationsentscheidung durch erwartetes Einkommen unterliegt der individuellen Wahrnehmung einzelner Personen. Durch die Anlehnung an die Arbeitslosigkeit wurden seine Überlegungen jedoch wieder auf die Makroebene verlagert.

69 Dieser Sektor hat einen wesentlichen Einfluss auf die Land-Stadt-Bewegung und umfasst alle Arbeiter, welche im „urban modern sector" nicht regulär angestellt sind, also die Arbeitslosen, die Unterbeschäftigten oder sporadischen Angestellten. Vgl. Todaro (1969), S. 139. Eine genaue Beschreibung des urban traditional sectors gibt John P. Lewis. Anhand indischer Beispiele gibt er an, dass Wanderarbeiter im städtischen Sektor als billige Arbeitskräfte beinahe jede Arbeit annehmen, um überhaupt eine Anstellung zu haben. Vgl. Lewis, John P., Quiet Crisis in India. Economic Development and American Policy, Washington 1962, S.53.

70 „Any migrant who enters the modern sector is ‚absorbed' into the gainfully employed at the prevailing urban real wage." Todaro (1969), S. 139. Siehe auch Murphy (2002), S. 12.

Folge.[71] Nachteilig lässt sich an derartigen Studien wie der Humankapitalkonzeption eine unzureichende Abgrenzung zwischen der Arbeitskräfterelevanz erkennen. Zudem dominieren deterministische Erklärungsmuster, welche die Handlungsträger als passive, rein reagierende Objekte in die Betrachtung einbeziehen.

In späteren Studien wurde die Migration nicht mehr nur als einfache *„one-off"*-Ausrichtung individueller Einkommensvorstellungen erklärt, sondern auch als ein Phänomen der Risikoberechnung Einzelner. Die Vertreter der so genannten „New Economic Migration" stellten damit einige Annahmen der neoklassischen Theorie infrage.[72] In diesem Ansatz wird die Hypothese postuliert, dass Migrationsentscheidungen von größeren Einheiten wie Familien, Haushalten oder anderen kulturell definierten Produktions- und Verbrauchseinheiten getroffen werden. Wobei die Migration als eine Art Familienstrategie auftreten kann. Demnach handeln betroffene Personen kollektiv, um nicht nur das erwartete Einkommen zu maximieren, sondern auch um Risiken, wie Obdachlosigkeit und Geldnöte, zu minimieren.[73] Bei derartigen Vorgängen werden die Familienmitglieder zur Migration angetrieben, welche in einem arbeitsfähigen Alter sind und über die notwendige Arbeitskraft verfügen. Allerdings tragen Risikoberechnungsstudien nicht zu einer systematischen Erklärung bei oder geben nur bedingt Beweise für die Motivlage der Entscheidung zur Migration.[74] Auch wenn die neoklassische Makroökonomie nicht hinreichend zur Klärung von Migrationsentscheidungen beiträgt, können derartige Modelle unter Hinzunahme der Push- und

---

71 Auch wenn durch die Einbeziehung der Arbeitslosigkeit die Abwanderung theoretisch gefördert wird, sind empirische Befunde diesbezüglich nicht eindeutig. Einflussvariablen sind vielfältig und damit ist das zu erklärende Phänomen nicht ausschließlich auf Arbeitslosigkeit oder geringe Lohnniveaus zurückzuführen. Vgl. Haug (2000), S.11.

72 Vgl. Stark, Oded/ Bloom, David, The new economics of labor migration, in: American Economic Review (75/1985), S. 173-178. Eine Zusammenstellung verschiedener Aufsätze zur "Neuen Wirtschaftswissenschaft der Migration" findet sich in: Stark, Oded, The Migration of Labor, Cambridge 1991.

73 Lohnunterschiede stellen nach diesen Überlegungen keine notwendige Bedingung der Migration dar. Dafür kommt allerdings der Gruppenfunktion eine große Bedeutung zu. Vgl. dazu auch Stark, Oded/ Taylor, Edward, Migration Incentives, Migration Types: The Role of Relative Deprivation, in: The Economic Journal (101/1991), S. 1163-1178.

74 Vgl. De Jong, Gordon F./ Fawcett, James T., Motivations for Migration: An Assessment and a Value-Expectancy Research Model, in: De Jong, Gordon F./ Gardner, Robert W., Migration Decision Making. Multidisciplinary Approaches to Microlevel Studies in Developed and Developing Countries, New York, Oxford, Toronto u.a. 1981, S. 13-58, hier S. 18

Pullfaktoren ergänzt werden. Um diese Faktoren und das Modell Lees näher zu erklären und auf den Aufbau vorliegender Arbeit zu modifizieren, werden zunächst individuelle Motivstrategien untersucht, die neben kausalen Analysen auch eine Typologisierung der Migranten erlauben.

2.2.1 *Theorien zur Initiierung von Migrationsentscheidungen*

Die theoretische Erfassung und Systematisierung der Gründe von Migrationsentscheidungen und der dadurch ausgelösten Migrationsbewegungen erweist sich als eine schwierige Aufgabe. Mehrere Ursachen machen diese Schwierigkeiten aus. Migration ist zunächst ein komplexer Vorgang, der selten monokausal verläuft. Eine genaue Identifizierung der einzelnen Determinanten der Migration aus einer Vielzahl kausaler Bedingungsfaktoren ist nur in geringem Maße möglich. Zum einen können historische Veränderungen, welche Migrationsschübe auslösen, kaum allgemeingültigen Aussagen zugeschrieben werden, andererseits können sich Gründe für die Migration im Laufe der Zeit verändern.[75] Verschiedene Theorien zum so genannten *„decision-making-process"* verdeutlichen diese Prämisse.

Anhand bereits genannter theoretischer Grundlagen soll dieser Prozess nun verdeutlicht werden, um im Anschluss die Faktoren des Push- und Pullmodells besser einzugrenzen. Da auf Seite der abhängigen Variable Motivstrukturen der binnenländlichen Migration untersucht werden sollen, werden mikrotheoretische Theorieansätze[76] zur Erklärung verwendet. Die Klärung bestimmter Migrationsmuster und -hindernisse beinhaltet Konzepte der ökonomischen Maximierung, Werte der Wohnraumnutzung, der Gemeinschaft sowie sozialer Netzwerke, Umweltprobleme als auch familiärer Verpflichtungen. Daher werden ebenfalls ökonomische Faktoren berücksichtigt, wenn gleich keine wirtschaftstheoretischen Lehren angewandt werden.

Durch die permanente Bewegung kommt die Migration, wie bereits Zelinsky[77] formulierte, einer Zirkulation nahe. Brown und Sanders be-

---

75 Vgl. Han (2000), S. 18.

76 Auf mikrotheoretischer Basis wird die Wanderungserklärung als eine individuelle Verhaltensform erklärt. Im Gegensatz dazu wird auf der Makroebene Migration als Reaktion des jeweils ökonomischen und sozialen Systems verstanden. Vgl. Feithen (1985), S. 59 sowie Vanberg, Monika, Kritische Analyse der Wanderungsforschung in der BRD (=Arbeitsgruppe Wanderforschung), Berlin 1971, S. 15.

77 Seine Hypothesen zur Mobilitätstransformation stellen eine auf längerfristige Muster erklärende Studie dar. Damit können Zelinskys Überlegungen als Bezug-

schrieben diese Art der Zirkulation mit einem Zwei-Phasen-Modell. Dabei werden in der ersten Phase Faktoren genannt, welche als Auslöser einer Wanderung gelten können. Demnach werde die Entscheidung zum Verlassen des Heimatortes dadurch beeinflusst, inwiefern ein potentieller Migrant zufrieden ist, welche Informationen ihm bezüglich der Wirtschaftszentren und der Arbeitssituation zukommen oder ob er auf der Suche nach etwas „Neuem" in seinem Leben ist. Individuelle Motive werden zu einem großen Teil von der Familie sowie der Kultur gesteuert. Der Haushalt als kontinuierliche Einheit agiert zwischen Bedürfnissen und Angeboten. Betroffen sind Einkommenseinheiten, Beschäftigungsmöglichkeiten, Klima, soziale oder familiäre Beziehungen, aber auch Vorzüge wie Erholung und Unterhaltung.

Es ist zu beachten, dass vor allem in Entwicklungsländern der Familie eine besondere Rolle zukommt. Auch in China ist es Brauch, dass die Kinder für ihre Eltern und auch Großeltern, welche gar noch im gleichen Haus wohnen, aufkommen und sie unterstützen. Fehlt es der Familie an Einkommen und Nahrung etc., wird in einer Art Familienstrategie nach einer Lösung gesucht bzw. überlegt, welchen Mangel es gibt und wie er zu beheben sein könnte.[78] Ist der Migrant in der Stadt, beginnt nach Brown und Sanders Phase II. Der Aussiedler geht auf die Suche nach einer neuen Bleibe, einem Job und eventuell auch nach Bildungsmöglichkeiten. Je nachdem wie erfolgreich seine Suche war, entscheidet er ob er in der Stadt bleiben wird, oder zurück in die Heimat kehrt. Dann kann allerdings Phase I wieder eintreten.[79]

Durch die intensivierte Forschung im Feld Migration seit den 60er Jahren werden Mobilitätsentscheidungen längerfristig durch persönliche Ziele, aber auch durch vielfältige sich gegenseitig ausschließende Faktoren formuliert. So erklärt Todaro, dass die Entscheidung zur Migration einerseits bestimmt wird durch die Dauer in welcher ein Migrant ver-

nahme auf die Migration als soziales Phänomen angesehen werden, das in äußere und objektive Rahmenbedingungen gebettet ist.

78 Beispielhaft sei hier die hervorragende Autobiografie Jung Changs zu nennen, in welcher sie bildlich die Situation ihrer chinesischen Familie v. a. während der Maozeit beschreibt. Dabei geht sie eindringlich in die Psyche und Vorstellungen der kleinen Einheit ein. Vgl. Chang, Jung, Wilde Schwäne. Die Geschichte einer Familie. Drei Frauen in China von der Kaiserzeit bis heute, München 1991.

79 Vgl. Brown/ Sanders (1981), S. 151. Das wiederum kann als Zirkulation beschrieben werden und es ist keine Seltenheit, dass Migranten auch zurückkehren. Um ihre Familien die Zeit ihrer Abwesenheit über trotzdem zu unterstützen, senden sie finanzielle Mittel in ihren Heimatort. Todaros Zwei-Phasen-Modell bezieht sich auf die Arbeitsmigration in Entwicklungsländern als Prozess. Das Modell von Brown und Sanders hingegen versteht sich als Rekonstruktion der Entscheidungsmerkmale. Anmerkung der Verfasserin.

sucht eine Anstellung zu bekommen und wie hoch andererseits das Einkommen ist.[80] Diese Analysen erklären die Migration mit dem Push-Pull-Gerüst, aber auch mittels ökonomischer Einflüsse auf die Wanderung. Unterschiede in wirtschaftlichem Nutzen und Einkommensunterschiede werden als Hauptgründe für die Migration gesehen. Die Absicht zur Migration bezeichnen De Jong und Fawcett als Summe der Erwartungswerte in Bezug auf bestimmte Ziele von Akteuren, die auf den Dimensionen Wohlstand, Status, Bequemlichkeit, Anregung, Autonomie, Beziehungen und Moralität liegen.[81] Wird Migration als instrumentelles Handeln betrachtet, so basiere die Entscheidung zumeist auf kognitiver Kalkulierung subjektiv evaluierter Faktoren in Relation zu den Zielen der Akteure, was wiederum durch das Push- und Pullparadigma erklärt wird. In diesem Zufriedenheitsansatz[82] werden Typologien der Wandernden in den Vordergrund gestellt, da sie als Konzepte die Basis einer Migrationstheorie bestimmen können.

Außer nach der Motivlage der Wanderungsentscheidung stellt sich also auch die Frage, wer wandert. Beachtet man die Annahme Szélls[83], so sind es die Dynamischsten, Aktivsten und Intelligentesten, welche den Mut zur Wahrnehmung und Realisierung neuer Chancen aufbringen. Laut Oded Stark stellen vor allem junge, männliche Arbeiter, die kein Familienoberhaupt sind oder anderen obligatorischen Pflichten in der Gemeinde nachgehen müssen, potentielle Migranten dar.[84] In der bestehenden Literatur zur Migrationsforschung werden meist Differenzierungsfaktoren wie Alter, Einkommen, Bildung und Berufstätigkeit unterschieden, welche besonders zur Erklärung der Motivlage bzw. des Entscheidungsfindungsprozesses (siehe Kapitel 4) der vorliegenden Untersuchung von Bedeutung sind und Grundlage für eine charakteristische Typisierung der Migranten darstellen.[85]

---

80 Vgl. Todaro (1969), S. 143f.

81 Vgl. De Jong/ Fawcett (1981), S. 57

82 Dieser wird auch als Stress- und Anpassungsansatz definiert, der dem Gravitationsmodell unterliegt und indem die so genannte *„place utility"* für eine Bedürfnisbefriedigung hoch sein soll.

83 Diese Annahme war für die Zeit bis zum Zweiten Weltkrieg vorherrschend und beruht auf der These des „Verlustes des besten Bevölkerungsgutes". Die Gegenthese behauptet hingegen ein „Gesundschrumpfen", wobei nur die Fehlangepassten die Heimat verließen. Vgl. Széll (1972), S. 12. Als Nichtmigranten gelten Personen, die keine potentiellen Migranten darstellen, also keine Absicht hegen zu wandern. Anmerkung der Verfasserin.

84 Vgl. Stark/ Taylor (1991), S. 1175.

85 Weitere Variablen wie Geschlecht, Lebenszyklus, Fruchtbarkeit, Hausbesitz, ethnische Zugehörigkeit und Arbeitskraft können in der Migrationsforschung ebenfalls

William Petersen stellte zu Beginn der 70er Jahre einen ersten bedeutenden Beitrag zu dieser Disziplin vor. In *„Eine allgemeine Typologie der Wanderung"* charakterisierte er Migrationstypen als (logische) psychologische Konsequenz. Petersen erklärt zwei brauchbare psychologische Dimensionen der Migration. Als erstes die innovative Wanderung, wobei Personen aus dem Grund „etwas Neues zu erreichen" migrieren und zweitens die konservative Migration, in welcher sich Menschen zur Migration entscheiden, um ihre Lage zu verbessern.[86] Letztere definiert unter sich vor allem die Bewegung in die Stadt als Phänomen der „neuen Zeit". Außerdem klassifiziert er die 1) primitive Migration (ursprüngliche Wanderung), 2) gewaltsame, 3) gezwungene Migration, 4) freiwillige Migration und 5) Massenmigration. In seinen Überlegungen tabelliert er die Wanderung nach Gründen und Zielen und leitet daraus die Gruppen der Rückkehrer (*returnees*), Wegbleiber und Demobilisierten (*demobilized people*) ab. Auch wenn die Binnenmigration in China keine Auswanderung bedeutet, impliziert sie die Möglichkeit der Rückkehr.[87] Interne Vertriebene (*internally displaced people*), die aufgrund ihrer wirtschaftlichen Lage oder anderer Gründe den Heimatort verlassen, werden in der Studie Petersen weniger beachtet und eher der Kategorie der Land-Stadt-Wanderung zugeordnet. Die folgende Abbildung zeigt die Typologisierung, wie sie Petersen in seiner Studie vornimmt. Bezüglich des Untersuchungsschwerpunktes dieser Arbeit sind die forschungsrelevanten Typen hervorgehoben.

beachtet werden. Vgl. De Jong/ Fawcett (1981), S. 17. Diese Faktoren finden in dieser Arbeit eine angemessene Berücksichtigung, um Migranten von Nichtmigranten zu unterscheiden. Als Nichtmigranten gelten Personen, die keine potentiellen Migranten darstellen, also keine Absicht hegen zu wandern. Anmerkung der Verfasserin.

86 Vgl. Petersen, Eine allgemeine Typologie der Wanderung, in: Széll, Giörgy (Hrsg.), Regionale Mobilität. Nymphenburger Texte zur Wissenschaft (10), München 1972, S. 95-114, hier S. 97.

87 Der Herkunftsort hat stets einen besonderen Status bei den Migrierenden und muss daher in der Migrationsforschung besondere Beachtung erhalten. Vgl. Bogue (1969), S. 766. Welche Rolle dem Heimatort zukommt, soll in den folgenden Kapiteln untersucht werden.

Tabelle 3: Typologie der Wanderungen nach Petersen

Wanderungs-ursachen	Typ nach Wanderungsursache	Typ nach Wanderungsziel	
		a) Konservativ	b) Innovativ
Ökologischer Druck	1) Ursprüngliche Wanderung	Nomadenwanderung/ Völkerwanderung	Landflucht
Physische Gewalt	2) Gewaltsame Wanderung	Umsiedlung/ Verschleppung	Sklavenhandel
Nötigung	3) Zwangsweise Wanderung	Flucht/ Vertreibung	Kuli-Handel
Höhere Ansprüche	4) Freiwillige Wanderung	Gruppenwanderung	Pionierwanderung
Soziale Verhältnisse	5) Massenhafte Wanderung	Besiedlung	Land-Stadt-Wanderung

Eigene Darstellung nach Petersen, William, Eine allgemeine Typologie der Wanderung, in: Széll, Giörgy (Hrsg.), Regionale Mobilität. Nymphenburger Texte zur Wissenschaft (10), München 1972, S. 95-114, hier S. 97-109.

Für diese Arbeit ist die Betrachtung der freiwilligen und massenhaften Wanderung von Bedeutung. Auch wenn Petersen meint, dass „freiwillige Wanderung selten in Massen statt[findet], weil Individualisten, die stark motiviert sind, Neues oder Besseres zu suchen, nicht die Regel sind"[88], muss diese Annahme in Bezug zur gewählten Thematik eher negiert werden. In Anbetracht der hohen Zahlen der Wanderarbeiter, kann von einer massenhaften Bewegung gesprochen werden.[89]

Explizite Motivationsstrukturen lassen sich in dem Push und Pull Kontinuum finden, da hier eine Klassifizierung in zwei Formen vorgenommen wird. Nämlich erstens Bewegungen aufgrund der Notwendigkeit und Obligation, als auch zweitens Bewegungen wegen dem Bedarf. Die Auflistung beständiger Push- und Pullfaktoren betont ausnahmslos die sozialen Bindungen und ökonomischen Möglichkeiten, aber sie ist reduzierbar auf eine Behauptung, nämlich dass Menschen sich zu Orten mit einer *„higher utility"* bewegen. Jedes Mitglied einer Gesellschaft, in einer Region, entscheidet über Alternativen zu seiner Herkunft bezüglich zukünftiger Perspektiven; entweder es entscheidet sich zu bleiben bzw. sich in seiner Region zu bewegen oder es entschließt sich seinen Herkunftsort für einen anderen, entfernten Ort, welcher neue Möglichkeiten

88 Petersen (1971), S. 105.

89 Potentielle Migranten entscheiden sich in kleineren Einheiten zur Wanderung in die Städte. Die Anzahl dieser Wandernden geht in die Millionen, weshalb die Verfasserin den Ausdruck der massenhaften Bewegung wählt. Die Zahlen sind zudem nur Schätzungen. Es können keine genauen Belege dafür aufgeführt werden, wie viele Menschen tatsächlich ihren Heimatort verließen bzw. den Entschluss zur Wanderung fassen.

bietet, zu verlassen.[90] Zur Beantwortung der zentralen Fragestellung dieser Arbeit und in Bezug zur Wanderarbeit als auch der Bewegung von den ländlichen Gebieten in die Industrieregionen und Großstädte ist das in seiner Struktur einfache Modell der Push- und Pullfaktoren zur Erklärung der Motivstrukturen besonders geeignet. Die Gründe für diese Wahl und vorzunehmende Modifikationen des Modells werden nun erläutert. Dabei wird es erforderlich sein, einige Annahmen zu treffen, um das Explanandum[91] schärfer abzugrenzen. Anschließend gilt es Modifikationen zu begründen, die für eine Annäherung an den Forschungsgegenstand notwendig sind.

2.2.2 Die Push- und Pullfaktoren

Bezüglich der Entscheidungsfaktoren auf mikrotheoretischer Ebene werden die Hauptmotive für die Wanderung zumeist mittels ökonomischer oder familiärer Gründe versucht zu erklären. Eine spezielle Unterscheidung kann daher zwischen so genannten *„Push"*- (Schub-) und *„Pull"*- (Sog-) Faktoren verdeutlicht werden, die aber in der Literatur oft als problembehaftet beschrieben werden, da sie häufig nicht eindeutig voneinander abzugrenzen sind und sich bei vielen Migrationsbewegungen gar verengen. Trotz dessen erweist sich das von Everett Lee entwickelte Modell[92] aus verschiedenen Gründen besonders geeignet für die vorliegende Untersuchung: Es ist den Gravitationsmodellen gemein, was sie aufgrund ihrer Struktur einfach für entscheidungstheoretische Studien nutzbar macht. Die Vorteile der Faktoren finden sich darin, dass sie weniger nur als Modell oder Theorieansatz gelten, sondern als Instrumente fächerübergreifender Substanz zu fassen sind; die vorliegende Arbeit wird vor allem inhaltlich nach diesem Modell strukturiert, was zur Übersichtlichkeit beiträgt.

In den 60er Jahren versuchte Everett Lee, aufbauend auf den Überlegungen Ravensteins, Migrationsbewegungen nicht nur zu erklären, son-

90 Vgl. Murphy (2002), S. 162.

91 Das zu Erklärende; die abhängige Variable.

92 Bereits 1938 argumentierte Heberle, dass Migrationsbewegungen von einer Reihe spezieller Faktoren ausgelöst werden. Je nachdem, ob das Herkunftsgebiet den Anforderungen des Individuums entspricht und nachkommt, entscheidet der Einzelne, ob er migriert oder nicht. Für jedes Individuum spielen bestimmte Schub- und Sogkräfte eine spezifische Rolle für deren Handlungen. Vgl. Zhang, Mei (2003), S. 13f sowie das Sammelwerk Thomas, Dorothy Swaine/ Heberle, Rudolf/ Hutchinson, E.P., Research Memorandum on migration differentials (=Social Science Research Council), New York 1938.

dern auch vorhersehbar zu machen. Laut Lee sind vier Faktoren bei der Entscheidung zur Migration von wesentlicher Bedeutung: 1.) Faktoren, die mit dem Herkunftsgebiet verbunden sind; 2.) Faktoren, die mit dem Zielland verbunden sind; 3.) Hindernisse zwischen Herkunfts- und Zielland; und schließlich 4.) persönliche Faktoren. Als ausschlaggebend für die Entscheidung zu wandern bezeichnete Lee bestehende Unterschiede in der Arbeitsmarktlage (*job-vacancy-Hypothese*) sowie in der Einkommenssituation (*income-differential-Hypothese*) zwischen Heimat- und Zielregion.[93] Die Push- (+) und Pullfaktoren (-) konkurrieren mit den Faktoren, denen sich Menschen gegenüber indifferent verhalten (0). Je größer die Differenz zwischen den Push- und Pullfaktoren, desto größer ist die Wahrscheinlichkeit einer Migration. Aus diesen Überlegungen ergibt sich für Lee ein Modell gemäß der folgenden Abbildung.

Abbildung 3: Modell der Sogfaktoren

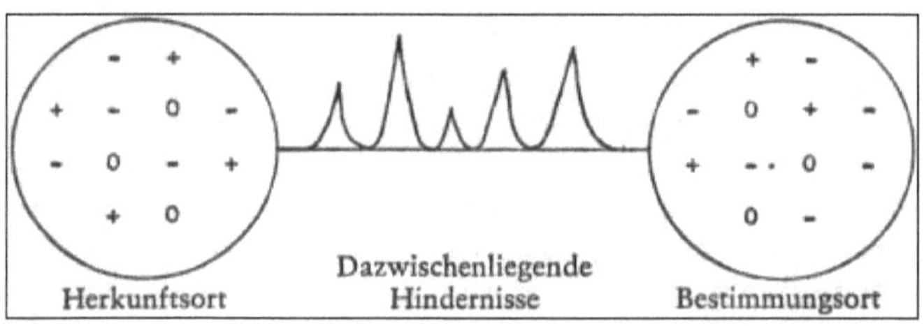

Quelle: Lee, Everett, Eine Theorie der Wanderung, in: Széll, Regionale Mobilität. Nymphenburger Texte zur Wisseschaft (10), München 1972, S. 118.

Allgemein stellen Pushfaktoren Bedingungen am Herkunftsort dar, die als abstoßend oder bedrohend empfunden werden und Menschen dazu bewegen ihre Heimat zu verlassen.[94] Diese können unterschiedlicher Art sein und umfassen sowohl demografische, ökonomische, soziale, ökologische, politische, rechtliche, ethnisch-religiöse oder auch individuelle Faktoren, die unabhängig von ihrer objektiven Präsenz subjektiv empfunden werden. In dem Modell nicht aufgelistet, aber dennoch von unschätzbarer Wichtigkeit für Migrationsbewegungen sind das Bevölke-

93 Außerdem sind zentrale Hypothesen des Modells die *Migrant-Stock-Hypothese* und *Peterson-Greenwood-Hypothese*. Diese besagen zusammengefasst, dass je mehr offene Stellen an einem Zielort im Vergleich zum Herkunftsort sind und persönliche Beziehungen zu bereits migrierten Personen bestehen; je größer die Einkommensdifferenz ist und je mehr Migranten bereits zu diesem Zielort gewandert sind, desto stärker wird die Tendenz zur Migration sein. Vgl. Lee, Everett, Eine Theorie der Wanderung, in: Széll, Regionale Mobilität. Nymphenburger Texte zur Wisseschaft (10), München 1972, S. 122ff.

94 Vgl. Nuscheler (2004), S. 32.

rungswachstum und die Armut. Zu dem Bevölkerungswachstum in Entwicklungsländern und daraus resultierenden Bewegungen besteht allerdings nicht automatisch ein Zusammenhang. Auch wandern nicht stets die Ärmsten, sondern eher die jungen und mobilen Schichten einer Gesellschaft, welche zudem auf die Unterstützung ihrer Familie zählen und ebenso über ein gewisses Pensum finanzieller Mittel verfügen, um wenigstens die Reise bezahlen zu können.[95] Auch wenn Armut, ähnlich wie das Bevölkerungswachstum, einen wesentlichen Faktor für die Migrationsentscheidung bildet, spielen noch weitaus mehr Elemente eine Rolle.

Eng mit den beiden beschriebenen Faktoren ist auch die Umweltzerstörung verbunden. Der UN-Weltbevölkerungsbericht stellte bereits 1993 fest, dass die Umweltzerstörung die Hauptursache von Migrationsbewegungen darstellt.[96] Zusammen mit der wachsenden Bevölkerung[97] kommt es zu akkumulierenden Zerstörungen in der Natur, angefangen bei der Überrodung der Böden bis hin zur Wasserverschmutzung. Eine weitere, schwer messbare, aber dennoch nicht zu unterschätzende Variable sind die verschiedenen Weltanschauungen, ein besonders in China heikles Thema.[98]

---

95 Aufgrund der Unzufriedenheit am Heimatort und der gesamtschlechten Lage ist die Migration der Jüngeren oftmals eine familiäre Entscheidung. Vgl. De Jong/ Fawcett (1981), S. 28.

96 Vgl. UNFPA (Hrsg.), Weltbevölkerungsbericht 1993, Bonn 1993, S. 12 Der Weltbevölkerungsbericht 2007 stützt sich auf die Problematik der Verstädterung. Vgl. UNFPA (Hrsg.), Weltbevölkerungsbericht 2007. Urbanisierung als Chance: Das Potential wachsender Städte nutzen (=Presse-Info), unter: <http://www.weltbevoelkerung.de/pdf/wbb_2007_zusammenfassung.pdf> am 09.02.2008.

97 Für die chinesische Tradition ist es beinahe normal viele Nachkommen zu haben. Für die Wahrung der nationalen Unabhängigkeit und der territorialen Integrität Chinas galt ein hohes Bevölkerungswachstum bis 1953 als ein Symbol nationaler Größe. Nach der ersten Volkszählung 1953 zählte die chinesische Bevölkerung 580 Millionen Menschen; 70 Millionen mehr als noch zu republikanischen Zeiten vor 1949. Die einschneidende Veränderung ist die seit 1979 eingeführte Ein-Kind-Politik, die jedoch aufgrund der riesigen Registrierungslücken und medizinischer Fortschritte nur bedingte Resultate zur Folge hat. Mit einer Bevölkerungszahl von 1,3 Milliarden ist China das bevölkerungsstärkste Land der Welt. Vgl. Scharping, Thomas, Bevölkerungspolitik und demographische Entwicklung, in: Fischer, Doris/ Lackner, Michael (Hrsg.), Länderbericht China. Geschichte-Politik-Wirtschaft-Gesellschaft (=Bundeszentrale für politische Bildung, Bd. 631), 3., vollst. überarb. Aufl., Bonn 2007, S. 50-72. Die demografischen Gegebeneinheiten und Einflüsse auf das Wanderungsverhalten werden in Kapitel 4 ausführlicher erläutert.

98 Aufgrund seiner enormen Größe und Grenzen zu ethnisch anderen Ländern, wie denen der ehemaligen Sowjetunion, gibt es in China viele religiöse Minderheiten,

Migration bedeutet nicht nur eine Flucht vor Armut und Arbeitslosigkeit, sondern auch vor Sozialstrukturen und Lebensstilen. Die ländlichen Regionen Chinas kämpfen mit Korruption, Drogen- und Mafiagruppen, sozialer Diskriminierung ethnischer Minderheiten, politischer Repression und Verfolgung als auch der allgemein schlechten Lage der Bauern.[99] Letztlich aber sind individuelle Faktoren wie Frustration, persönliche Unzufriedenheit und unterschiedliche finanzielle Möglichkeiten wesentliche Entscheidungsträger.

Pullfaktoren charakterisieren die Auswahl der Zielregionen, die etwas bieten und die attraktiv erscheinen. Meist sind dies bereits Dinge, die in den Herkunftsgebieten potentieller Migranten nicht oder in geringem Maße gegeben sind, wie Arbeitskräftemangel, hohe Löhne, hoher Lebensstandard und soziale Sicherungssysteme.[100] Pauschal lässt sich sagen, dass es immer Pushkräfte geben muss, damit Migration erfolgt, da sonst für viele Menschen aufgrund der starken sozialen Bindung zu Familie und Freunden sowie natürlicher Trägheit kein Anlass zu einer Wanderung bestehen dürfte. Pullfaktoren müssen dagegen nicht zwingend vorhanden sein, da starke Schubkräfte für eine Migrationsentscheidung ausreichend sein können. Verbunden mit einer Hoffnung auf bessere Zustände und der ebenso verlockenden Vorstellung einer potentiellen Zielregion, scheint ein dominierender Faktor zur Wanderung bereits gegeben zu sein.[101] Aber auch die Option der Rückkehr wird von den Push- und Pullfaktoren getragen. Diejenigen, welche sich aus „Pull"-Gründen zur Rückkehr entscheiden, sind laut Murphy als Arbeitgeber erfolgreicher als welche, die nach Hause gedrängt wurden, denn eine relative Balance zwischen Push- und Pullfaktoren reflektiert die Auswahl und Qualität möglicher Ressourcen der Rückkehrer.[102] Zusammengefasst können die Push- und Pullfaktoren zur Migrationsentscheidung gemäß der folgenden Darstellung auftreten.

---

die oftmals unter den Repressalien des Systems leiden. Besonders die Unterdrückung der Tibetaner ist ein hervorzuhebendes Beispiel.

99 Aufschluss zu der Situation auf dem Land bietet das Buch Quinlan, He, China in der Modernisierungsfalle , übers. von Reisner, Christine (=Bundeszentrale für politische Bildung), Bonn 2006. Der englische Titel des Werkes lautet *Pitfalls of Modernization*. Des Weiteren bietet Zhang, Mei (2003) einen guten Überblick zur bäuerlichen Lage in China.

100 Vgl. Braun/ Topan (1998), S. 16. Inwiefern diese Begebenheiten allerdings in China vorherrschen und für die ländlichen Migranten zu erschließen sind, ist fraglich und soll in dieser Arbeit noch näherer Erläuterung bedürfen.

101 Vgl. Nuscheler (2004), S. 32.

102 Viele rückkehrende Migranten sehen ihr zuhause als Ort ökonomischer Freiheit, wo sie ihre Ziele bestmöglich erreichen können. Vgl. Murphy (2002), S. 161f.

Abbildung 4: Push- und Pullfaktoren

Pushfaktoren	Pullfaktoren
▪ Wegfall natürlicher Ressourcen ▪ Verlust der Arbeit ▪ Diskriminierung aufgrund politischer, ethnischer oder religiöser Zugehörigkeiten ▪ Außenseiter, Verstoß aus der Gemeinschaft ▪ Begrenzte Möglichkeiten für individuelle Entwicklung, Arbeit und Heirat ▪ Umweltkatastrophen	▪ Arbeit ▪ Höheres Einkommen ▪ Akzeptable Umweltsituation und Lebensstandard ▪ Schneeballsystem ▪ Neue „Großstadtattraktionen" (kulturell, intellektuell, Metropole)

Eigene Darstellung, anlehnend an den Überlegungen von Borgue, Donald J., Principles od Demographie, New York u.a. 1969, S. 753-756.

Von den Gravitationsmodellen entspricht das ausgewählte den Anforderungen dieser Arbeit im Bereich der unabhängigen Variablen sehr gut, da es ihr leicht zugeordnet werden kann. Allerdings fasst das Modell allein begrifflich nicht die Dimensionen individueller Entscheidungsprozesse in einer konkreten Art und Weise. De Jong verweist darauf, dass Lees Entscheidungsfaktoren eher der Markroebene als der mikroanalytischen Untersuchung zugeschrieben werden müssten. Die positiven und negativen Effekte am Heimatort und jene am Zielort sowie die beeinflussenden Hindernisse variieren mit den persönlichen Eigenschaften des potentiellen Migranten. So finden Bildung, Fertigkeiten, Geschlecht, Rasse, Persönlichkeit und Hoffnung als Merkmale der beeinflussenden Variablen in Lees Modell weniger Beachtung.[103] Motivationen aber sind nicht systematisch „therorieverankert" und selbst Lee argumentiert, dass „die Entscheidung zu wandern niemals völlig rational [ist], und für einige Menschen ist die rationale Komponente unbedeutender als die irrationale."[104]

Aufgrund der Einfachheit, lassen sich dem Modell die für die Untersuchung relevanten Variablen zuweisen. Es wird angenommen, dass drei Kontextgruppen für die vorliegende Arbeit von Wichtigkeit sind und diese werden der unabhängigen Variablen als politische, soziokulturelle Faktoren und Wirtschaftsfaktoren zugeschrieben. Die politische Ebene beschreibt dabei die auslösenden Entscheidungsfaktoren auf Basis institu-

103 Vgl. De Jong/ Fawcett (1981), S. 20.

104 Lee, S. 120. Die intervenierenden (dazwischenlegenden) Hindernisse, wie sie Lee beschreibt, können laut der Gedächtnistheorie und bestimmter Verhaltensmuster sich auf Handlungen beziehen und sind daher mit dem Lebenszyklus einhergehend und veränderbar. Anm. der Verfasserin.

tioneller Beschlüsse und damit Einflüssen auf die Landbewohner. Die zweite, wirtschaftliche Determinante ist die mitunter stärkste Variable. Durch die ökonomischen Veränderungen an den Küstenregionen und der (politischen wie wirtschaftlichen) Vernachlässigung der Binnenprovinzen, stehen die ländlichen Gebiete in einer erheblichen Nachteilsituation, die es zu „überwinden" gilt. Soziokulturelle Faktoren fassen demgegenüber die gesellschaftlichen Wirkungen auf die Migrationsentscheidung. Soziokulturell meint in diesem Zusammenhang die Vereinigung des sozialen und kulturellen Lebens und somit der familiären wie auch ethnischen Situation.

Die jeweilige Zuordnung ist nicht immer eindeutig und entsprechend nicht überlappungsfrei; trotzdem ist einerseits durch die Einfachheit der Konzeption und der übergreifenden Verwendung andererseits eine ergiebige theoretische Herangehensweise möglich. Es soll somit vermieden werden, von der Fragestellung abzulenken und komplexe Sachverhalte und Situationen auf Grund der Fokussierung ausgewählter Merkmale monokausal zu erklären. Mit der Verwendung des theorienübergreifenden Modells sollen verschiedene Stärken anderer Überlegungen zu vereinen gesucht werden, um ein umfassendes Bild der Triebkräfte und Beweggründe für den Entschluss zur Wanderarbeit geben zu können.

Als Grundlage dieser Arbeit trifft die Verfasserin die Annahme der Gültigkeit der Push- und Pull-Interpretation, da diese zum Verständnis der Migrationsbewegungen und der ihnen zugrunde liegenden Motivationsstrukturen beitragen und zum anderen auch eine genaue Untersuchung ermöglichen, ohne die zentrale Fragestellung mit Zweifeln zu belasten. Auch wenn beispielsweise eine weitere Debatte hinsichtlich der Menschenrechtsproblematik in China von Interesse wäre, wird von einer weitlaufenden Auseinandersetzung abgesehen. Es wäre sicher ebenso interessant, wie die Zukunftsstrukturen der Wanderarbeiter in einer sich global ausweitenden Welt aussähen. Also ob die Zahlen der Migranten abnehmen und inwiefern sich das Wirtschaftswachstum in China weiter ausdehnt und dadurch die Ausbeutung der Wanderarbeiter unterstützt. Eine solche Analyse würde hier jedoch den Rahmen sprengen und zudem keinen Beitrag zur Beantwortung der Fragestellung leisten.

Die Migration bildet den Endpunkt eines Zusammenspiels von demografischen (Bevölkerungswachstum), soziokulturellen (Massenbewegungen), politischen (Bauernbefreiung; Rahmenbedingungen), wirtschaftstrukturellen (landwirtschaftliche Monokultur, die keine Ausweichmöglichkeiten zuließ) und produktionstechnischen (Mechanisierung der Landwirtschaft) Faktoren.[105] Zu diesen objektiven Bedingungen kommen die subjektiven Faktoren der Migranten hinzu. Diese subjektiven Fakto-

105 Vgl. Han (2000), S. 21.

ren (Persönlichkeitsfaktoren) werden wiederum bestimmt von kulturellen Einheiten wie der Familie und/ oder der Religion bzw. der ethnischen Zugehörigkeit. Es zeigt sich also, dass die einzelnen Gesichtspunkte einander bedingen und auch beeinflussen. Diese Aspekte müssen beachtet werden, um zu verstehen, warum beispielsweise auch viele Frauen wandern und ihre Familie, ihre Kinder Zurück lassen. Besonders das Sammelwerk De Jongs soll in der vorliegenden Arbeit bezüglich der Motivationsstrukturen Beachtung finden, um mittels des Push- und Pullgerüstes einen spezifischen Einblick in die Migrationsentscheidungen der Wanderarbeiter zu bekommen.

In Anwendung auf die Wanderarbeit kann das Push- und Pullmodell gemäß der folgenden Abbildung eingeteilt werden. Die vorgezeigten Faktoren werden in die bereits genannten politischen, wirtschaftlichen und soziokulturellen Ebenen unterteilt, wobei es in jeder Kategorie gilt, entsprechende Schub- und Sogfaktoren zu analysieren. Anhand der vorgestellten Abgrenzungsmöglichkeiten entschied sich die Verfasserin gemäß der gegeben Situationen der Wanderarbeiter Chinas (siehe Kapitel 3) die Faktoren eigens zu klassifizieren. Somit ist es einerseits möglich eine spezifische Analysierung vorzunehmen und andererseits bereits projizierte Annahmen einzubringen.

Abbildung 5: Das vereinfachte Push- und Pull-Modell in Anwendung auf die Wanderarbeit

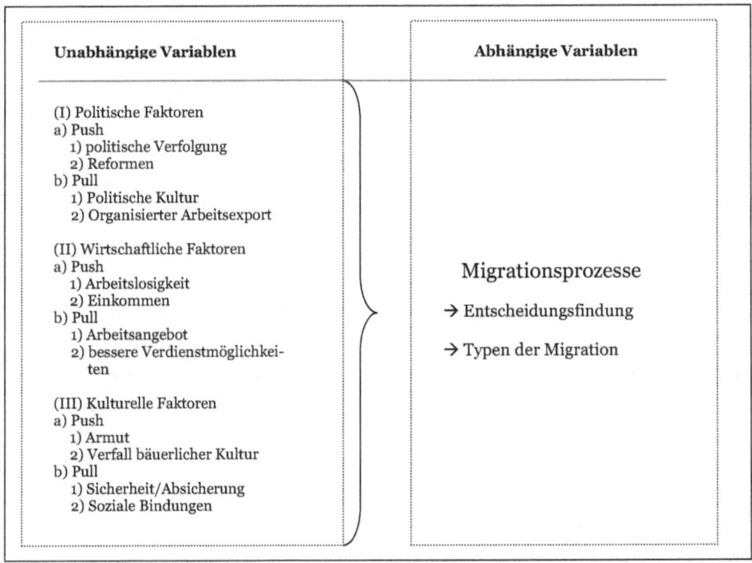

Eigene Darstellung.

Die Stärke des Modells liegt vor allem in der analytischen Vielfalt. Verschiedene Theorieansätze können in ihm unterbreitet und vereinigt werden. So wird der Zufriedenheitsansatz ebenso wie die wirtschaftlichen Überlegungen Todaros eine Rolle spielen und in der Bearbeitung der zugrunde liegenden Thematik einfließen. Auch inwiefern die Faktoren der Zeit und des Raumes von Wichtigkeit sind, sollen in den folgenden Kapiteln untersucht werden. Durch die Einfachheit des Push- und Pullmodells erfüllt es den zentralen Anspruch an ein Modell, die komplexe Realität zu strukturieren und lässt gleichzeitig genügend Freiraum für die individuelle Anpassung an den Untersuchungsschwerpunkt. In Anwendung des Modells auf die Migration wie deren Ursachen ergibt sich für die Arbeit folgende Struktur gemäß der Abbildung 6.

Abbildung 6: Strukturierung der Analysekapitel

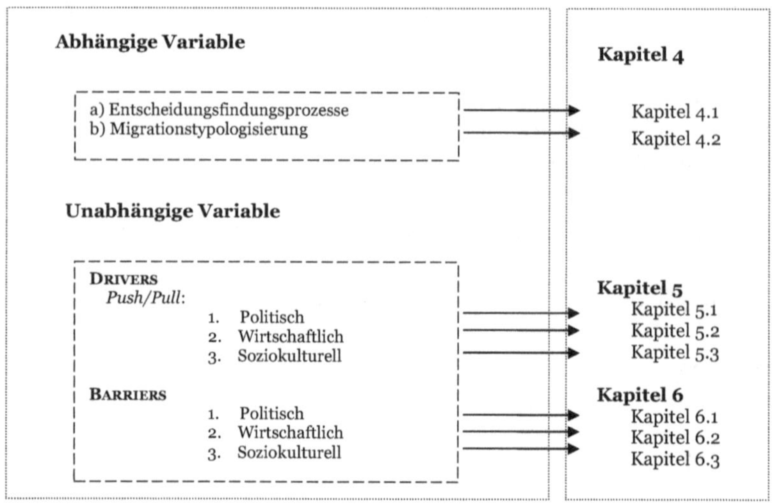

Eigene Darstellung.

Bevor mit diesem Analyseinstrument eine Untersuchung der Wanderungsabsichten vorgenommen werden kann, ist es wichtig auf spezifische Faktoren des Landes einzugehen. Dazu wird in groben Zügen ein Rückblick auf die wirtschaftlichen Entwicklungen und der damit zusammenhängenden Wanderarbeit skizziert. Zudem wird das für die chinesische Migration wichtige *Hukou*-System eingehend vorgestellt, um darauffolgend die Situation der Wanderarbeiter genau darstellen zu können. Daraufhin gilt es die Motivationsstrukturen der Migration nachzuzeichnen um anhand dieser Vorgänge die sogenannten *Drivers* anhand der Sogfaktoren auf den verschiedenen Zuordnungsebenen zu beschreiben. Im Anschluss daran lassen sich die verschiedenen Behinderungen der Migration (*Barriers*) mit der gleichen strukturellen Aufteilung charakterisieren.

3 LÄNDLICHE MIGRATION IN CHINA

3.1 Land-Stadt-Wanderungen in China: Ein Rückblick

Das Migrationsverhalten der Wanderarbeiter ist nur vor dem Hintergrund der historischen Entwicklungen ganz zu begreifen. Nach einem kurzen Rückblick wird einhergehend mit der Erläuterung des Registrierungssystems (*Hukou*) Chinas die heutige Situation der Wanderarbeiter näher beleuchtet.[106] Dabei soll kein Gesamtüberblick über den Verlauf politisch-historischer Ereignisse nachgezeichnet werden. Vielmehr werden Veränderungen und Beeinflussungen, welche die Mobilität der Menschen beeinflussten, vorgezeigt. In diesem Sinne sollen in einem systematischen Zugriff zunächst einzelne zur Wanderschaft auslösende Ereignisse sowie die Entwicklung der Migration in China und Aspekte der Migrationskontrolle kurz erklärt werden, um die für die Migrationsgründe spezifischen Faktoren analytisch zu fassen.

Vor den 80er Jahren und der Reformpolitik Deng Xiaopings war die Migration in die Städte weniger wirtschaftlicher oder individueller, als eher politischer Natur. Während der staatlichen Kampagne des *Großen Sprunges nach vorn*[107] strömten tausende Landarbeiter in die Städte, um den Bedarf an Arbeitskräften der „neuen" Industriesektoren zu decken. Ambitioniertes Ziel Maos war es, China so den Weg in die Industrialisierung zu ebnen. Während der darauf folgenden großen Hungersnot (*Great Famine*) kam diese erste Wanderung von ländlichen Arbeitskräften zum Stocken. Erst als sich die wirtschaftliche Situation im Land wieder erholte, schritt auch die Migration wieder voran, bis es zu einem Stillstand wäh-

106 Die ausführliche Erläuterung des *Hukou*-Systems folgt im anschließenden Kapitel 3.2.

107 *Great Leap Forward* - So hieß die offizielle Parole für die chinesische Politik unter Mao Tse-tung von 1958 bis Anfang 1962. Ziel war es, China zu einer wirtschaftlichen Großmacht zu verhelfen, indem die Stahlproduktion angekurbelt wurde, die Getreideversorgung rationiert und Gemeinschaften zu Kollektiven zusammengefasst wurden. Ergebnis war eine größte von Menschenhand ausgelöste Hungersnot der Geschichte. Zwischen 20 bis 40 Millionen (so wird vermutet) Menschen kamen dabei um ihr Leben. Vgl. Chang Jung/ Halliday, John, Mao. The Unkown Story, New York 2005, S. 337-440. Zur tieferen Analyse: Chan, Alfred L., Mao's Crusade. Politics and Policy Implementation in China's Great Leap Forward, Oxford 2001.

rend der *Kulturrevolution*[108] kam. Als die Jugendlichen (*Rote Garden*) danach wieder zurück aufs Land zur „Umerziehung" geschickt wurden, rekrutierte die Regierung ländliche Arbeiter zum Wiederaufbau und zum Ausgleich der Arbeitskraftverluste in die Städte. Der Migrationsmechanismus zwischen den späten 1950ern und 1970ern war demnach ein stark kontrollierter Prozess.[109] In diesen Jahren war die Bevölkerungsbewegung im Gegensatz zu heute noch relativ gering und es gab keinen Arbeitsmarkt im gegenwärtigen Sinn. Die Mehrheit der Arbeitsstellen wurden vom Staat vergeben und die Migration wurde durch ein Bevölkerungsregistrierungssystem stark eingegrenzt.

Die Eingrenzung und Kontrolle der Migration ist bis in die 50er Jahre zurück zu führen. Durch eine Serie von Regulierungen in der *„Haushaltsregistrierung in der Volksrepublik China"*, welche 1958 verordnet wurden, entwickelte die Regierung den wohl strengsten Erlass zur Kontrolle der Bevölkerungsbewegung der Welt. Da die Städte der Küstenregionen für ihre Bewohner besondere Vorteile der Sozialhilfe, niedrige Lebensmittelpreise, freie Bildung und medizinische Versorgung bereitstellten, wurden diese für die arme Landbevölkerung umso attraktiver. Um ein Anwachsen der ländlichen Arbeiter in den urbanen Gebieten zu vermeiden bzw. zu mindern, wurde das Haushaltsregistrierungssystem (*Hukou*)[110], welches ursprünglich nicht mehr als ein System zentraler Bevölkerungsstatistiken war, modifiziert.[111]

Das *Hukou* registriert jede Person an einem bestimmten Ort, gewöhnlich des Geburtsortes. Früher dachte man, die Menschen wohnten und arbeiteten nur dort, wo sie ihr *Hukou* haben. Die Überführung des *Hukou* zu einem anderen Ort war nur möglich, wenn es bestimmte Umstände zuließen, wie dem Wechsel der Arbeitsstelle in eine andere Region, der Heirat über administrative Grenzen hinweg und dem Umzug zu engen

108 Eine weitere Kampagne unter der Führung Maos von 1966 bis 1976. Altes kulturell-historisches Gut sollte ausgelöscht werden, um China nach Maos Vorstellungen neu umzugestalten. Hierbei bediente sich Mao der leicht zu manipulierenden Jugend, den Roten Garden, die seine Pläne durchsetzten und landesweit Unruhe und Gewalt stifteten. Während der Kulturrevolution kam es zu exzessiven Morden, Misshandlungen, Zerstörungen und Restriktionen mit Millionen Opfern. Vgl. Chang/ Halliday (2005), S. 503-623.

109 Vgl. Zhao, Yaohui, Rural-to-Urban Labor Migration in China: The Past and the Present, in: West, Loraine/ Zhao, Yaohui (Hrsg.), Rural Labor Flows in China, Berkely 2000, S. 15-30, hier S. 19.

110 *Hukou* heißt im Chinesischen Haushalt. Aussage von Beibei Wang in einem Gespräch mit der Verfasserin.

111 Vgl. Mallee, Hein, Reform of the Hukou System: Introduction (=Chinese Sociology & Anthropology. A Journal of Translations) Leiden 29/1996, S. 3-15, hier S. 4.

Verwandten. Die Verwaltung des *Hukou* war sehr schwierig und komplex, was der Grund für die Arbeitsteilung zwischen mehreren offiziellen Büros war. Eine Überführung brauchte die Genehmigung der Autoritäten im Gebiet des bestehenden *Hukou*s und den Behörden der Region wohin die Transaktion gehen sollte. Eine *Hukou*-Überführung konnte (und kann noch immer) Monate oder gar Jahre dauern.[112] Ergebnis war eine während den 80er Jahren immer noch niedrige Urbanisationsrate für ein Land im Entwicklungsstadium.

Migration in den 1950er und 1970er Jahren

Auch wenn die Migration vor den 1980ern keine geringere Rolle spielte als heute, ist es schwer darüber zu diskutieren. Offiziell gebilligte Migrationen mit der *Hukou*-Überführung wurden nur lokal durch das Haushaltsregistrierungsprogramm aus den 1950ern aufgezeichnet. Jedoch wurden nur wenige Daten gesammelt und publiziert. Laut offizieller Stellungnahme migrierten zwischen 1949 und 1978 vermutlich um die 30 Millionen Chinesen von einer Region in eine andere. Ein weiterer interessanter Punkt zur Quellenlage in Chinas Population ist der nationale Zensus der VR. Der Zensus wurde in den Jahren 1953, 1964, 1982, 1990 und 2000 durchgeführt und listet bis 1990 keine direkte Migration auf. Hochrechnungen von Befragungen aber sagen aus, dass sich etwa 50-60 Millionen Land-Stadt-Migranten in den urbanen Regionen allein im Jahr 1986 bewegten.[113] Allerdings heißt das nicht, dass die Migrationskontrolle keinen Effekt zu verzeichnen hatte. In vergleichsweise anderen Entwicklungsländern stieg die Migrationsrate stetig, in China aber erlebt die Migration seit 1949 bis in die 1980er eine Art Berg und Talfahrt, wie die folgende Abbildung zeigt.

---

112 Vgl. Davin, Delia, Internal Migration in Contemporary China, New York 1999, S. 5f.

113 Vgl. Davin (1999), S.11.

Abbildung 7: Migranten in den Städten

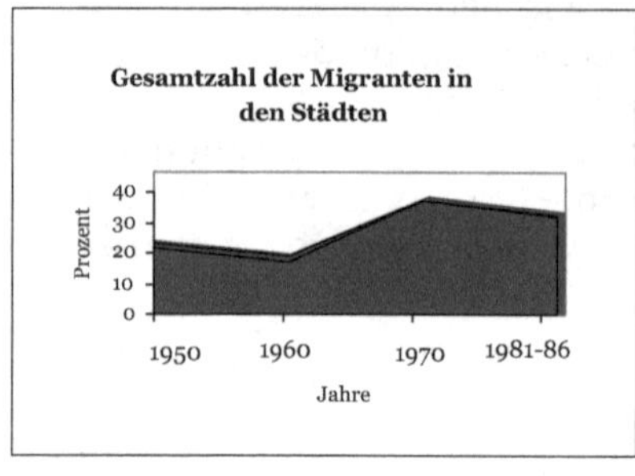

Eigene Darstellung anlehnend an die Zahlen in Delton, Delia, Internal Migration in Contemporary China, New York 1999, S. 11

Während in den 60er Jahren nur 17 Prozent der Landbewohner in die Städte migrierten, sind es in den ersten Jahren der Reformpolitik bereits 29 Prozent. Die Rate der Rückkehrer und der Sterblichkeit in den ländlichen Gebieten ist jedoch schwer exakt zu messen. Es ist davon auszugehen, dass der Abfall in den 50er und 60er Jahren höher war, als in den Statistiken verzeichnet.[114] Nach der Gründung der VR 1949 wurde die Urbanisierung als eine wichtige Folge zu Entwicklung und Industrialisierung gesehen. Bauern wurden von der Regierung regelrecht angetrieben den Arbeitsbedarf in den Städten zu decken.[115] In den Jahren von 1949 bis 1953 war die städtische Bevölkerung somit um 20 Millionen Menschen angewachsen, wobei 70 Prozent dieses Wachstums von der Migration herbeigeführt wurde. Zu diesem Zeitpunkt flossen mehr als die Hälfte aller staatlichen Investitionen in die Förderung der Industrie. Nur magere acht Prozent kamen dem Agrarsektor zu, wobei dieser mehr als 80 Prozent der gesamten Arbeitskraft Chinas ausmachte. Somit erhielten die Städte bereits damals einen attraktiven Charakter für viele Bauern. Bald sorgten sich die städtischen Behörden über die enorm angestiegene Zahl an Migranten und den damit gewachsenen Problemen der Arbeitslosigkeit, der Belastung des Wohnungsmarktes, dem Gesundheitswesen, der Bildung und des Wohlstandes. 1958 führte dieser Druck zur Implementierung der Haushaltsregistrierungsordnung, welche die Land-Stadt-Bewegungen intensiv überwachen sollte.[116] Zur Kontrolle der Migration stand das *Hukou*-System in Verbindung mit der Arbeitsplatzzuteilung, der Sicherung der städtischen Versorgung mit Lebensmitteln sowie der Vergabe sonstiger sozialer Versorgungsleistungen.[117] Durch die in den 50er Jahren aufgetretene Lebensmittelknappheit stellte das städtische *Hukou* die Grundvoraussetzung für

---

114 Dies ist gegen den Hintergrund des politischen und ökonomischen Wandels zu verstehen. Vgl. ebd., S.11.

115 Eine freiwillige Arbeitsmigration fand damals kaum statt und betraf meist nur qualifizierte Arbeitskräfte vom Land, welche von einer Arbeitslokalität in eine andere geschickt wurden. Vgl. Roberts (2002), S. 141.

116 Vgl. Davin (1999), S. 11ff. Das Haushaltsregistrierungssystem wird in Kapitel 3.2 eingehend erläutert, vorher folgen nur kurze Abrisse zum Verständnis der historischen Darstellungen.

117 Vgl. Schulze (2000), S. 75.

billiges Rationsessen dar. Den Städten kam dabei ein erheblicher Vorteil den ländlichen Regionen gegenüber zu, denn sie erhielten vergleichsweise größere Getreiderationen.

Die Haushaltsregistrierung sah eine starre Unterscheidung zwischen Agrar- und Nichtagrarbevölkerung vor, womit ein kastenähnliches System sozialer Stratifizierung manifestiert wurde. Mitglieder von Haushalten mit ländlicher Registrierung hatten keine Möglichkeit einen städtischen Wohnort zu erhalten oder ein Recht auf staatliche Nahrungsmittelversorgung.[118] Die als nichtagrarwirtschaftlich eingestufte Bevölkerung genoss demgegenüber erhebliche Vorteile. So hatten sie ein selbstverständliches Recht auf Getreide und andere Lebensmittel, ebenso auf Bildung, Gesundheits- und Sozialhilfe. Da die urbane Bevölkerung den Staat somit mehr kostete, achtete dieser darauf ihre Zahl so gering wie möglich zu halten.[119] Die Kontrollmaßnahmen wurden jedoch nicht auf ihre Beständigkeit geprobt, weil durch den *Großen Sprung* ein beachtlicher Arbeitskräftemangel in städtischen Fabriken herrschte, wobei Arbeiter vom Land in die Städte regelrecht rekrutiert wurden. Erst mit den wirtschaftlichen Reformen verlor dieser Kontrollapparat seine Wirkungskraft.[120]

Migration seit 1978

Mit dem Tod Maos 1976 und dem Ende der Kulturrevolution kam es zu neuen ökonomischen Reformen, welche eine starke Land-Stadt-Flut zur Folge hatte. 80 Prozent des städtischen Bevölkerungswachstums wurde in den Jahren zwischen 1978-81 allein auf die in-Migration zurückgeführt.[121] Besonders seit Mitte der 1980er Jahre, nach Dekaden der Stagnation, entwickelte sich die Migration von den ländlichen Gegenden in die Städte als ein gesondertes Phänomen Chinas. Vor der Amtszeit Deng Xiaopings hielt das Haushaltsregistrierungssystem die Menschen davon ab ihren Geburtsort zu verlassen. Nur wenige fassten damals den Entschluss zu wandern. Erst mit der Reformpolitik strömten hunderte Millionen Landbewohner in die Städte, ohne über eine legale permanente Aufenthaltsgenehmigung zu verfügen. Dabei waren die meisten dieser Menschen zir-

---

118 Die Agrarbevölkerung musste sich im Gegensatz zu den Städtern selbst versorgen. Vgl. Mallee (1996), S. 6.

119 Vgl. Messkoub, Mahmoud/ Davin, Delia, Patterns of Migration under the Reforms, in: Cannon, Terry, China's Economic Growth. The Impact on Regions, Migration and the Environment, Wiltshire 2000, S. 56-91, hier S. 57.

120 Vgl. Zhao (2000), S. 17f.

121 Vgl. Messkoub/ Davin (2000), S. 60. Die in-Migration beschreibt die Wanderung innerhalb eines Landes in eine andere Region oder Stadt.

kuläre Migranten, die, nachdem sie in ihre Heimat zurück kehrten, wieder in die Stadt kamen.[122]

Fragen, die sich in diesem Kapitel ergeben sind: Wie kann das drastische Anwachsen der Migrationsraten seit den späten 1980ern erklärt werden? Und welche politischen Maßnahmen setzte die Regierung? Nach der Skizzierung der Migrationspolitik seit den 1950ern soll nun der Verlust des Einflusses der Migrationskontrolle mit den ökonomischen Reformen näher erläutert werden.

Die meisten Veränderungen mit Einfluss auf die Migration fanden in den 1980er Jahren statt. Bestimmte Regionen erhielten bereits im Jahre 1979 Sonderrechte, so auch die Provinzen Fuijan und Guangdong, die aufgrund ihrer Standortvorteile als Küstenregionen und Anrainer von Honkong, Taiwan und Macao vom ZK weitgehende wirtschaftspolitische Unabhängigkeit zugestanden bekamen. Somit wurden neue Möglichkeiten der Akkumulation ausländischen Kapitals, die Freiräume in der Fiskal- und Finanzverwaltung sowie die Rechte bei der provinzinternen Güterallokation und der Anpassung von Lohnhöhen geschaffen.[123] Bereits hier lassen sich Muster für eine differenzierte Regionalstruktur erkennen, welche zur natürlichen Entwicklung eines Wohlstandsgefälles zwischen den Küsten- und Binnenregionen führte.

Die ungleiche Entwicklungsgeschwindigkeit im Land wird durch Deng Xiaopings Losung *„Einige Regionen und einige Personen sich zuerst entwickeln lassen"*[124] verkörpert. Die Vorstellung, dass nachdem sich einige Regionen und Menschen zuerst bereicherten folgerichtig auch der Wohlstand im Rest des Landes gedeiht, erwies sich als inkorrekt. Die Entwicklung der Küstenregionen ist viel mehr als ein reformpolitisches Experiment zu verstehen. Wegen der von der Zentralregierung gewährten exklusiven steuer- und investitionspolitischen sowie außenwirtschaftlichen Privilegien begannen sich die südöstlichen Küstenregionen schnell zu entfalten und zeigten bald einen im Landesdurchschnitt gewaltigen Vor-

122 Vgl. Zhao (2000), S. 15.

123 Vgl. Schulze (2000), S. 56. Diese Provinzen in den Küstenregionen werden als Sonderwirtschaftszonen (SWZ) bezeichnet.

124 Die Inhalte dieses Prinzips erklärt Xiaoping in verschiedenen seiner Reden. Vgl. Dazu v.a. Xiaoping, Deng, In the first decade, prepare for the second (14.10.1982), sowie ders., Our work in all fields should contribute to the building of socialism with Chinese characteristics (12.01.1983) und ders., Make a success of special economic zones and open more cities to the outside world (24.02.1984), in: (o.V.), Selected Works of Deng Xiaoping Vol. III (1982-1992), übersetzt von The Bureau for the Compilation and Translation of Works of Marx, Engels, Lenin and Stalin Under the Central Committee of the Communist Party of China, Peking 1994, S. 26ff; 32f. und S. 61f.

sprung. Noch während der Vorreform galten die Inlandsregionen als Schwerpunkt industrieller Standortplanung. Nach 1978 stagnierte die Entwicklung der Binnenregionen. Aufgrund der Dominanz der Staatsunternehmen in den Binnenregionen, so zeigt auch die folgende Abbildung, hinkte die Entwicklung des nichtstaatlichen Sektors weit hinter den boomenden Küstenregionen her.[125]

Abbildung 8: Nichtsstaatliche Sektoren nach Regionen (in tausend)

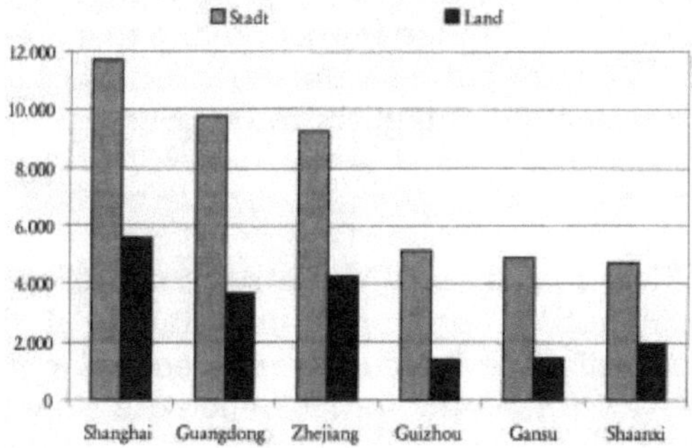

Quelle: Cho, Hyekyung, Chinas langer Marsch in den Kapitalismus, Münster 2005, S. 124.

Mit dem rapiden Wachstum der städtischen Wirtschaft und dem anhaltenden Wachstumsgefälle und der Einkommensdifferenz zwischen Land und Stadt folgte eine lawinenartige Landflucht. Auch wenn die Migrationsbewegungen noch immer durch das *Hukou*-System beeinflusst waren, gab es doch einige Lockerungen.[126] Der Verlust der effektiven Migrationskontrolle war eine unbeabsichtigte Konsequenz der ländlichen Reformen. Dafür gibt es zwei wesentliche Ursachen:

125 Vgl. Cho, Hyekyung, Chinas langer Marsch in den Kapitalismus, Münster 2005, S. 119.

126 Vgl. Messkoub/ Davin (2000), S. 63-66.

1. Die Einführung des ***Haushaltsverantwortungssystems*** *(household responsibility system)*[127] in ländlichen Gebieten Anfang der 80er Jahre löste zunächst Chinas Nahrungsmittelknappheit. Der Getreideertrag wuchs um 40 bis 50 Prozent zwischen 1979 und 1989. Mit Linderung der Versorgungsengpässe begann die Regierung einige Punkte der Migrationspolitik zu lockern, versuchte diese aber weiterhin landesweit zu kontrollieren. So durften in den späten 1970ern und den frühen 1980ern die städtischen Jugendlichen, welche während der Kulturrevolution auf das Land eskortiert wurden, zurück in ihre Heimatstädte ziehen. Ebenso wurde Ehepartnern städtischer Bewohner der Wohnortwechsel gewährt. Durch den Anstieg der Nahrungsmittelnachfrage entstanden immer mehr expandierende Märkte für Getreide in den Städten. Mit der zunehmenden Marktintegration wurde es zirkulären Migranten ermöglicht in den Städten zu leben und zu arbeiten.

2. Durch die ökonomischen Reformen erhielten die Bauern größere Freiheiten ihre Arbeitskraft zu verkaufen. Von nun an mussten sie ihre Kader nicht mehr ständig über ihre tägliche Arbeit informieren. Solange sie nicht auf den Feldern gebraucht wurden oder ihre Familien die Arbeit ohne sie fortführen konnten, durften sie die Region verlassen. 1984 gab die Regierung den Bauern offiziell die Möglichkeit binnenländischen Handel zu treiben und längere Zeit die Heimat zu verlassen. Menschen mit einem ländlichen *Hukou* hatten nun die Möglichkeit sich frei zu den 60.000 Städten unter der Kreisebene zu bewegen, wenn sie ihre eigenen Getreiderationen bereit stellen konnten. Diese Politik wurde bekannt unter dem Banner *„Das Land verlassen, aber nicht das Dorf"*.[128]

---

127 Beim HRS handelt es sich um ein Pachtsystem mit spezifisch chinesischen Zügen. Für einen Zeitraum von mindestens 15 Jahren wurde an ländliche Haushalte Land zur eigenverantwortlichen Bewirtschaftung verpachtet. Als Gegenleistung für die Landnutzung mussten die Bauern eine bestimmte Menge des Ernteertrages zu festgelegten Preisen an staatliche Stellen abliefern. Die verbleibende Erntemenge konnten sie zu ausgehandelten Preisen auf freien Bauernmärkten verkaufen. Vgl. Zhang, Wei, Sozialwesen in China (=Schriftenreihe Chemnitzer Beiträge zur Sozialpädagogik, hrsg. von Prof. Dr. Nando Belardi), Hamburg 2005, S. 88. Unter <http://archiv.tu-chemnitz.de/pub/2007/0107/data/Zhang.pdf> am 30.06.2008.

128 "Leaving the land, but not leaving the village." Vgl. Zhao (2000), S. 21. Mit dieser politischen Aktion wurde zumindest ein Signal gegeben, die strikte Trennung von Land und Stadt aufzuheben. Auch wenn das *Hukou* aufgrund des Funktionsverlustes die räumliche Mobilität grundsätzlich nicht verhindern kann, ist mit einem städtischen *Hukou* noch weiterhin das Privileg verbunden, sich ständig in einer Stadt aufzuhalten und am dortigen Wohlstand zu partizipieren. Vgl. Schulze (2000), S. 75f.

Seit das alte Kontrollsystem seine Effektivität verlor und je größer die Einkommensdifferenz wurde, desto mehr Landbewohner suchten neue Arbeitsmöglichkeiten in den Städten. Besonders im Bausektor waren die billigen Arbeitskräfte vom Land gefragt. Bereits 1989 waren etwa fünf Millionen Arbeiter aus den Provinzen im Baugewerbe tätig.[129] Die Migration bekam fortan einen spontanen Charakter und war weniger staatsgelenkt. Während jedoch die Städter weiterhin staatliche Unterstützungen, bessere Versorgungen und höhere Einkommen genossen, begannen sie sich gleichzeitig von den Landbewohnern abzugrenzen, weil sie sich für etwas Besseres hielten. Somit wurde gegenüber der Agrarbevölkerung die historische wie auch psychologische Basis einer Diskriminierung geschaffen, welche immer noch anhält. Aus dieser Abgrenzung wurde mit zunehmender Zahl der Migranten in den Städten die soziale Ablehnung noch größer.[130]

Das seit 1979 hohe Wirtschaftswachstum hatte eine erhebliche Ungleichheit als Folge, wobei sich sowohl die traditionelle Trennlinie des Wohlstandes zwischen Land und Stadt als auch die Polarisierung der Sozialstruktur innerhalb der bislang privilegierten Städte verschärfte.

3.2 Das Haushaltsregistrierungssystem

Neben den historischen Entwicklungen und ihren Auswirkungen auf das Wanderungsverhalten muss für eine aussagekräftige Analyse der chinesischen Binnenmigration eine ausführlichere Erklärung des *Hukou* folgen. Darum soll sich nun eine Skizze des Haushaltsregistrierungssystems anschließen, um die Migration und die damit verbundene Situation der Wanderarbeiter in China verstehen zu können.

Offiziell ist das *Hukou*-System in China als ein Mechanismus zum Sammeln und Organisieren von Informationen über persönliche Daten, Verwandtschaftsverhältnisse und legale Aufenthalte der Bürger bestimmt, das als *„notwendige Grundlage für ein Bevölkerungsmanagement und*

129 Schon damals machte der Bausektor durchschnittlich 10.8 Millionen neuer Jobs pro Jahr aus. Vgl. Zhao (2000) S. 22. Die erste große Welle der Wanderarbeiter in die Städte ereignete sich 1992. Vgl. Chuanjiao, Xie, Migrant Workers to get equal rights, in: China Daily vom 09.11.2007 (<http://www.chinadaily.com.cn/china/2007-11/09/content_6242133.htm> am 26.11.2007).

130 Vgl. Zhao (2000), S. 22f. und vgl. auch Roberts (2002), S. 143-150. Näherer Erläuterungen dazu folgen in Kapitel 6.3.

soziale Administration"[131] erforderlich ist. Im Gegensatz zu Bevölkerungskontrollmaßnahmen anderer Länder[132] folgt das *Hukou* der Volksrepublik China (VRC) besonderen Regeln. Die eigens zugeschriebenen Aufgaben sind: die amtliche Kontrolle interner Migration, die Aufsicht über temporär Ansässige oder Besucher und eine Reihe von Beaufsichtigungen bestimmter Zielpersonen. Basis der Operationen des *Hukou* ist die bereits angesprochene *Regulierung der Haushaltsregistrierung der VRC* von 1958 und die im Jahr 1985 übernommene *Regulierung der Personalausweise in der VRC.*[133]

Durch das *Hukou*-System verfügt jeder Bürger in China über einen offiziellen Aufenthaltsort, welcher durch lokale Behörden aktenkundig registriert wird. Eine Polizeistation in den Städten oder ländlichen Gemeinden ist dann bevollmächtigt eine *Hukou*-Bestimmungszone zu ernennen. Eine registrierte Person hat demnach nur ein permanentes *Hukou* (Wohnsitz) in nur einer *Hukou*-Zone wo er als dauerhafter Ansässiger anerkannt wird. Die Einheit des *Hukou* stellt der Haushalt dar, welcher die Familie, ein Singlehaushalt, eine militärische Einheit, eine Wohngemeinschaft oder ein religiöser Tempel ist.[134] Diese Einheit wird *danwei* genannt und beschreibt im Prinzip alle „Zusammenschlüsse" in einer sozialen Gemeinde, einem politischen Gefüge oder der Arbeitseinheit.[135] Das offizielle (und damit das bestätigte) *Hukou* wird dabei von den Eltern

---

131 Wang, Fei-Ling, Organizing Through Division and Exclusion. China's Hukou System, Stanford 2005, S. 63. Übersetzt von der Verfasserin.

132 Die einzigen zwei anderen Länder der Welt, welche eine Registrierung zur Eindämmung der Wanderung benutzen, sind die Demokratische Volksrepublik Korea (Nordkorea) und Benin in Afrika. Vgl. Xianliang, Ren/ Bingxin, Tian/ Guowen, Huang/ Shengqi, Li, China's „Registration Taboo", in: Mallee, Hein (Hrsg.), Reform of the Hukou-System (=Chinese Sociology & Anthropology. A Journal of Translations) Leiden 29/1996, S. 15-26, hier S. 17.

133 Durch die Regulierung der Personalausweise hatten Chinesen die Möglichkeit ohne eine behördliche Erlaubnis sich innerhalb des Landes frei zu bewegen. Vgl. Schulze (2000), S. 73.

134 Vgl. Wang (2005), S. 65.

135 In ihr verdient man den Lebensunterhalt, erhält seinen sozialen Status und eine soziale Identität in der gesellschaftlichen Interaktion. Da sie mehrere gesellschaftliche Ebenen „abdeckt" ist die *danwei* in der Lage, in autarker Weise zu existieren und ihre Mitglieder in allen Lebenslagen zu versorgen sowie eine soziale Kontrolle auszuüben. Damit agiert sie als eine Art „Mesosystem" der chinesischen Gesellschaft. Vgl. Zhang, Wei (2005), S. 51f. Auf dem Land funktioniert die *danwei* in der Dorfgemeinschaft als eine Art große Familie und bildet in ihrer Funktion eine sinnstiftende Identität zwischen ihren Angehörigen. Damit ist sie die stärkste Einheit in der Gesellschaft Chinas.

an ihre Kinder weitergegeben, sozusagen „vererbt". Dabei erhalten die Nachkommen stets die Registrierung ihrer Mutter.[136]

Die chinesischen Bewohner benötigen ihre *Hukou*-Dokumente zur Bildung, Heirat, für Reisen, eine Arbeitsanstellung, einer Geschäftslizenz und gar für die Eröffnung eines öffentlichen Versorgungsbetriebes als auch der Möglichkeit an ein öffentliches Telefonnetz angeschlossen zu werden (inklusive eines Handyvertrages). Sogar zur Familienplanung müssen Paare ihre *Hukou*-Dokumente vorzeigen, um nicht gegen die politischen Maßnahmen der Geburtenkontrolle zu verstoßen. Die urbane Bevölkerung genießt gegenüber den als „rural" eingestuften Landbewohnern wesentliche Vorteile. Neben den Rechten auf eine öffentlich unterstützte Unterkunft sowie Bildungseinrichtungen haben Stadtbewohner Anspruch auf eine Gesundheitsvorsorge und andere Sozialleistungen. Ebenso erhalten sie de jure höhere Löhne und sind arbeitsschutzrechtlich abgesichert. Für die ländlichen Bewohner bleiben all diese Vorzüge unantastbar. Um ihre Kinder auf staatliche Schulen zu schicken, müssen sie diese bezahlen. Kulturelle Einrichtungen bleiben ihnen zudem gänzlich verwehrt. Sie haben kein Recht auf soziale Leistungen geschweige denn einen arbeitsrechtlichen Versicherungsschutz.[137] Ihr Gehalt ist zudem weitaus geringer als das der Städter. Dennoch können sie als Arbeiter in der Stadt trotz ihres ländlichen *Hukou* mehr verdienen als an ihrem Heimatort.

Auch wenn mit dem *Hukou* die Bewegungen der Menschen kontrolliert und die Wanderungen der Landbewohner in die Städte eingedämmt werden sollen, migrieren immer mehr vom Land in die Stadt, um dort Arbeit zu finden. Offiziell wird in China nur von einer Migration gesprochen, wenn sie dem *Hukou* „unterliegt". Als Migranten werden laut Haushaltssystem die Personen definiert, welche ihre Registrierung legal von einer Gemeinde in eine andere verlegen. Um einen permanenten Wohnortwechsel gültig zu machen, muss eine Bewilligung der entsprechenden Behörde am Herkunfts- bzw. Zielort genehmigt werden. Bevor ein Gebiet verlassen werden kann, müssen potentielle Migranten der Polizei den Grund ihrer Wanderung erläutern, um eine entsprechende

---

136 Unabhängig vom Status des Vaters wird das *Hukou* der Mutter an das Kind weitergegeben. Auch wenn ein Kind in einer Stadt geboren wird und der Vater ein städtisches *Hukou* besitzt, bekommt es bei dem etwaig ländlichen Status der Mutter diesen übertragen. Eine eigentümliche Vorgehensweise, denn traditionell wird ein Kind zur Familie des Vaters gezählt. Die Regierung fand jedoch so eine Möglichkeit die urbane Bevölkerung relativ gering zu halten. So ist es gesellschaftlich akzeptiert wenn ein Mann in dieser Hierarchie „nach unten" heiratet. Dies gilt allerdings nicht für eine Frau. Vgl. Davin (1999), S. 6.

137 Vgl. Wang (2005), S. 67.

Erlaubnis zu erhalten; diese wird dann in dem Haushaltsregister verzeichnet. Wer vom Land in die Stadt migrieren will, muss auf der Polizeistation seines Heimatortes die Zulassung der städtischen Behörde (des Zielortes) vorzeigen, um eine so genannte Haushaltsregisterkarte zu erhalten, die einen Umzug erst ermöglicht.[138]

Studenten und zugezogene Arbeiter, die zu einer verbindlichen Arbeit berufen wurden[139], können ihre Zustimmung bereits durch das Vorzeigen der Arbeitsberechtigung erlangen. In-Migranten[140] müssen dagegen binnen zehn Tagen nach ihrer Ankunft ihre Zulassung vorzeigen, um eine neue (temporäre) Haushaltsregistrierung zu erhalten. Sobald sich eine Person entscheidet, mehr als drei Tage in der Stadt zu bleiben, sei es zur Arbeit, zu Familienbesuchen, Unterhaltung, Bildung oder ähnliches, ist die zeitliche (temporäre) Registrierung offiziell verlangt. Eine derartige Registrierung ist ein offizielles Visum für drei Monate und kann erst durch die Zuteilung angemessener Behörden erneuert werden.

Das temporäre *Hukou* wird von denjenigen benötigt, die sich länger als drei Tage außerhalb ihrer permanenten *Hukou*-Zone aufhalten. Gemäß der *kommissarischen Regulierungen zur Leitung zeitlicher Aufenthalte in urbanen Gebieten* (erlassen durch das MPS am 13.7.1985) müssen alle zeitlichen Besuche in einer Stadt, die länger als drei Tage dauern, einschließlich Touristen und Ausländer, in einer lokalen Behörde registriert werden.[141] Nach drei Monaten endet das temporäre *Hukou* automatisch. Jegliche Person, die diesen Zeitraum überschreitet, muss als legalen Nachweis des temporären *Hukous*[142] eine zeitliche Aufenthaltsgenehmigung beantragen. Voraussetzungen dafür sind in der Regel ein Arbeitsvertrag, eine Arbeitserlaubnis vom Heimatort sowie ein polizeiliches Führungszeugnis. Hinzu kommen Kosten für Ausstellungsgebühren und Schmiergelder. Eine Verlängerung des temporären *Hukou* ist jedoch nur für weitere sechs bis ma-

---

138 Eine Bewegung innerhalb eines registrierten Gebietes ist uneingeschränkt. Vgl. Goldstein/ Goldstein (1987), S. 89f.

139 Eine derartige Berufung kann von einem Unternehmen selbst kommen oder von offiziellen Behörden veranlasst werden. Da die öffentliche Bestimmung nach Meinung der Verfasserin einen Pushfaktor darstellt, wird diese in Kapitel 5.1 näher erläutert.

140 Im Folgenden wird der Ausdruck In-Migration bzw. In-Migranten benutzt um die Wanderung zu verdeutlichen, welche sich in die Städte bewegen.

141 Dies besagt Artikel 15 der Registrierungsregulierung. Vgl. Songjiu, Shi, Strengthen Management of the Floating Population, in: Mallee, Hein (Hrsg.), Reform of the Hukou-System (=Chinese Sociology & Anthropology A Journal of Translations) Leiden 29/1996, S. 27-35, hier S. 27f.

142 Eine Kopie eines Antrages auf ein temporäres *Hukou* wurde im Anhang A (Dokumente) dieser Arbeit beigelegt.

ximal zwölf Monate gültig. Für Migranten heißt das außerdem, dass sie abseits ihrer permanenten *Hukou*-Zone nach drei Monaten eine solche Zulassung legal nur dann bekommen, wenn sie ihr Haus vermieten, eine neue Arbeit haben, ein Bankkonto eröffnen oder eine neue Postadresse angeben. Anders als bei ähnlichen Registrierungsapparaten wie der Green Card in den USA kann ein temporäres *Hukou* nicht in ein permanentes übertragen werden.[143] Mit einer temporären Aufenthaltsgenehmigung ist es Migranten gewährt, ihr Recht auf eine Arbeit und eine Unterkunft anzuwenden. Jedoch sind diese Vorteile nur von geringem Wert, denn viele Migranten sind teilweise unwissend über derartige Möglichkeiten und scheuen zudem den offiziellen Kontaktaustausch zwischen den städtischen und den ländlichen Registrierungsbehörden, was als Folge ihre Abschiebung aus der Stadt bedeuten würde.[144]

Somit ist das permanente *Hukou* die wichtigste Erfassung des Haushaltsregistrierungssystems der VRC und stellt die Basis institutionell manifestierter Ausschließung, sozialer Kontrolle, politischer Organisation und Zuteilungen dar.[145] Das permanente *Hukou* ist unabhängig vom aktuellen Aufenthaltsort und Länge dieses Verbleibes. Personen können außerhalb ihrer registrierten *Hukou*-Zone leben, ohne diese je zu ändern. Ein Wechsel zum permanenten *Hukou* kann nur durch eine *Hukou*-Behörde vorgenommen werden. Gründe wären eine permanente Binnenmigration für eine staatliche Arbeitsstellenzuweisung, eine Immatrikulation an einer Hochschule oder eine speziell durch Behörden bewilligte Familienüberführung in die Stadt.[146]

Laut offizieller Kader baut eine Registrierung auf zwei Grundsätzen auf:

1. die Kontrolle urbanen Bevölkerungswachstums in Verbindung mit der wirtschaftlichen Entwicklung der Nation durch Bevölkerungsregulierungen hinsichtlich des Arbeitskräftegebrauchs und der Ressourcenverfügbarkeit, inklusive der Infrastruktur und Getreideversorgung; sowie

2. dem Schutz und der Unterstützung einiger Migranten, welche besondere individuelle Präferenzen hervorbringen und auch der Bewahrung humanitärer Einzelfälle, insofern die Behörden über derartige Vorkommen informiert sind .

143 Vgl. Wang (2005), S. 71-75.

144 Vgl. Report of HRW (2008), S. 14.

145 Auch besondere sportliche Leistungen und Anerkennungen wie eine Olympische Medaille gehören dazu. Eine Kopie eines Antrages auf ein permanentes *Hukou* wurde im Anhang A (Dokumente) dieser Arbeit beigelegt.

146 Vgl. Wang (2005), S. 70.

Fragen die sich nun erschließen lauten: Wer darf ein städtisches *Hukou* besitzen? Und welche Möglichkeiten haben die Landbewohner ihr *Hukou* zu ändern? Von Gemeinde zu Gemeinde variieren viele Kriterien, generell aber gilt, dass:

1. allein Personen, die agrarkulturelle Arbeiter oder Kader sind, in der Stadt arbeiten können (wenn deren Familien ebenfalls eine Registrierung haben, können auch diese in die Stadt ziehen). 2. Universitätsabgänger automatisch eine Registrierung erhalten und normalerweise vom Staat zu einer städtischen Arbeit angewiesen werden. 3. Pensionierte, Demobilisierte, Kriminelle (nach Vollendung des Strafmaßes) und Personen, die im Ausland lebten, eine Registrierung nur in ihrer Stadt bzw. Herkunftsort erhalten können.[147]

Für die ländlichen Bewohner gelten in der Regel drei Möglichkeiten ihr *Hukou* in ein urbanes zu ändern. Die erste Option ist die Bindung mit einem Ehepartner oder die Adoption durch kinderlose enge Verwandte. Eine eheliche Migration zu dem Partner mit einem urbanen *Hukou* ist zudem nur Frauen gewährt. Männer vom Land sind seitens der städtischen Frauen unerwünscht. Darüber hinaus ist eine Ehe mit einem städtischen Partner keine Garantie die Registrierung zu ändern, denn viele Ehepartner städtischer Arbeiter sind für Jahre von dem urbanen *Hukou* ausgeschlossen. Die zweite Möglichkeit der Registrierungsänderung impliziert eine urbane Rekrutierung - eine sehr unwahrscheinliche Möglichkeit. Zuletzt gilt die Immatrikulation einer Hochschule oder die Beförderung in der Armee als sichere Alternative. Jedoch sind diese Wege für die Landbewohner sehr eingeengt und die Konkurrenz hoch. In allem scheint es für die Menschen außerhalb der Stadt hoffnungslos ihr *Hukou* zu ändern.[148]

Gemäß der folgenden Abbildung ist erkennbar, wie eine Registrierung in China funktioniert. Die im Landesvergleich wenigen Metropolen stellen die Spitze einer Pyramide dar, deren Fundament die mit Millionen Menschen beherbergten kleinen Städte und Dörfer ist. Eine Registrierungsänderung von oben nach unten funktioniert problemlos. Andersherum ist es für die einfachen Landbewohner beinahe unmöglich an die Spitze der Pyramide zu gelangen.[149]

---

147 Vgl. Goldstein/ Goldstein (1987), S. 90f.

148 Vgl. Zhao, Yaohui (2000), S. 19.

149 Das Hukou-System bezieht seine institutionelle Legitimität nicht nur durch politische Prozesse, sondern auch von der chinesischen Familienstruktur, regionaler und gesellschaftlicher Spaltung, der Tradition provinzieller politischer Kultur und der Tatsache, dass eine Art Hukou-System bereits vor der VRC existierte. Dieser Aspekt soll jedoch nicht näher beleuchtet werden, da sich der Untersuchungszeit-

Abbildung 9: Hierarchiemodell des chinesischen Registrierungssystems

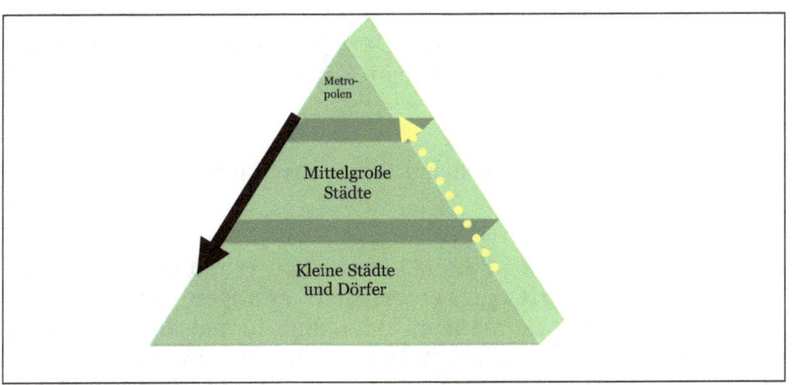

Eigene Darstellung.

Das Haushaltsregistrierungssystem schafft durch seine institutionell festgelegten Prinzipien eine ungerecht und willkürlich eingeteilte Gesellschaft. Wie bereits angesprochen, sind Schulbesuche von Kindern ländlicher Arbeiter in der Stadt nicht gewährt. Auch die Studienplatzvergabe erweist sich für Landbewohner als schwieriges Unterfangen. So stellte das Bildungsministerium für die Belegung vorhandener Studienplätze ein striktes System *Hukou*-basierender Kontingente auf. Besonders die Bürger großer Städte genießen in diesem Vorgehen besondere Vorzüge. Nur 25.000 Hochschulzulassungen wurden im Jahr 2000 in Peking (mit 10 Millionen permanenten Bewohnern) erlassen. Derartige Zuweisungen senken die Bildungsmöglichkeiten für die Landbewohner[150] und verhindern einen Zustrom ländlicher Bewohner in die Städte.

Durch diese gegebene Situation entscheidet sich die Mehrzahl der potentiellen Migranten zu einem illegalen Aufenthalt in der Stadt. Wie sich dies in ihrer Situation als Wanderarbeiter widerspiegelt, was sie in der Stadt erwartet und welchen menschenunwürdigen Zuständen sie sich hingeben müssen, wird im nun folgenden Kapitel erläutert. Ziel des nachstehenden Kapitelkomplexes ist es somit eine Charakterisierung der im Titel dieser Arbeit formulierten Migrationsprozesse zu entsprechen.

---

raum der Forschungsfrage auf die VRC bezieht. Vgl. weiterführend dazu: Wang (2005), S. 24.

150 So kann ein städtischer Hochschulanwärter 150 Punkte weniger haben als sein ländlicher Gegenspieler, um an einer Universität angenommen zu werden. Vgl. Congressional-Executive Commission on China. China's Household Registration System: Sustained Reform Needed to Protect China's Rural Migrants, veröffentlicht am 7. Oktober 2005 (<http://www.cecc.gov> am 19.12.2007), S. 7-10. [Im Folgenden abgekürzt mit CECC.]

Die Vorgehensweise leistet eine Situationsanalyse des im Zentrum der Arbeit stehenden Migrationsverlaufes. Zugleich werden Bestimmungsfaktoren der politischen wie sozialen Lage herausgearbeitet, deren Wirkung elementar für die Ursachenanalyse im Kapitel 5 sein wird.

3.3 Die Ausbeutung der Wanderarbeiter in den Städten

Von den heutzutage über 150 Millionen ländlichen Wanderarbeitern, die in den chinesischen Industrieregionen arbeiten, erlangen gerade einmal 40 Prozent entweder eine permanente oder eine temporäre Zulassung ihres Aufenthaltes. Der Rest der Migranten, die sogenannte *floating population*[151], hält sich illegal in den Städten auf.[152] Aufgrund ihres niederen sozialen Status und der damit nicht vorhandenen Rechte werden sie für die Zwecke der Firmen regelrecht ausgebeutet. Mit welchen Unannehmlichkeiten die Wanderarbeiter in der Stadt konfrontiert sind, soll nun im Einzelnen vorgestellt werden.

Arbeitsbedingungen

Traditionell verrichten Wanderarbeiter die so genannten *„Drei-D-Jobs"*, welche bezeichnend für Beschäftigungen stehen, die *dirty, dangerous* und *demanding* sind. Damit sind Arbeiten gemeint, welche die Städter nicht verrichten wollen.[153] Der Großteil der Wanderarbeiter (40 Prozent) findet im handwerklichen Bereich eine Beschäftigung. Dazu gehören Arbeiten in Fabriken und im Bausektor (27 Prozent) sowie im Handel- und Dienstleistungsgewerbe (18 Prozent).[154] Das untere Lohnsegment stellt ihnen dabei die meisten Arbeitsplätze zur Verfügung, vermehrt sind sie aber in allen Beschäftigungsbereichen zu finden. Wenn von Wanderarbeitern gespro-

151 Dieser Begriff wird für die meisten Migranten in China verwendet, weil sie sich fernab ihres permanenten *Hukous* in der Stadt oder Regionen aufhalten. Vgl. Report ILO (2007), S. 34 und Roberts (2002), S. 141. Im Chinesischen *liumin*. Nach Aussage der Chinesin Beibei Wang in einem Gespräch mit der Verfasserin. Andere geläufige Bezeichnungen sind "mobile population", "peasant workers", "migrant workers", "rural workers" und "temporary workers". Vgl. Report AI (2007), S. 1f.

152 Vgl. Report HRW (2008), S. 15.

153 Gemeint sind für die Städter aufgrund ihres Status' unterbezahlte und „unangemessene" Arbeiten. Vgl. Wüllner, Claudia, Wanderarbeiter in Shanghai. Ein Leben außerhalb der städtischen Gesellschaft, in: Pacific News (15/2000), S. 9-11, hier S. 10.

154 Vorwiegend Männer arbeiten in diesen Branchen. Vgl. Roberts (2002), S. 144.

chen wird, treten meist die jungen Männer in den Fokus der Untersuchung. Für die chinesische Gesellschaft ist es mittlerweile jedoch normal, dass auch Frauen harte Arbeiten verrichten und vom Land in die Stadt wandern, um ihre Familien zu unterstützen. Vorzugsweise arbeiten Frauen in Fabriken (48 Prozent), im Handelsgewerbe (19 Prozent) und Handwerksbetrieben (16 Prozent).[155]

Neben den Einkommensbedingungen (dazu später mehr in diesem Kapitel) sind die Arbeitsverhältnisse der Migranten sehr schwer. Laut des Arbeitsgesetzes der VR China darf ein Angestellter nicht mehr als 40 Überstunden in der Woche arbeiten.[156] In der Regel sind jedoch mehr als 80 Prozent der Migranten mindestens zwölf Stunden am Tag tätig. Davon haben nur 16,4 Prozent etwa fünf Tage im Monat frei, während 55 Prozent weniger als zwei freie Tage im Monat erhalten.[157]

Grund für derartige Missstände ist das Fehlen von Arbeitsverträgen, welche rechtlich von beiden Seiten unterschrieben werden müssen und die Rechte der Arbeiter sowie die Verpflichtungen, Arbeitszeiten und Gehaltsinformationen darlegen. Arbeitgeber weigern sich den Arbeitern einen Arbeitsvertrag oder - falls es einen Vertragsabschluss gibt - ihnen eine entsprechende Kopie auszuhändigen. Nur 53 Prozent der von der CASS im Sommer 2007 befragten Arbeiter besaßen einen Arbeitsvertrag. 41 Prozent davon erhielten eine Kopie und nur 17 Prozent verstanden die Inhalte des Vertrages.[158] Ein Großteil der Verträge (bei Anstellungen) wird mündlich vereinbart, auch wenn diese Art der Vertragsabschlüsse illegal ist. Durch die Tatsache, dass die Mehrheit der Wanderarbeiter nur eine geringe Bildung hat und oft nicht weiß, was ihre Recht sind, wird dieser Umstand seitens der Arbeitgeber für ihre finanziellen Erträge ausgenutzt. Ohne legale Verträge werden Lohnausnutzungen und andere Missbräuche der Arbeiter unterstützt. Aufgrund der Masse der Arbeitskräfte und der damit verbundenen Konkurrenz verzichten jedoch auch viele Migranten auf ihre Rechte, um einer Arbeit nachgehen zu können.

155 Vgl. (o.V.), Survey of One Thousand Female Migrant Workers, in: Jongo News, ohne Datum [vermutlich Oktober/ November 2007] (<http://knows.jongo.com/res/article/17506> am 30.05.2008). Jongo News ist eine englischsprachige Medienwebsite, welche über die neuesten Nachrichten Chinas berichtet. Anmerkung der Verfasserin.

156 Vgl. Art. 41 Labor Law of the People's Republic of China [in Kraft seit 1995] (http://www.usmra.com/china/Labour%20Law.htm> am 28.05.2008).

157 Vgl. (o.V.) Most migrant workers in cities unhappy: Survey [Januar 2008] (<http://news.jongo.com/articles/08/0114/97992/Otc5OTIbSzoFY35.html> am 30.05.2008).

158 Vgl. (o.V.) Construction Workers "alienated", in: China Daily vom 09.07.2007 (<http://english.hanban.edu.cn/english/China/216444.htm> am 28.05.2008).

Das wissen auch die Arbeitgeber. Um die Arbeiter davon abzuhalten, einen Rechtsschutz aufzusuchen, werden sie überdies von ihnen geschändet. Die chinesischen Behörden unternehmen nichts gegen derartige Ungerechtigkeiten, da sie die wirtschaftliche Entwicklung ihres Landes nicht aufhalten wollen und die Firmenbesitzer begünstigen. Somit werden die Wanderarbeiter doppelt verletzt, einerseits durch ihren Arbeitgeber und andererseits durch den Staat.[159]

Häufige Arbeitsunfälle und unsicheres Umfeld

Aufgrund ihres *Hukou*-Status halten es die meisten urbanen Bewohner für unwürdig, harten, unterbezahlten Arbeiten nachzugehen. Für sie bietet die Stadt reizvollere Arbeitsangebote in den neuen Sektoren der Wirtschaft. Darum übernehmen die Wanderarbeiter die anstrengenden Arbeiten und geben sich somit nicht selten gefahrvollen Aufgaben hin, welche sie krank machen oder gar schwer verletzen können. Viele Fabriken und Industrien weisen erhebliche Mängel auf, weil sie einerseits alt sind und mit maroden Maschinen arbeiten und andererseits keine Sicherheitsstandards einhalten, da dies die Kosten der Produktion erhöhen würde. Unfälle am Arbeitsplatz und gefährliche Arbeitsbedingungen gehören somit zum Leben der Wanderarbeiter in der Stadt dazu.

So wurden nach einer Gasexplosion im November 2004 in einer Mine 166 Arbeiter getötet, obwohl sie ihren Arbeitgeber vorher auf die Mängel der Sicherheitsbestimmungen aufmerksam machten. Bereits zwei Monate später starben 214 chinesische Arbeiter bei einer Explosion in einem Kohlebergwerk. Der älteste bekannteste Fall ist von 1993, als 187 Arbeiterinnen in einer Spielzeugfabrik verbrannten, weil die Stahltüren ihrer Abteilung verschlossen waren, während sie arbeiteten.[160] Nach einer chinesischen Regierungsstudie widerfahren schätzungsweise jährlich 700.000 Arbeitsunfälle Wanderarbeitern. Allein im Jahr 2007 wurden nach offiziellen Angaben 101.480 Todesfälle industrieller Arbeiter gezählt.[161] Inoffi-

---

159 Vgl. Report HRW (2008), S. 21f.

160 Vgl. Dongfang, Han, The Shanxi Brickyard Scandal and Child Labour in China, in: China Labour Bulletin vom 25.07.2007 (<http://www.china-labour.org.hk/en/node/47600> am 21.05.2008).

161 Dabei ist diese Zahl um 27 Prozent geringer als die Menge der Todesopfer im Jahr 2002. Vgl. Yan, Wand, China punishes 183 people responsible five fatal accidents claiming 189 lives [Januar 2008] (<http://www.china-embassy.org/eng/gyzg/t402128.htm> am 21.05.2008). Auch im Report von AI werden diese Zustände beschrieben. Demnach sind 90 Prozent der Arbeiter, die an betrieblich bedingten Krankheiten leiden und etwa 80 Prozent derer die in Minen, im Bausektor oder in Chemiefabriken umkommen Wanderarbeiter. Vgl. Report AI (2007), S. 21.

ziell wird gar von einer noch höheren Anzahl der Opfer gesprochen. Neben den Todesfällen ereignen sich zudem schwere Unfälle am Arbeitsplatz. Täglich werden in Shenzhen[162] 30 bis 40 Arbeitsunfälle gezählt. Wenn die Situation schon in einer Stadt, die wegen ihrer Erfolge in Modernisierungsstrukturen gern als Vorbild gepriesen wird, derart schlimm ist, wird der Umgang mit bäuerlichen Wanderarbeitern in anderen Regionen vermutlich noch katastrophaler sein. Besonders in den privat betriebenen Bergwerken geschehen nicht selten Arbeitsunfälle mit Todesfolge oder schweren Verletzungen durch die nicht vorhandenen Sicherheitsvorkehrungen.[163]

Laut Gesetz muss die Regierung den Arbeitsschutz prüfen, denn nach dem dritten Artikel des Arbeitsrechts haben Arbeiter einen Anspruch auf die Bewahrung beruflicher Sicherheit und Gesundheit.[164] Das Arbeitsvertragsrecht (in Kraft seit 1. Januar 2007) kann Arbeitgeber, die offiziell gegen die Gesetze verstoßen und ihre Angestellten schlecht behandeln bzw. ihnen physischen und mentalen Schmerz zufügen, zur Verantwortung ziehen.[165] Die Ansprüche der Arbeiter auf berufliche Sicherheit am Arbeitsplatz sind im Abkommen über wirtschaftliche, soziale und kulturelle Rechte und in den Aushandlungen der ILO, welche Chinas Regierung ratifiziert hat, festgelegt.[166] Obwohl derartige Schutzmaßnahmen von tragender Bedeutung sind, setzt sich die Regierung nicht genügend für ihre Umsetzung ein und billigt die schlechten Arbeitsbedingungen.

---

162 Shenzhen ist eine Unterprovinzstadt im Süden Chinas in der Provinz Guangdong und hat den Status einer SWZ. Siehe zum näheren Vergleich die Landkarte im Anhang A (Landkarte) dieser Arbeit.

163 Vgl. He (2006), S. 306f.

164 Vgl. Art. 3 Labor Law of the People's Republic of China (http://www.usmra.com/china/Labour%20Law.htm am 30.05.2008).

165 Vgl. Labor Contract Law of the People's Republic of China (<http://www.lehmanlaw.com/resource-centre/laws-and-regulations/labor/labor-contract-law-of-the-peoples-republic-of-china.html> am 30.05.2008).

166 ILO Convention Nr. 155 concerning Occupational Safety and Health, in Kraft getreten am 11. August 1983; ILO Convention 167 concerning Safety and Health in Construction, in Kraft getreten am 11. Januar 1991. Beide und noch andere Dokumente der ILO sind unter <http://www.ilo.org/public/english/protection/safework/cis/oshworld/ilostd/index.htm> abrufbar. (Datum des Zugriffes 30.05.2008.)

Ungezahlte Löhne

Eines der dringlichsten Probleme der Arbeitsmigranten ist das regelmäßige Fehlen ihrer Löhne. Nach Artikel 50 des Arbeitsrechts des VRC müssen Gehälter jeden Monat gezahlt werden und dürfen nicht ohne Begründung verzögert oder abgezogen werden.[167] Aufgrund der Tatsache, dass nur eine Minderheit der Arbeiter über einen Vertrag oder eine Kopie dessen verfügt, sind die Migranten auf das Versprechen ihrer Arbeitgeber angewiesen und der Hoffnung ausgesetzt ihre Löhne rechtzeitig und in vollem Umfang zu erhalten.

Durchschnittlich verdient ein Wanderarbeiter im Baugewerbe täglich etwa 50 Prozent weniger als das offizielle Gehaltsminimum der Stadt Peking von 6,8 Yuan (0,63€)[168] pro Stunde für einen Acht-Arbeitsstundentag vorgibt.[169] Das Gesetz schreibt sogar 10.20 Yuan (0,94€) vor.[170] Im Schnitt verdienen die Wanderarbeiter wesentlich weniger. Zwischen 600-700 Yuan (55-65€) inklusive Überstunden und Selbstverpflegung erhalten Arbeitsmigranten monatlich. Laut Aussagen einiger Wanderarbeiter die von HRW befragt wurden, arbeiten diese zwischen 10 und 16 Stunden am Tag für meist mehr als 360 Tage im Jahr für einen fixen Tageslohn von 60 Yuan (5,53€), ohne jegliche Überstundenbezahlung.[171] Nach Angaben der CASS arbeiten Arbeitsmigranten durchschnittlich 27 Tage im Monat. Dabei bekommen etwa nur 37 Prozent der Arbeiter regelmäßig ihren vollen Arbeitslohn.[172] In manchen Fabriken werden Arbeiter überdies nach produzierter Stückzahl bezahlt, die aber so hoch ist, dass sie selbst mit Überstunden nicht erreichbar ist. Auf diese Weise sind lange Arbeitszeiten an der Tagesordnung und das Lohnniveau bleibt unter dem örtlichen Mindestgehalt[173].

Um in der Stadt überleben zu können, müssen die Arbeiter daher ihre mitgebrachten Sparanlagen antasten. Viele haben nicht einmal die finanziellen Möglichkeiten, den Zuschuss für das mangelhafte Essen ihrer

---

167 "Wages shall be paid to labourers themselves in the form of currency on a monthly basis. The wages payable to labourers shall not be deducted or delayed without reason." Art. 50 Labor Law of the People's Republic of China.

168 Der Umrechnungskurs beträgt 1 Yuan=0,09213€ bzw. 1€=10,85391 Yuan. Diese Informationen zur Währung belaufen sich auf den 14.05.2008. Die folgenden Preisauflistungen sind Abrundungen der Zahlen dem Kurs gemäß.

169 Vgl. Report HRW (2008), S. 24 sowie Artikel 44 des Labour Contract Law of the People's Republic of China.

170 Vgl. Report HRW (2008), S. 26.

171 Befragt wurden chinesische Migranten im Bausektor im Frühjahr 2007 in Peking.

172 Vgl. Construction Workers „alienated".

173 Erläuterungen zum Mindestgehalt folgen in den nachstehenden Kapiteln.

Arbeitsstätten zu bezahlen, welches ihnen von ihrem Tageslohn abgezogen wird. 22,2 Prozent der Wanderarbeiter sind unfähig ihr Geld zu sparen, da ihr Einkommen meist gerade einmal für die Deckung des Lebensunterhalts in der Stadt reicht.[174] Durch ihre finanzielle Situation haben die Migranten zudem keine Möglichkeit ihre Freizeit zu genießen. Den ganzen Tag befinden sie sich an ihrer Arbeitsstätte. Durch ihre Arbeitsbedingungen fühlen sich die Arbeiter nach eigenen Aussagen als „Sklaven" oder „Tiere".[175] Die kontrollähnlichen Arbeitseinheiten bieten den Arbeitern keinerlei Pausen. Nach der Gesetzeslage des Landes dürfen Arbeitgeber ihren Beschäftigten Pausen und einen freien Tag in der Woche nicht verwehren.[176] Doch die Bestechlichkeit einiger lokaler Behörden, das Fehlen gesetzlicher Vollstreckungen und Kontrollen, die erschwerte Kalkulierung der Gehälter sowie die Nutzung von Akkordlohnsätzen vieler Arbeiter bedeutet, dass die Mehrzahl der Wanderarbeiter keinen Mindestlohn bekommen, egal wie viele Überstunden sie arbeiten.

Der Verbleib vieler Migranten in den Unternehmen besteht trotz ausbleibender Lohnzahlungen aus einer Mischung faktischem Zwang und der Hoffnung, irgendwann die versprochenen Löhne ausgezahlt zu bekommen. Zudem käme eine vorzeitige Rückkehr an den Heimatort, ohne jegliches Einkommen vorzeigen zu können, einem Gesichtsverlust vor dem eigenen sozialen Umfeld nahe.[177]

Mangelhafte Unterbringung

Die langen Arbeitszeiten und die schwere Arbeit der beschäftigten Migranten erfordert eine adäquate Nahrungsmittelversorgung und die Bereitstellung anständiger Unterbringungsmöglichkeiten in der Nähe des Arbeitsplatzes. Da die Mehrheit der Wanderarbeiter über keinen regulären Wohnsitz bzw. ein städtisches *Hukou* verfügen, haben sie keinerlei Anspruch auf Zuteilung einer Wohnung oder Vergünstigungen für einen Wohnraum. Die meisten Wanderarbeiter erreichen die Stadt mit einem geringen finanziellen Pensum und werden hinzu nicht regelmäßig und in vollem Umfang von ihren Arbeitgebern bezahlt. Trotzdem verlangen

174 Vgl. (o.V.), Most migrant workers in cities unhappy: Survey [Januar 2008] (<http://news.jongo.com/articles/08/0114/97992/Otc5OTIbSzoFY35.html> am 30.05.2008).

175 So beschrieb es der China-Experte Dirk Pleiter in einem Gespräch mit der Verfasserin.

176 Vgl. Artikel 38 des Labour Law of the People's Republik of China.

177 Viele Migranten finanzieren sich darüber hinaus zunächst mit geliehenem Geld, welches nach einer Rückkehr zurück gezahlt werden muss, was ihnen ohne gezahlte Löhne nicht möglich ist. Vgl. Schulze (2000), S. 391.

diese für die Behausung ihrer Arbeiter Geld. Für ihre Unterkünfte, wobei sich die meisten in miserablen Zuständen befinden, werden den angestellten Migranten etwa 10 Yuan (0,92€) von ihrem Lohn abgezogen.[178]

Laut Aussagen einiger Arbeiter sind die Wohnräume sehr einfach ausgestattet und während der Wintermonate oft ungeheizt sowie im Sommer ohne Klimaanlage. Einen Schlafraum müssen sich mitunter mehr als 20 Arbeiter teilen und in einem Bett nächtigen nicht selten zwei Personen. Auch Angaben über nicht elektrisierte Behausungen ohne Wasserversorgung und Duscheinrichtungen sind bekannt. Die somit auch gefährliche hygienische Situation der Unterkünfte lässt viele Wanderarbeiter ein anderes Domizil suchen.

Die Migranten kommen aus den unterschiedlichsten Provinzen Chinas. Somit gibt es unter den Arbeitsmigranten ethnische Unterschiede, welche sich in Sprache, Schrift und Religion ausdrücken. In größeren Arbeitseinheiten gruppieren sich daher öfter Personen einer gleichen Heimatregion, da sie so miteinander kommunizieren können. Diese „Einheiten" entschließen sich eine (private) Unterkunft in der Stadt zu suchen.[179] Da jene für gewöhnlich zu teuer sind, teilen sich oft mehrere Personen eine kleine Wohnung oder ein Zimmer. Je nach Lage kostet eine Unterkunft in Peking zwischen 50 Yuan (4.60€) und 150 Yuan (13.80€), wobei die Arbeiter nur etwa 500 Yuan (46€) im Monat verdienen.[180]

Die Wanderarbeiter teilen sich somit häufig eine Unterkunft am Rande der Stadt, welche für sie wesentlich erschwinglicher ist, als die schäbigen Wohnstätten ihrer Arbeitgeber. Jedoch bilden sich immer wieder Armutsviertel von Migranten, die nicht das Geld für eine adäquate Unterkunft aufbringen können. Viele von ihnen entschließen sich daher lieber in zusammen gezimmerten Hütten zu verweilen. Wenngleich die Migranten gleicher Herkunft eine Bleibe im selben Viertel suchen (sei es um sich eine Wohnstätte zu teilen oder sich in den Slums zu gruppieren), versucht die Regierung größere Konzentrationen in Form von reinen Migrantensiedlungen zu unterbinden, um so mögliche autonome Strukturen der Selbstverwaltung zu verhindern.[181]

---

178 Vgl. Report HRW (2008), S. 31f.

179 Aussage von dem China-Experten Dirk Pleiter in einem Gespräch mit der Verfasserin.

180 Vgl. Roberts (2002), S. 153.

181 Neben Wohnheimen, eigens gemieteten Wohnungen und zur Untermiete bei Städtern, wohnen einige Migranten in selbst gebauten Schuppen, weil ihnen die finanziellen Möglichkeiten fehlen. Vgl. Wüllner (2000), S. 10.

Fehlender Versicherungsschutz und Gesundheitsversorgung

„I've been a migrant worker for more than ten years, and not one of my employers has ever provided us with insurance."[182]

Neben den bestehenden mangelhaften Arbeitsgegebenheiten werden Wanderarbeiter systematisch von Versicherungsmodellen ausgeschlossen. Die Arbeitsversicherungsregelung von 1953 berücksichtigt für Versicherungen im Krankheitsfall und für Arbeitsunfälle nur urbane Bewohner, welche eine *Hukou*-gültige Registrierungserlaubnis besitzen. Laut einer Untersuchung der CASS besitzen nur 31 Prozent Chinas Wanderarbeiter eine Kranken- und 37 Prozent eine Unfallversicherung.[183]

Daher können sich die Migranten bei Unfällen oder Krankheit nur in dringenden Notfällen zu einer ärztlichen Untersuchung begeben. Hohe Kosten und der fehlende Versicherungsschutz führen dazu, dass sich viele Migranten selbst behandeln oder gar nichts unternehmen. Entsprechend ist die Versorgung bei Arbeitsunfällen sehr schlecht. Nach dem Bericht von Amnesty International werden Arbeiter gar genötigt sich verletzte Gliedmaßen amputieren zu lassen, wenn sie die ärztlichen Kosten nicht tragen können.[184]

Nach einem Bericht des Staatsrates haben nur wenige Arbeitsmigranten im Falle eines beruflichen Unfalls oder krankheitsbedingtem Arbeitsausfall die Möglichkeit medizinische Hilfe zu beanspruchen, weil viele Firmen nicht an Versicherungsprogrammen teilnehmen, da ihnen die Ausgaben zu hoch sind.[185] Temporäre Residenten werden zusammen mit den Millionen illegaler Migranten aus dem Gesundheitssystem ausgeschlossen.

Sklaverei und Kinderarbeit

Die bisher beschriebenen Umstände zeigen nur einen kleinen Überblick zur Lage der Wanderarbeiter. Tausende Migranten werden buchstäblich zur Arbeit gezwungen. Deutlich wurde dies mit der im Mai 2007 auftauchenden Schlagzeile *„Straße illegaler Arbeit"* des Fernsehsenders *Henan TV*. Damals wurde ein Skandal in China ans Tageslicht gerollt. Über 100

182 Ein von HRW im Frühjahr 2007 geführtes Interview mit einem Wanderarbeiter im Pekinger Bausektor. Vgl. Report HRW (2008), S. 37.

183 Vgl. Construcion Workers "alienated".

184 Vgl. Report AI (2007), S. 15ff.

185 Vgl. Report HRW (2008), S. 37ff.

vermisste junge Chinesen aus der Stadt Zhengzhou in der Region Henan konnten Dank des Engagements ihrer Eltern aus einer illegalen Ziegelei in der Nachbarprovinz Shanxi aufgespürt und befreit werden. Kurze Zeit später kam es bereits zu neuen Berichten von illegalen Verschleppungen von mehr als 400 Kindern. Für etwa 500 Yuan wurden sie verkauft und gezwungen in Ziegelfabriken zu arbeiten. Laut den Aussagen lokaler Fernsehsender wurden einige der Verschleppten mehr als sieben Jahre von der Außenwelt abgeschottet und bei Fluchtversuchen schwer geschlagen. Erst Wochen später wurden diese sklavenähnlichen Stätten durch polizeibehördlichen Einsatz zerschlagen, wobei 532 ländliche Arbeiter befreit werden konnten.[186]

Trotz ihres gepriesenen Mitgefühls bezeichnete die chinesische Regierung die Vorfälle als „unglückliche Zwischenfälle" und unternahm bis heute nichts um einerseits den Opfern zu helfen und andererseits das Problem in anderen Teilen des Landes anzugehen. Nicht einmal die Täter dieser Verbrechen wurden strafrechtlich verfolgt oder zahlten den Gepeinigten angemessen ihre ausstehenden Löhne geschweige denn ein Schmerzensgeld.[187] Auch wenn gegen bestehendes Gesetz vorgegangen wird, bleiben die Misshandlungen oft ungesühnt und noch immer wirtschaften derartige Fabriken und Ziegeleien wobei obendrein viele junge Menschen weiterhin vermisst werden. Ein Rechtsbehelf seitens der Arbeiter scheint für derartige Ereignisse aussichtslos. Denn zunächst sollen die geschändeten Arbeiter in eine einheitliche Rechtsgemeinde eintreten, die neben ihren auch die Interessen der Arbeitgeber vertritt. Darüber hinaus müssen Rechtsanwälte die lokalen Behörden über ihre Arbeit informieren, auch wenn diese die Angeklagten sind.[188]

Neben dieser Art der Verschleppung von Menschen zu Arbeitszwecken, kommt es vermehrt zu dem noch relativ unbekannten Phänomen des Frauenhandels. Aufgrund des geringen Frauenanteils in China (ver-

---

186 Vgl. Dongfang (2007). Die offiziellen Zahlen der Befreiten schwanken in verschiedenen Artikeln zwischen 520 und 580, vermutlich ist die Nummer jedoch höher. Nach Aussagen von Eltern wurden über 1.000 Jugendliche als Sklaven gehalten, wovon nur 41 unter den Befreiten waren. Vgl. (o.V.), AFP: Death sentence over China slave scandal, in: China Labour Bulletin vom 23.07.2007 (<http://www.clb.org.hk/en/node/47574> am 21.05.2008).

187 Vgl. (o.V.), From Shanxi to Dongguan, slave labour is still in business, in: China Labour Bulletin vom 21.05.2008 (<http://www.clb.org.hk/en/node/100251> am 28.05.2008). Vereinzelt kommt es zu strafrechtlichen Verfahren, wobei die Angeklagten, welche ihre Arbeiter schändeten, teilweise gar der Todesstrafe unterliegen. Die Mehrheit der Gewalt anwendenden Arbeitgeber kommen jedoch mit einer Geldstrafe davon.

188 Vgl. From Shanxi to Dongguan.

ursacht durch die gesellschaftliche Prägung eines männlichen Nachkommens) tritt ein zunehmend organisierter Frauenhandel auf.[189] Dabei werden Frauen, welche sich zu Arbeitszwecken in der Stadt aufhalten von anderen Frauen zu überreden versucht mit ihnen die Stadt zu verlassen, um in einer anderen Gegend viel Geld zu verdienen. Viele junge Frauen vertrauen sich anderen an und tappen somit in eine organisierte Falle des illegalen Menschenhandels.[190]

Von den dicht besiedelten Fabrikzonen der Guangdong Provinz bis hin zu den Straßenmärkten der Hauptstädte und den primitiven Fabriken armer westlicher Provinzen Chinas, ist zudem die Kinderarbeit eine tägliche Erscheinung. Es gibt eine große Nachfrage an Kinderarbeitern in China, weil, wie China Labour Bulletin (CLB) erklärte, sie am leichtesten zu manipulieren seien als ältere, erfahrene Arbeiter, die um ihre Rechte wissen. Durch den großen Bedarf an billigen, folgsamen Arbeitskräften preisen organisierte Netzwerke Kindern, die vorzeitig die Schule abbrachen um ihre Familie finanziell mit einer Arbeit zu unterstützen, eine Anstellung mit gutem Gehalt an. Einige kleine Privatunternehmen stellen sogar bevorzugt Kinder aus den armen Gegenden der Provinzen Hunan, Guangxi und Guangdong ein. Die Kinder arbeiten vorzugsweise in Ziegeleien und in dörflichen Industrien zwölf Stunden am Tag und dazu gewöhnlich für sechs Monate ohne Bezahlung. Sie sind meistens in einem Alter zwischen 12 und 15 Jahren. Das legale Arbeitsalter in der VRC beträgt hingegen 16 Jahre.[191] Die Kinder werden zur Schwerstarbeit gezwungen und bleiben bis zu 20 Stunden an ihrem Arbeitsplatz. Durch die gefährliche Arbeit, der sie nachgehen müssen kommt es neben Erschöpfung gar zu Todesfällen.

Aber es gibt auch freiwillige Kinderarbeit in China. Durch den finanziellen Notstand der Familie auf dem Land ist man auf die Arbeit des

---

189 Diese Art des Menschenhandels ist jedoch weniger aus Arbeits- als vielmehr zu Reproduktionszwecken. Interviewaussage des China-Experten Dirk Pleiter.

190 Nach der Aussage von Huang Zhihua, eine ehemalige Wanderarbeiterin aus Guizhou. Vgl. Gaetano/ Arianne M./ Jacka, Tamara, On the move. Women and Rual-to-Urban Migration in Contemporary China, New York 2004, S. 287ff.

191 Vgl. China Labour Bulletin (Hrsg.), Small Hands: A Survey Report on Child Labour in China (=Report No. 7: CLB Research Series: Protecting Worker Rights in China), [Peking] September 2007 (<http://www.chinalabour.org.hk/en/fs/view/research-reports/Child_labour_report_final.pdf> am 23.05.2008), S. 13-23. [Im Folgenden abgekürzt mit Report CLB.] Auch Fälle von Verschleppungen der Kinder sind bekannt. Dabei fangen so genannte „Dealer“ (Personen, die illegalen Handel betreiben) die Kinder auf Bus- und Bahnstationen ab und erhalten für jedes ausgehändigte Kind von den Arbeitslieferanten einen gewissen Geldbetrag. Diese wiederum verkaufen sie zum Beispiel an illegale Ziegelfabriken für etwa das Dreifache.

Kindes und das damit zusätzlichen Einkommen angewiesen. Doch auch aufgrund der erheblichen Bildungsprobleme in den ländlichen Regionen werden Kinder frühzeitig zur Arbeit gezwungen. Offiziell ist Kinderarbeit in China verboten; insgesamt weist das chinesische Arbeitsrecht sogar strenge Regeln auf. Jedoch mangelt es erheblich an den Kontrollmaßnahmen seitens der chinesischen Behörden. Nach Expertenmeinung ist die Regierung zu sehr mit dem wirtschaftlichen Wachstum des Landes beschäftigt, dass sie die Augen vor den realen Umständen in ihrem Land verschließt. Die Kommunistische Partei China (KPC) erklärt die Fälle als isolierte Phänomene korrupter Arbeitgeber und Behörden, erkennt dieses Problem aber nicht als ein systematisches.[192]

3.4 Zusammenfassung und Zwischenfazit

Unter den so genannten Entwicklungs- und Schwellenländern sind die Erfahrungen der chinesischen Migranten in Bezug auf die umfassende Kontrolle seitens des Staates zur Beobachtung der Bevölkerungsverbreitung und die Zulassung der Ausbeutung menschlicher Arbeitskraft einmalig. Mit Verfolgung der Industrialisierung und Neuordnung der Wirtschaft wird die Migration seitens Wissenschaftler als wichtiger Bestandteil zur Entwicklung des Landes angesehen. Dennoch bekommen die Wanderarbeiter nicht die Anerkennung, die ihnen zusteht.

Frühere Migrationsprozesse wurden direkt vom Staat gelenkt und beeinflusst. Sie verschoben sich mit den jeweiligen politischen Kampagnen, einerseits mit dem nach Sowjetvorbild schnellen Aufbau industrieller Entwicklungen in den 1950ern und andererseits mit dem Schwerpunkt der Agrarentwicklung in den 1960ern und 1970ern. Die Migrationsflüsse der 80er Jahre wurden demgegenüber vom Markt gelenkt, ausgelöst durch ökonomische Reformen nach 1979. Diese Umgestaltungen in der Wirtschaft bewirkten eine Differenzierung der ländlichen Bevölkerung und öffneten gleichzeitig neue Möglichkeiten in den sich schnell entwickelnden Gebieten des Südens und des Ostens. Eine wichtige Konsequenz der Reformen war das Anwachsen des privaten Sektors. 1990 zählte die-

192 Vgl. French, Howard W., Fast-Growing China Says Little of Child Slavery's Role, in: New York Times vom 21. Juni 2007. Es ist anzumerken, dass dies nur einer der wenigen Artikel über die Kinderarbeit in China ist, der von einer international angesehenen Zeitung veröffentlicht wurde. Der jüngste Bericht über die Zerschlagung eines Kinderringes wurde Anfang März dieses Jahres veröffentlicht. Vgl. Barboza, David, China Says Abusive Child Labor Ring Is Exposed, in: New York Times vom 01.03.2008.

ser bereits neun Prozent des industriellen Output und 27 Prozent des Einzelhandelsverkaufes.[193] Diese private Akkumulation findet heute in beiden Regionen - in den Binnen- als auch Stadtgebieten - mit direkten Einflüssen und Konsequenzen für die Bevölkerungsmobilität statt.

Die ausländischen Investitionen führten in den 80er Jahren zur nachhaltigen Steigerung des Wachstumspotentials der Küstenregionen, während die Binnenprovinzen kaum davon profitierten. (Erst 1992 wurden die Inlandsregionen für ausländische Investoren geöffnet.) Die Benachteiligung dieser Binnenregionen durch die Preispolitik war allerdings notwendig, um die Exportwettbewerbsfähigkeit der Küstenregionen aufrechtzuerhalten. Konzept der Zentralregierung war, durch die vorrangige Entwicklung dieser Bezirke ärmere Regionen ökonomisch besser unterstützen zu können.

Die marktwirtschaftlichen Reformen trugen somit zu einer allgemeinen Armutsreduzierung als auch zu einer Wohlstandssteigerung bei. Dieser Gegensatz ergibt sich aus dem Entwicklungsmuster, welches das Wirtschaftswachstum in den städtischen Industriezentren auf Kosten der ländlichen Gebiete erzielte. Das Wohlstandsgefälle zwischen Stadt und Land innerhalb der reichsten Regionen wie Shanghai oder Guangdong ist ebenso gravierend wie das zwischen den Inlands- und Küstenregionen.[194]

Die Entwicklungen in China seit 1978 weisen also auf eine Reihe neu erlangter Möglichkeiten der Partizipation und Selbstentfaltung von Individuen, Betrieben oder Gebietskörperschaften bei ökonomischen Entscheidungen hin. Durch diese Form der allmählichen Dezentralisierung bildete sich ein System von Anreizen heraus, das für die Entstehung einer freien Migration chinesischer Arbeitskräfte notwendig ist. Mit den Migrationsströmen seit den 1980ern entstanden auch sehr schnell Interessengruppen, die von einer steigenden räumlichen Mobilität und damit auch der Migration profitieren.

Besonders hinsichtlich der Suche nach Wohnraum wird es Migranten ermöglicht, eine Unterkunft zu mieten und damit die Grundlage für einen längeren Aufenthalt in der Stadt zu schaffen. Vor allem Bauern in den peri-urbanen Zonen begannen alle Arten von Räumlichkeiten an Zugewanderte zu vermieten. Die Erträge aus einer Vermietung von Wohnräumen sind für sie meist lohnender als aus der Landwirtschaft. Für die Migranten ist eine derartige Unterkunft ebenfalls von Vorteil, da sich die

193 Vgl. Messkoub/ Davin (2000), S. 72.

194 Vgl. Cho (2005), S. 119-126.

Vermieter wenig um den legalen Status ihrer Mieter kümmern.[195] Die Migranten bilden somit eine Quelle der Einkommensverbesserung für die Stadtbewohner. Demnach sollte nicht außer Acht gelassen werden, dass Migranten nicht nur als Produzenten billiger Arbeitskräfte die Städte bevölkern, sondern auch den Konsum fördern.[196]

Allgemein scheint es in China recht schwierig zu kategorisieren, wer überhaupt als Migrant gilt und wer nicht. Auf Basis des *Hukou* können entsprechende Unterscheidungen der *floating population* gemacht werden: 1. Migration mit Residenzrechten (*Hukou*-Migration); 2. Migration ohne *Hukou*-Aufenthaltsortsrechten (keine *Hukou*-Migration) und 3. Kurzzeitbewegungen (Besuche, Zirkulation und Pendeln). Offiziell wird in China nur die *Hukou*-Migration als Migration anerkannt. Andere Typen der Wanderung sind außerdem die Pendelbewegungen („*floating*") und die Massenbevölkerung (*floating population*). Diese Ausdrücke widerspiegeln den geringen Grad an der erwarteten Dauer des Aufenthaltes der Migranten.

Es wird davon ausgegangen, dass die Wanderer nicht permanent an ihrem Zielort bleiben, deshalb werden sie auch in der Wissenschaft als temporäre Migranten bezeichnet. Selbst wenn sie de jure keine Ortsansässigen sind, verbringen viele Wanderer gar Jahre an dem von ihnen gewählten Standort.[197] Das *Hukou*-System gibt demnach nicht nur jedem Bürger einen geografisch festgelegten Wohnort, sondern bestimmt auch den sozialpolitischen Status und damit die Identität für ein ganzes Leben. Mit nur einigen wenigen Reformversuchen und bedingten Abänderungen (siehe dazu Kapitel 7.4) stellt das *Hukou*-System das Rückgrat der chinesisch-institutionellen Struktur dar und trägt elementar zu einer scheinbar puzzleartigen Koexistenz zwischen dem rasant wachsenden Wirtschaftsmarkt und der außergewöhnlichen Stabilität des politischen Monopols der Kommunistischen Partei Chinas.

---

195 Auch Stadtbewohner, die Wohnungen preiswert von ihrer Arbeitseinheit erwarben, begannen Zimmer zu überhöhten Preisen an Migranten zu vermieten. Vgl. Schulze (2000), S. 73f.

196 Allein die Ausgaben von Migranten für Lebensmittel dürften sich auf mehrstellige Millionenbeträge pro Tag belaufen.

197 Vgl. Chan (1999), S. 52. Zum Verständnis dieser Prämisse kann der Vergleich zu den Gastarbeitern in Deutschland der 1970er Jahre herangezogen werden. Auch von ihnen wurde erwartet, dass sie das Land nach kurzer Zeit bzw. nach getaner Arbeit wieder verlassen. Aber auch diese Migranten siedelten sich längere Zeit an. So erklärte der Amnesty International China Experte Dirk Pleiter in einem Interview mit der Verfasserin.

Nur durch die Arbeitskraft der Migranten konnte China eine derartige wirtschaftliche Macht entwickeln. Fraglich ist nur zu welchem Preis. Denn trotz der gegebenen Gesetzeslage gegen die Ausbeutung der Wanderarbeiter in der chinesischen Verfassung, im Arbeitsgesetz und in 16 anderen kommunalen Regierungsgesetzen, Regulierungen und Vorschriften[198] der chinesischen Regierung und internationaler Arbeitsorganisationen, bleiben die menschenrechtlichen Verletzungen gegenüber den Migranten ungezügelt. Zum einen wissen viele Migranten nicht um ihre Rechte, zum anderen haben sie nicht die finanziellen Mittel sich einen Rechtsbeistand, geschweige denn ein Verfahren gegen ihre Arbeitgeber leisten zu können.

Zudem muss nach Artikel 80 des chinesischen Arbeitsrechts zunächst eine Beilegung eines Rechtsstreits durch einen internen Vermittlungsausschuss, bestehend aus Angestellten, Arbeitgebern und der Gewerkschaft ACFTU[199], geregelt werden.[200] Durch soziale Kontrollen versucht die

---

198 Labor Insurance Regulation of the People's Republic of China (1953); Labor Ministry Reply to South Hunan Labor Ministry Enquiry on Labor Insurance Benefits for Migrant Workers injured on the Job (1982); Measures to Regulate the National Construction Industry's Employment Contract and Use of Rural Migrant Workers (1984); Rules For Strengthening Rural-Urban Enterprises Workers Protection Efforts (1987); Directive About Problems With Hiring Contracts and Rigorous Implementation of Worker Protection Rules (1988); Temporary Regulation on National Enterprises Temporary Worker Management (1989); State Council National Regulations on Industrial Employment and Contracts for Migrant Workers (1991); Directive To Strengthen Foreign-Invested and Private Enterprises Labor Management and Feasible Guarantees for Workers Legal Rights (1994); Implementing the PRC Labor Law's Labor Contract Signing Provision (1995); Directive About Completely Cleaning Up and Rectifying Migrant Workers Fees (2001); Law of the People's Republic of China on Work Safety (2002); State Council Directive Permitting Rural Migrant Worker To Seek Jobs in Cities (2003); Directive About Feasible Solutions for Construction Sector Unpaid Wages Problem (2003); Industrial Accident Insurance Regulations (2004); Minimum Wage Regulation (2004); Directive About Migrant Worker Participation in Work Injury Insurance Problems (2004); Beijing Municipal Government Regulations for Management of Migrant Workers and Business People (2005). Vgl. Report HRW (2008), S. 41.

199 Die staatlich unterstützte „All China Federation of Trade Union" (ACFTU), ist die einzige existierende Gewerkschaft Chinas. Zwar gibt sie den Wanderarbeitern rechtlich die Möglichkeit zur Teilnahme an Ortsverbänden zur Unterstützung deren Anliegen, jedoch unterliegen diese den örtlichen Behörden. Somit werden rund 70 Prozent der Wanderarbeiter ohne jeglichen Schutz oder rechtlichen Beistand vernachlässigt. Vgl. (o.V.), Conflicts of Interest and the Ineffectiveness of China's Labour Laws: English Executive Summary, in: China Labor Bulletin im Oktober 2007 (<http://www.china-

Regierung dabei alles, um die Arbeit bzw. die Gründung unabhängiger Gewerkschaften zu blockieren[201] welche die Interessen der Arbeiter vertreten könnten.

Neben diesen Erkenntnissen zur Situation der Wanderarbeiter vor dem Hintergrund der historischen Entwicklungen lässt sich in Hinblick auf die zentrale Fragestellung dieser Arbeit bezüglich der Ursachen der Wanderarbeit vermuten, dass potentielle Migranten aus unterschiedlichen Gründen ihre Heimat verlassen (eine spezifische Analyse wird in Kapitel 5 vorgenommen). So wurde die Migration zunächst vom Staat gelenkt und kontrolliert, bis sie sich nach den ökonomischen Reformen sozusagen selbst dirigierte. Die politische Führung unternimmt bislang nur wenig, um den Rechten der Migranten nachzukommen und die Situation an den Arbeitsplätzen zu verbessern. Angesichts dieser Zustände verwundert es, dass sich so viele Chinesen zur Wanderarbeit entschließen. Wie dieser Entscheidungsprozess funktioniert, welche Motivationen die Menschen leitet und welche Migrationstypen sich daraus ergeben, wird nun im anschließenden Kapitel erläutert, bevor die Bestimmungsfaktoren der Migration in Kapitel 5 im Einzelnen aufgeführt werden.

---

labour.org.hk/public/contents/category?cid=5712> am 31.05.2008). Nähere Erläuterungen folgen im Kapitel 7.3.

200 Vgl. Art. 80 Labour Law of the People's Republic of China.

201 Auf eine tiefgreifende Erklärung soll an dieser Stelle verzichtet werden, da eine ausführlichere Auseinandersetzung mit den politischen Maßnahmen Chinas in Kapitel 7 folgt.

4 ENTSCHEIDUNGSPROZESSE

4.1 Funktion des Entscheidungsfindungsprozesses

Nicht nur in China ist die Motivation der Migranten durch eine Vielzahl von Erwartungen begründet. Die vielleicht deutlichste Entscheidung zur Wanderung ist zwischen der organisierten Migration, wobei Menschen als Resultat einer staatlichen Politik oder anderen gelenkten Einheit migrieren und der individuellen Migration, welche aus persönlichen Motiven entsteht, zu unterscheiden. So war besonders die Zeit zwischen 1950 und 1970 ein Typ der staatlich organisierten Migration, als Bauern offiziell in die Städte rekrutiert wurden. Mit der folgenden Reformpolitik und durch die Abwanderung des „Überschusses"[202] an Arbeitern aus den ländlichen Regionen, wuchs die Wirtschaft in den Städten. Die Migration ist heute viel spontaner als zu Zeiten, in denen sie staatlich gelenkt wurde. Auch wenn einige Migranten kurze Strecken zurücklegen, ist es mittlerweile alltäglich, dass Provinzgrenzen überquert werden.[203]

Durch die Komplexität des Themas ist es schwer an Daten zu gelangen um zu analysieren wie die Menschen denken und leben. Zur Durchführung einer einheitliche Messung wäre eine langfristige Untersuchung vor Ort notwendig. Dazu würden der zeitliche Rahmen und die sprachlichen Barrieren die Möglichkeiten dieser Arbeit allerdings überspannen. Darum wird in diesem Kapitel eine analytische Vorgehensweise bevorzugt. Zur Unterstützung helfen dabei vor allem Interviews von Menschenrechtsorganisationen als auch von anderen Autoren wie Rachel Murphy, Walter Schulze, Mei Zhang und Tamara Jacka, die sich der besonderen Thematik chinesischer Migrationsprozesse annehmen. Bei der Untersuchung ein-

---

202 Der Begriff „überschüssige Arbeitskräfte" steht im Zusammenhang mit den Abwanderungsbewegungen vieler Landbewohner. Auf dem Lande gibt es weit mehr Familienmitglieder als in den Städten, wo die Ein-Kind-Politik strikt kontrolliert wird. Zudem befindet sich die Mehrheit der Chinesen in den ländlichen Regionen des Landes, obwohl es dort weitaus weniger Arbeitsstellen gibt. Demnach wird von einem Überschuss an Arbeitskräften gesprochen, der mit 150-200 Millionen Menschen gezählt wird. Vgl. Zhang, Wei (2005), S. 181.

203 Vgl. Messkoub/ Davin (2000), S. 60-65. Nach dem Ansatz Zelinskys ist die Modernisierung eines Landes mit spezifischen Veränderungen der Mobilitätsmuster verbunden. Vgl. Zelinsky (1971), S. 225f. Diese Vorstellung soll in Bezug auf die Entscheidungsmuster beachtet werden, denn besonders durch die wirtschaftliche Entwicklung Chinas werden Migrationen (über lange Distanzen) motiviert.

zelner Interviews sind verschiedene Sprachcodes zu berücksichtigen, welche von der jeweiligen sozial-politischen Position und spezifischen Interviewsituationen abhängen.[204]

Für eine Analyse der Motivationsmuster gilt es vorab zu beachten, welche Bedingungen der Heimatort hergibt. Denn eine ländliche Herkunft, die dem Kontext der Forschungsfrage vorliegender Arbeit entspricht, steht sowohl für einen geringeren Bildungsstatus der Ansässigen, bittere Armut, außerdem durch einen gemeinhin provisorischen oder fehlenden Wohnsitz geprägten minderwertigen Melderang, geringe Erfahrungen in modernen Arbeitsbeziehungen und der industriellen Produktion als auch einen niedrigeren sozialen Status, welcher meist mit negativen Zuschreibungen seitens der städtischen Bevölkerung verbunden ist (siehe Kapitel 6.3). Somit ist der Herkunftsort als ein grundlegendes Einteilungskriterium der chinesischen Gesellschaft zu fassen.[205] Dadurch können Rückschlüsse zur Situation und der Eingebundenheit vor Ort besser verstanden werden, um die Entscheidungsprozesse einzelner Einheiten genauer nachzuvollziehen.

Allgemein betrachtet sind Motivationen zur Migration von Hoffnung geprägt. Beachtet man die ländliche Situation Chinas in vollem Umfang, wird deutlich, dass die Mehrheit der chinesischen Landbewohner unter den einfachsten Bedingungen in relativer bis extremer Armut leben (ausführlicher dazu im Kapitel 5.3.1). Chinas Agrarkultur ist generell von einer arbeitsintensiven Landbewirtschaftung, einer niedrigen Arbeitsproduktivität sowie zur Bearbeitung mangelhaften Landteilen charakterisiert. Demnach wird davon ausgegangen, dass in den Landstrichen mit geringeren Einkünften die Migrationsrate am höchsten ist.

„The year I turned seventeen, full of dreams, I decided to go to the city to work.

I wanted to make my own mark in that bustling place."[206]

---

204 Vgl. auch weiterführend in diesem Feld: Thøgersen, Stig, Beyond Official Chinese: Language Codes and Strategies, in: Heimer, Maria/ Thøgersen, Stig, Doing Fieldwork in China, Kopenhagen 2006, S. 110-128, hier S. 128f. Vor allem gegenüber ausländischen Interviewern können sich Antworten im Zuge der sozialen Erwünschtheit verzerren. Nach Thøgersen aber verhalten sich viele Landbewohner abseits der politischen Kader Fragen gegenüber ihrer privaten Einstellungen und Verhalten sehr offen.

205 Vgl. Schulze (2000), S. 207.

206 Aussage der Interviewten Cui Jingyu, übersetzt von Jacka, Tamara/ Xianlin, Song, in ders., My life as a migrant worker, in: Gaetano, Arianne M./ Jacka, Tamara, On the move. Women and Rural-to-Urban Migration in Contemporary China, New York 2004, S. 286-308, hier S. 286.

Die individuelle Migration ist hauptsächlich auf Personen zurückzuführen, die ihre Heimat zur Verfolgung eigener Ziele verlassen. Diese Migranten sind oft Alleinstehende und haben keine Familie in dem Dorf ihrer Herkunft, die sie versorgen müssten.[207] Größtenteils werden individuelle Motive zur Wanderung in die Industriegebiete jedoch von der Familie und damit von kollektiven Interessen gesteuert bzw. beeinflusst, denn als beständige Einheit wirkt sie zwischen Bedürfnissen und Angeboten. Der (familiäre) Haushalt[208] definiert sich als entscheidender Bezugspunkt der chinesisch-ländlichen Gesellschaft und zwischen den Familienmitgliedern herrscht ein starker Zusammenhalt. Die soziale Gruppe besteht aus Kindern, die in ihr erzogen werden, sowie Kranken und Älteren, um die sich gekümmert werden muss. In der Regel besteht eine durchschnittliche Familie in den ländlichen Gebieten aus sechs Personen.[209]

Diese Art der Familienführung ist für die engen Verwandten normal. Die Familie bietet ihren Angehörigen neben dem sozialen Rückhalt Nahrung und Räumlichkeiten. Der Kopf des Familienhaushaltes[210] hat zudem die Kontrolle über das häusliche Budget, welches hauptsächlich für die Verpflegung der Mitglieder aufgewendet wird. Daher ist es für den Einzelnen üblich, sich an den Einkommen zu beteiligen. Ist ein Familienmitglied einmal ein Wanderarbeiter gewesen, gehen die Nachkommen meist denselben Weg, egal ob sie männlich oder weiblich sind.[211] Es ist ein Brauch und auch eine Verpflichtung gegenüber der Familie, dass sich die Kinder um ihre Eltern und gegebenenfalls ihre Großeltern kümmern, da

207 Vgl. Zhang, Mei (2003), S. 80. Junge Singles sind eher von der Motivation geleitet eigene Ziele und Freiheiten zu verfolgen. Vgl. De Jong/ Fawcett (1981), S. 22.

208 Die Begriffe „Familie“ und „Haushalt“ werden in dieser Arbeit synonym verwendet.

209 Vgl. Scharping, Thomas, Selectivity, migration reasons and backward linkages of rural-urban migrants: A sample survey of migrants to Foshan and Shenzhen in comparatative perspective, in: Pieke, Frank N./ Mallee, Hein, Internal and International Migration. Chinese Perspectives, Surrey 1999, S. 73-102, hier S. 78. Hein Mallee argumentiert in einer eigenen Studie, dass im Schnitt die Größe der Haushalte bei etwa 3,93 Mitgliedern liege. Vgl. ders., Agricultural Labor and Rural Population Mobility: Some Observations, in: West, Loraine/ Zhao, Yaohui, Rural Labor Flows in China, Berkeley 2000, S. 34-66, hier S. 34f. Allerdings geht die Verfasserin aufgrund verschiedener Informationsquellen von einer durchschnittlichen Größe eines ländlichen, armen Haushaltes mit sechs Personen aus.

210 Dieser Hausvorstand ist in den überwiegenden Fällen männlich. Vgl. Schulze (2000), S. 225.

211 Interviewaussage des AI China-Experten Dirk Pleiter. Die Präsenz der Familie reduziert somit die sozialen, psychischen und auch wirtschaftlichen Kosten der Migration des Einzelnen. Vgl. Brown/ Sanders (1981), S. 164.

die familiäre Einheit für gewöhnlich in einem gemeinsamen Haushalt untergebracht ist. Die Migration wirkt daher zusammen mit der häuslichen Einheit.[212]

Es ist jedoch schwierig zu identifizieren, wer den Entscheidungsprozess innerhalb der Familie bestimmt oder in welcher sozialen und wirtschaftlichen Struktur diese Entscheidung getroffen wird. Nach eingehenden Beobachtungen und Feldforschungen diverser Wissenschaftler wird generell davon ausgegangen, dass der Kopf des Hauses entscheidet, welches Mitglied der Familie die bäuerlichen Arbeiten auf dem Land übernimmt und welches eine Arbeit in einem anderen Sektor sucht.[213] Der familiäre Haushalt hat die größte Macht die Ressourcen zu verwalten und die Mitglieder zur Unterstützung der finanziellen Mittel heranzuziehen. Vor allem junge Paare mit Kindern und ältere Partner, deren Kinder den familiären Haushalt bereits verließen (keine Migration), haben die größten ökonomischen Probleme.

Die derzeitige Arbeitslage und Produktionsmärkte erlauben ländlichen Haushalten ihre Arbeitskraft zur Aufstockung der Mittel zu benutzen. Die Entscheidungsmuster werden demnach vom jeweiligen Entwicklungszyklus des Haushaltes beeinflusst. Darunter zählen auch demografische Muster. Familien mit Mitgliedern zwischen 15 und 55 Jahren neigen dazu, mehr potentielle Migranten vorweisen zu können. Zudem haben Verwandtschaften mit mehreren Arbeitskräften generell die Möglichkeit eines besseren Lebensstandards.[214] Denn die Ermessung möglicher Einkommensvariablen werden von Alter und Geschlecht der etwaigen Migranten bestimmt.[215] Das Mobilitätsverhalten wird demnach, wie auch im Sinne Zelinskys, von dem Modernisierungsweg Chinas und den demografischen Bedingungen beeinflusst, da ganze soziale Einheiten ihre Lage verändern wollen.

Viele Möglichkeiten zur Aufstockung der finanziellen Lage haben die Bewohner des Landes nicht. Da die Entscheidung zur Migration in die Städte und anderer industrieller Regionen[216] meistens von den Älteren

212 Es ist mehr als wahrscheinlich, dass ein ganzes Dorf oder eine Region als historisches Produkt der Migration angesehen werden können. Vgl. Stafford, Charles, Separation, reunion and the Chinese attachment to place, in: Pieke, Frank N./ Mallee, Hein, Internal and International Migration. Chinese Perspectives, Surrey 1999, S. 315-330, hier S. 319.

213 Vgl. Zhang, Mei (2003), S. 81.

214 Vgl. Murphy (2002), S. 59.

215 "[...] assuming occupation, age, and sex to be more important compositional variables affecting earnings [...]." Sjaastad (1962), S. 468.

216 Das vorrangige Ziel vieler Migrationsentscheidungen sind die Großstädte, welche weit von dem Heimatort entfernt sind und den Arbeitern bessere wirtschaftliche

der Familie (Eltern und ggf. Großeltern) getroffen werden, handeln sie als getrennte Einheiten gegenüber den Jüngeren. Dabei muss beachtet werden, welche Familie vorab in welchem Standard lebt. In einer relativ reichen Familie zieht jedes neue Familienmitglied in sein eigenes, neu gebautes Haus. Demnach agieren wiederum einzelne, meist jüngere Einheiten. In ärmeren Familien leben dem entgegengesetzt alle Mitglieder der Familie unter einem Dach, was sie als einheitliche Entscheidungsgruppe Schlüsse treffen lässt.[217] Der Beschluss darüber wer wo arbeitet und welche Angehörigen weiterhin auf dem Land tätig sind sowie die Dauer, in welche Arten von Arbeiten investiert wird, wird innerhalb des Haushaltes nach einer Art Kosten-Nutzen-Rechnung getroffen.[218] Dabei werden Risikoberechnungen in den Entscheidungsprozess mit einbezogen, um neben den monetären die nichtmonetären Kosten einer Wanderung und vor allem die Erfolgschancen zu kalkulieren. Die Migration ist dabei nur eine Art, die Arbeitskraft gewinnbringend zu nutzen.

Der Migrationsentschluss wird im familiären Haushalt langfristig ausgerichtet. In einer Art Familienstrategie wird darüber diskutiert, welche Möglichkeiten bestehen, den Notstand der Einheit zu verbessern. Dabei spielen familiäre Verbindlichkeiten eine wesentliche Rolle im Entscheidungsfindungsprozess. Besonders für Eltern, deren Kinder gerade heranwachsen, wird der Beschluss gefasst, dass entweder beide Partner migrieren oder nur einer der beiden die Familie verlässt um sie finanziell zu unterstützen und die Bildung der Kinder bezahlen zu können. Allerdings fühlen sich viele junge Eltern außerstande ihre Kinder auf lange Dauer zu verlassen, darum entscheiden sie sich eher saisonal zu migrieren.[219]

Diese Art der saisonalen Migration als kurzzeitige Wanderung nur eines Familienmitgliedes erweist sich als nicht suffizient, um den Haushalt in eine bessere ökonomische Kategorie zu heben. Die Rückkehr der meisten Kurzzeitmigranten ist Voraussetzung zur Bestellung des Landes.[220] Daher wird die Wanderung von einem Familienmitglied ausgeführt, das entweder keine landwirtschaftliche Arbeit zu verrichten hat (z.B. Teilarbeit in einer Ziegelei) oder überschüssiges Farmland abgibt. Einige Haushalte mit jungen Kindern sind zudem gewillt ihren ökonomischen Status

---

Optionen bieten. Vgl. Brown/ Sanders, S. 155. Denn umso größer die Städte, desto höher sind die Möglichkeiten eine Anstellung und damit ein besseres Einkommen zu erzielen. Vgl. Sjaastad (1962), S. 467.

217 Vgl. Murphy (2002), S. 59.

218 Vgl. Davin (1999), S. 75.

219 Bei der saisonalen Migration (short-term) sind die Eltern zwischen drei und sechs Monaten, während der Herbsternte bis zur Frühjahrssaat, unterwegs. Vgl. Murphy (2002), S. 64.

220 Vgl. Davin (1999), S. 76.

zu heben, indem sich die Eltern auf die Zahlungen ihres migrierten Kindes im jugendlichen Alter verlassen, um sowohl zusätzliches Einkommen für die Familie zu haben als auch die Schulgelder für jüngere Kinder bezahlen zu können.[221]

Trotzdem fühlen sich viele der älteren Arbeiter der Familie durch die Fürsorge ihrer Kinder belastet. Auf die Frage, warum keiner der Familie migriert ist, wird geantwortet, dass oben die Alten und unten die Jungen „sitzen", es gäbe keine Möglichkeit zu gehen.[222] Haushalte, die keine ausreichenden Arbeitskräfte zur Partizipation der Migration hervorbringen und zudem keine Ressourcen für die Bewirtschaftung von Land haben, sind in der Regel sehr arm. Bei einigen Fällen schränken behinderte oder kranke Familienmitglieder die Belastung des Haushaltes ein, sich an der Migration zu beteiligen und laden der Verwandtschaft daher enorme Schulden zur medizinischen Versorgung auf. In der Regel arbeiten die älteren Mitglieder der Familie (Großeltern bzw. Eltern erwachsener Kinder), um die Migration ihrer Kinder zu unterstützen. In Haushalten, in denen die jungen Eltern migriert sind, bleibt die Belastung der Hausarbeit, die Kinder und die Landwirtschaft zurück bei den Alten. Viele Frauen weilen noch die ersten Monate nach einer Geburt zu Haus und ernähren ihr Baby für etwa sechs Monate, bevor sie wieder in die Stadt wandern und das Neugeborene bei den Eltern des Mannes lassen.[223]

Die ältere Elterngeneration macht sich durch die Migration ihrer Kinder von denen immer mehr abhängig. Traditionelle Werte wie der Respekt der Eltern (ein sehr hoch gestelltes Gut in der chinesischen Gesellschaft), gehen somit teilweise verloren. Einige der Alten wehren sich dagegen, indem sie die jungen Migranten zurück in die Dörfer rekrutieren, um nicht mit der Erziehung der Kinder und dem Haushalt sowie der landwirtschaftlichen Bewirtung allein zu sein. Insgesamt aber ist festzuhalten, dass sich der familiäre Haushalt oft auf die erfolgreiche Migration der Jungen verlässt. Denn nur so kann die finanzielle Situation der Einheit verbessert werden, da die ganze Familie unter dem Nichtgelingen einer Migration leidet. Somit stehen auch die Migranten unter großem Druck, den Ansprüchen der Familie gerecht zu werden. Sollte einem Mitglied der Familie die Migration missglücken, kehren sie meist desillu-

---

221 Vgl. Murphy (2002), S.63f.

222 „Above there are the old, below there are the young, there is no way to go", Interview geführt von Rachel Murphy, ebd., S. 64.

223 Anmerkung: wenn es in der Familie keine Großeltern gibt, hinterlassen die jungen Eltern ihre Kinder in staatlichen Einrichtungen des Dorfes oder stellen ein Hausmädchen an, um für die Kinder zu sorgen. Vgl. ebd., S. 64f.

sioniert, betrogen um ihre Gehälter in ihre Heimatorte zurück, um nach der Erntezeit erneut ihr Glück in der Stadt zu versuchen.[224]

Tabelle 4: Informationswege

	a) Fernsehen/ Radio/ Zeitungen	b) lokale Freunde und Verwandte	c) Freunde und Verwandte in der Stadt	d) lokale Behörden	e) eigene Informations-beschaffung
Haushalte mit Migranten	23	20	29	11	17
Haushalte ohne Migranten	17	37	15	16	15

Quelle: Zhang, Mei (2003), S. 85.

Offensichtlich ist zudem kaum ein Mensch gewillt seine Heimat zu verlassen ohne nur im Ansatz zu wissen, welche Möglichkeiten ihn woanders erwarten. Selbst mit einem gewissen Bewusstsein kann die Ungewissheit Angst erzeugen und eine Migration gegebenenfalls verhindern. Oberflächliche Informationen erhalten die potentiellen Migranten mitunter von den Medien, die ihnen die wahre Situation der Wanderarbeiter allerdings meistens verschweigen. Wie der Tabelle 4 zu entnehmen ist, erfährt die Mehrheit von Freunden und Verwandten über Arbeitsmöglichkeiten in der Stadt. Die ländlichen Bewohner abgeschiedener Landstriche haben oftmals nicht die technische Ausstattung, um mediale Informationen zu erhalten. Zudem ist das Leben der Landbewohner durch klimatische, nahrungsmitteltechnische und sprachliche Barrieren geprägt. Sie treffen die Entscheidung zur Migration meist ohne zu wissen, wie die Situation in den Städten ist.[225] Geprägt von Hoffnungen in der Stadt neue Erfahrungen zu machen und der Familie Ehre zu verschaffen, entscheiden sie sich sie oft blauäugig ihre Heimat auf unabsehbare Zeit zu verlassen.[226] Nur Rückkehrende versuchen potentiellen Migranten behilflich zu

224 Vgl. ebd., S. 65.

225 Diese Annahme wird in der Literatur oft thematisiert. Migranten in Entwicklungs- und Schwellenländern besitzen demnach vor ihrer Entscheidung zur Wanderung nur wenige Auskünfte über ihren Zielort. Grund dafür ist die mit Kosten verbundene Informationsbeschaffung. Vgl. Gardner, Robert, Macrolevel Influences on the Migration Decision Process, in: De Jong, Gordon F./ Gardner, Robert W., Migration Decision Making. Multudisciplinary Approaches to Microlevel Studies in Developed and Developing Countries, New York, Oxford, Toronto u.a. 1981, S. 59-89, hier S: 113.

226 Die Wanderarbeiter sagen von sich aus kaum eine Bildung zu besitzen und dass die Entscheidung zur Migration vor allem für ihre Familien getroffen werde, an die sie täglich denken. Nach verschiedenen Interviews von Jacka/ Xianlin (2004), S. 386-306. Die von Hoffnung geprägten Veränderungschancen durch eine Migration widerspiegeln die theoretischen Ansätze von Sjaastad und Todaro. Beide ar-

sein, indem sie ihnen Arbeitsplätze vermitteln und sie über die Zustände und Möglichkeiten einer Wanderung informieren. So muss davon ausgegangen werden, dass die Auslösung derartiger Migrationsketten für Dekaden weitergeführt werden kann. Dementsprechend kann erklärt werden, warum eine beständige Masse von Migranten ihre kleinen Dörfer verlassen, während andere, welche sich in der gleichen ökonomischen Verfassung befinden, nicht migrieren.[227]

Zusammenfassend ist festzustellen, dass Entscheidungsprozesse der Migration von verschiedenen Faktoren abhängen. Neben den Unterschieden zwischen der Herkunfts- und Zielregion spielen persönliche als auch kollektive Aspekte eine entscheidende Rolle im Migrationsverhalten. Neben der wirtschaftlichen Lage der Familie ist v.a. die individuelle Motivation des Einzelnen für die Wanderung von Bedeutung. Diese Motivation kann laut Mallee in vier Komponenten unterteilt werden:

1. der *Anreiz*, bestimmte Ziele wie ein hohes Einkommen, erreichen zu können;
2. die *Motive*, welche durch situativ-familiäre oder persönliche Absichten gelenkt werden;
3. die *Verfügbarkeit* der physischen Leistungen; und
4. die *Erwartung* und damit die Evaluation der Wahrscheinlichkeit einer Zielerreichung.[228]

Der Prozess der Entscheidungsfindung wirkt außerdem in einer Art Risiko- und Erfolgsmanagement. Die Entschließung zur Wanderung ist daher niemals absolut rational und entspricht in den meisten Fällen in China einer gelenkten Entscheidung. Des Weiteren wirken demografische Strukturen auf die Migrationsstrategien. Durch die Interaktion mit dem Entwicklungsstand des Haushaltes stärkt die Migration die ökonomische Position einiger Familienmitglieder und schwächt die von anderen.

Viele der Landbewohner sind durch die gegebene Situation verzweifelt in ihrer Lage und sehen für sich und ihre Familie keinen anderen Ausweg, als die Migration der mobilen Jungen in die Städte und andere Industrieregionen zu unterstützen. Problematisch ist dabei, dass die vielen jungen Menschen, welche sich auf den Weg in die Städte machen, aufgrund ihrer geringen Schulbildung ihre Rechte und die Arbeitsbedin-

---

gumentieren, dass Entscheidungen zu einer Migration durch eine Art Risikomanagement mittels vorab erhaltener Informationen durchgeführt werden.

227 Vgl. Davin (1999), S. 73f.

228 Vgl. Mallee (2000), S. 37f.

gungen für Wanderarbeiter nicht kennen. Im Gegensatz zu entwickelten Ländern, in denen die Gebildeten in urbane Regionen ziehen, sind es in China vor allem die Ungebildeten. Zudem wird den potentiellen Migranten von den Medien oft ein falsches Bild von den modernen Zentren Chinas und vom Aufstieg vereinzelter Chinesen vermittelt. Von Hoffnungen geprägt, am schillernden Wirtschaftsboom des Landes teilzunehmen, werden sie bald enttäuscht.

Viele kehren unzufrieden in ihre Heimat zurück, da sie dem Druck ihrer Arbeitgeber nicht gewachsen waren, Opfer von Gehaltsenthaltungen oder gar Gewalt wurden. Aufgrund der unzufriedenen Lage auf dem Land entscheiden sich immer wieder Bauern und deren Kinder zur Migration in die Städte, weil es für sie keine Alternativen gibt „um zu überleben"[229]. Migrationsentscheidungen werden demnach nicht nur ökonomisch, sondern auch durch individuelle Motivationen angetrieben. Diese wiederum sind in die Obhut des Haushaltes gelegt, da jede Familie eine gewisse Hierarchie vorweist. Einzelne Motive werden dabei selten direkt erwogen. Die Entscheidung zur Migration wird vor allem mit dem Ziel verfolgt, Möglichkeiten der sozialen Mobilität und damit der individuellen Selbstbehauptung zu fördern. Für die Familie ist das nicht nur die verbesserte eigene Statussituation, sondern vor allem die ihrer Kinder.

4.2 Migrationstypen: Zusammensetzung und Charakteristika

Zur Vervollständigung der Darstellung des Untersuchungsgegenstandes ist es notwendig bestimmte Migrationstypisierungen vorzustellen, um zu erkennen, inwiefern sich der Entscheidungsprozess anhand der Bestimmungsfaktoren des Push- und Pullmodells (siehe Kapitel 5) erklären lässt. Wie bereits angesprochen, sind neben dem Herkunftsort und der dazu gehörigen Verbundenheit weitere Merkmale zur Charakterisierung der Migranten notwendig. Wie Skeldon beschreibt können Typisierungen zwischen den Migranten und der Migration selbst nur schwer unterschieden werden. Anlehnend an die Überlegungen Skeldons u. a.[230] be-

229 So die Interviewte Cui Jingqu, in: Jacka/ Xianin (2004), S. 286.

230 So auch Petersen und De Jong/ Fawcett (beide 1981). Letztere beschreiben, dass viele Unterscheidungen zwischen einer friedvollen und von Krieg auslösenden Migration sowie dem Grad der Kultur (hoch oder niedrig) getroffen werden. Dabei beziehen sie sich auf die Ausführungen von Fairchild (1913), Kant (1953) und Heberle (1955). Die Verfasserin erkennt in dieser Argumentation den gleichen Sachverhalt wie zwischen einer freiwilligen und unfreiwillgen Wanderung und nimmt daher diese Gültigkeit für den weiteren Verlauf der Arbeit an.

trachtet die Verfasserin die Migration vor allem unter deren freiwilligen und unfreiwilligen Ausprägung. Ferner wird diese Kategorie in dem folgenden Kapitelkomplex zusätzlich unter den spezifischen Determinanten des Alters, Geschlechts und Familienstands, der Bildung und der Herkunft des Migranten angenommen.

Alter

Bei Betrachtung der Migranten nach Altersgruppen wird die positive Selektion, wobei sich vor allem junge Menschen zur Migration entscheiden, unterstrichen und gleichzeitig qualifiziert. Gemäß wissenschaftlichen Studien beschreiben 33,6 Prozent befragter Haushalte, dass das Alter ein entscheidender Faktor zur Migration darstellt, da es für Junge leichter sei eine Anstellung zu finden.[231] Der Arbeitsmarkt in den Städten hält natürlich besonders für die Jungen mehr Arbeitsplätze bereit. Denn besonders unerfahrene ländliche Migranten neigen zu einem geringeren Protestpotential und sind eher bereit, längere Arbeitszeiten sowie die Trennung von der Familie zu akzeptieren. Zudem sind die Aufwendungen für junge, unbelastete Migranten viel geringer als für Paare oder Eltern.[232] Sie müssen sich noch nicht um eigene Kinder kümmern, sondern migrieren oft aus individuellen Gründen, wie der Ersparung von Geld für einen gewissen Rückhalt, wenn sie wieder zurück zu ihren Familien kehren.

Etwa ¾ der Migranten sind Männer im Alter zwischen 18 und 34 Jahren. Die meisten migrierenden Frauen sind hingegen deutlich jünger zwischen 18 und 24 Jahren, denn danach sind sie im heiratsfähigen Alter und entscheiden sich nicht mehr spontan zur Migration.[233] Abbildung 6 zeigt deutlich die hohe Zahl der jungen Arbeitsmigranten zwischen 15 und 34 Jahren. Jedoch kann laut der vorliegenden Darstellung nicht bewiesen werden, dass es einen signifikanten Unterschied zwischen den Altersgruppen gibt.

---

231 Vgl. Zhang, Mei (2003), S. 83.

232 Vgl. Davin (1999), S. 71.

233 Vgl. Roberts (2002), S. 144. Die geschlechtsspezifischen Merkmale werden im nächsten Absatz erklärt.

Abbildung 10: Arbeitskräftepotential nach Alter

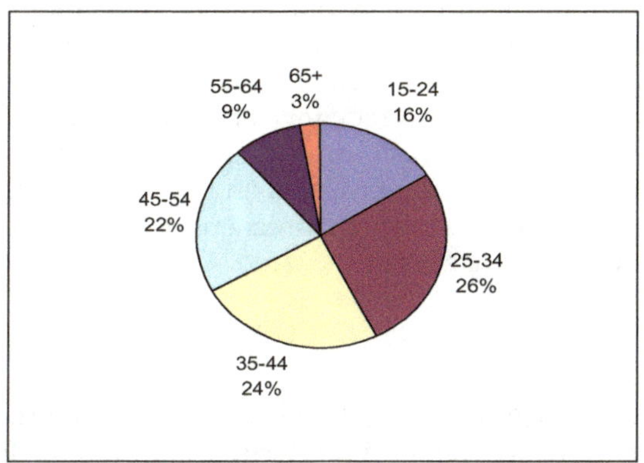

Darstellung nach eigenen Berechnungen anhand der Daten des Statistical Yearbook of The Republic of China 2006 (<http://eng.dgbas.gov.tw/public/data/dgbas03/bs2/yearbook_eng/y024I.pdf> am 20.06.2008).

In bestimmten Industrien aber ist die Nachfrage nach Fachkräften besonders hoch, insofern werden eher erfahrene, ältere Migranten eingestellt. Ländliche Bewohner jedoch besitzen nur selten eine längere, formale Schulausbildung und verlassen daher ihre Heimatdörfer tendenziell früher als Stadtbewohner. Diese hingegen nutzen die für sie bestehenden Möglichkeiten einer besseren Ausbildung zur Erlangung qualifizierter Arbeitsplätze.[234]

Allgemein gelten Wanderarbeiter als risikofreudige Gruppe, denn sie geben die Sicherheit ihrer vertrauten Umgebung auf und setzen sich einem neuen Lebensumfeld in den gewählten Zielorten aus.[235] Somit können ländliche Migranten, wohl aufgrund ihrer prekären Lage am Heimatort, mit einer größeren Risikobereitschaft und einer höheren Anpassungsfähigkeit charakterisiert werden. Da eine Migration von unkalkulierbaren Risiken begleitet wird und daher nicht von Beginn an auf Dauer ausgelegt sein kann[236], muss jeder potentielle Migrant abwägen, inwiefern

234 Vgl. Schulze (2000), S. 219. Trotzdem glauben rund 25 Prozent befragter Haushalte, dass im Gegensatz zu einer guten Bildung, die Fähigkeiten und Erfahrungen einen wichtigen Bestandteil zum Arbeitserfolg darstellen. Vgl. Zhang, Mei (2003), S. 83.

235 Vgl. insgesamt Stark, Oded (1991).

236 Ob Migrationsbewegungen permanent oder temporär sind, ist im Grunde erst nach dem Tod eines Migranten zu beantworten, da Pendelbewegungen immer im Bereich des Möglichen liegen. Hier geht es im Prinzip darum, dass jedem Migranten vor der Migration nur ein begrenzter Zeitraum für den Aufenthalt an einem neuen Ort zur Verfügung steht, der maximal das restliche Leben umfasst. Vgl. Schulze (2000), S. 220.

es für ihn möglich ist, innerhalb des für die Wanderung berücksichtigten Zeitraums die mit der Migration verbundenen monetären, psychologischen und sozialen Kosten durch einen erwarteten Gewinn auszugleichen.[237] Dies ist gewiss für jüngere Personen leichter, da ihnen genügend Zeit zum Ausgleich der Kosten bleibt. Ältere Arbeiter vom Land beziehen ihr Wissen hauptsächlich auf die Agrarwirtschaft und sind oft unbeholfen, sich in neuen Arbeitsstätten zu orientieren. Daneben sind für sie die monetären Kosten schwieriger zu tragen. Dementsprechend ist es für sie problematischer in eine neue Umgebung zu transferieren.

Geschlecht und Familienstand

In China wird die Migration in geschlechtsspezifischer Sichtweise häufig darunter betrachtet, dass die arbeitsbezogene Wanderung hauptsächlich den Männern zugeschrieben und die Migration von Frauen insbesondere mit der Heirat in Verbindung gebracht wird.[238] Grundlegend lassen sich diese Behauptungen mit den Zensusdaten von 1990[239] belegen. Dabei gaben 70 Prozent der Männer die Arbeit und über 90 Prozent der Frauen die Heirat als Grund ihrer Migration an. Aufgrund der traditionellen Linien in China scheint die Begründung der weiblichen Migranten eine weitgehende Konstante zu sein. Im engeren Sinn variiert der Frauenanteil bei den Arbeitsmigranten in verschiedenen Regionen Chinas allerdings erheblich. Problematisch ist bereits heute die soziale Komponente, denn durch den Abzug vieler männlicher Landbewohner kommt den zurückgebliebenen Frauen eine deutliche Mehrbelastung in der Landwirtschaft zu.[240] Aber auch das Gegenteil dieser Auffassung ist in China bemerkbar. Einige Frauen gaben in Interviews an zu migrieren, weil die Familie

---

237 Vgl. Insgesamt Sjaastad (1962).

238 Vgl. Davin (1999), S. 26-31. Dieser wichtige Aspekt wird in Kapitel 5.3 näher erläutert.

239 Dieser Zensus wird aus der Sekundärliteratur benutzt, weil die Einsicht in selbigen sowie aus dem Jahre 2000 der Verfasserin nicht möglich war. Dies ist einerseits auf die fehlenden Sprachkenntnisse und auf die nicht vorhandene Kooperationsbereitschaft chinesischer Behörden zurückzuführen.

240 In manchen Regionen sind bereits über 80 Prozent der Männer abgewandert, was viele verzweifelte Frauen in den Selbstmord treibt. Derartige Extreme beschränken sich jedoch weitgehend auf einzelne Orte. Andere Untersuchungen ergaben eine inzwischen mindestens genauso hohe weibliche Migrationsrate. Vgl. Schulze (2000), S. 222.

kaum genug Land besitzt, die männlichen Haushaltsmitglieder zu beschäftigen und Frauen für gewöhnlich keiner Agrararbeit nachgehen.[241]

Migrierte Frauen sind vorzugsweise in körperlich anstrengenden Fabriken (48 Prozent), im Handelsgewerbe (19 Prozent) und Handwerksbetrieben (16 Prozent) beschäftigt.[242] In den Fabriken arbeiten die Frauen ebenso hart wie die Männer bis zu zwölf Stunden am Tag. Durch den zunehmenden Wohlstand floriert zudem das informelle Dienstleistungsgewerbe, das eine erhebliche Nachfrage an billigen weiblichen Arbeitskräften geschaffen hat. Darunter zählen Dienstmädchen in privaten Haushalten (in denen sie in der Regel auch wohnen) und besondere Tätigkeiten für Bedienung, Betreuung und Reinigung im Hotel- und Gaststättengewerbe. Bei Betrachtung der vorgelegten Merkmale des hohen Anteils von Frauen an der Wanderarbeit lässt aus Blick einer Handlungsstrategie vermuten, dass Familien Frauen zu einem Bestimmungsort senden, weil auf sie mehr Verlass besteht die nötigen Geldbeträge auch zugesandt zu bekommen.[243] Größtenteils ist jedoch die Hauptmigrationsgruppe noch immer männlich, wobei besonders verheiratete Männer migrieren, um ihre Familie finanziell zu unterstützen (mehr dazu in Kapitel 5.3).

Bildungsgrad

Zur deskriptiven Charakteristik von Migranten stellt der bereits angesprochene Bildungsstand ein weiteres zentrales Merkmal dar. In ländlichen Abwanderungsregionen wird von Interviewten immer wieder betont, dass vor allem die besser gebildeten Bevölkerungsteile migrieren. Daher wird die Migration als negatives Hemmnis der Entwicklungsstruktur auf dem Land gesehen. Nach eingehender literarischer Beobachtung ist jedoch zu erkennen, dass nunmehr arme Landbewohner den Entschluss zur Migration treffen und damit davon ausgegangen werden kann, dass diese über eine mittelmäßige, oder sogar schlechte Ausbildung verfügen.

---

241 Vgl. Davin (1999), S. 76. Von dieser Aussage muss jedoch Abstand gehalten werden. Denn angesichts der weiblichen Migrantenflüsse und deren urbanen Arbeiten ist körperlich keine Unterscheidung zu erkennen, dass den Frauen eine geringere körperliche Tätigkeit zugeschrieben wird.

242 Die meisten der weiblichen Wanderarbeiter sind unter 30 Jahre alt (63.4 Prozent). Vgl. Survey of One Thousand Female Migrant Workers (2007).

243 Derartige Belege gibt es aus dem Feld der Migrationsforschung auf den Philippinen, in China wurden solcherart Strategien noch nicht geprüft, scheinen aber interessant. Vgl. Schulze (2000), S. 224.

Aufgrund der Zuwanderungen ländlicher Arbeiter ohne oder mit geringer Bildung befürchten viele Städter, dass eine allgemeine Verschlechterung des Bildungsniveaus die Folge der Migration sei. Somit wäre die Migration ein Prozess, der sowohl in den Gesellschaften der Herkunftsgebiete als auch in den Zielregionen zu einem durchschnittlichen Absinken des Humankapitals gemessen am Bildungsstand führt.[244] Problematisch ist vor allem die Bildungssituation von Migrantenkindern. Da die meisten Wanderarbeiter nicht offiziell registriert sind und die Schulgebühren nicht zahlen können, ist ihren Kindern der Besuch einer staatlichen Schule in der Regel verwehrt. Seitens politischer Kader wird erwartet, dass die Kinder weiterhin in ihrem Heimatbezirk eine Schule besuchen, auch wenn die Eltern in die Stadt ziehen. Oft ergreifen die Eltern die Selbstinitiative und organisieren vor Ort private Schulen für ihre Kinder. Diese werden jedoch von den lokalen Behörden immer wieder geschlossen.[245]

Nach eigenen Erhebungen von Schulze sind ca. 70 Prozent zweifelsohne der größte Teil von Migranten der Bevölkerung, die aus den unteren Bildungsbereichen (Analphabeten, Grundschule und untere Mittelschule) entstammen.[246] Durch die zunehmende Konkurrenz unter den Migranten und die politischen Zuzugsbeschränkungen wächst der Druck innerhalb der Familie, in die Ausbildung der eigenen, potentiellen Migranten zu investieren. Dies geschieht vor dem Hintergrund erwarteter Finanzflüsse durch Übersendungen, die von Migranten an ihre Heimatorte getätigt werden. Eine Art Konkurrenz besteht daher nicht nur zwischen den arbeitsuchenden Migranten, sondern auch zwischen den Arbeitskräften der Herkunftsregionen. Somit muss erwartet werden, dass ein mittelfristiger Anstieg der Bildungsabschlüsse eintreten wird.

Auf der individuellen Disposition kann von Personen mit besseren Bildungsabschlüssen erwartet werden, dass sie mehr Informationen über

---

244 Die Grundlage dieser Idee beruht auf den Annahmen von Lee (1972) und auch Sjaastad (1962).

245 Da wie es heißt sie keine bestimmten Auflagen wie die Möglichkeit eines Sportplatzes o.ä. besitzen. Vgl. Report AI (2007), S. 23-30. Dabei verstößt die chinesische Regierung gegen internationales Recht auf Bildung, sowie die Legitimationen der ICESCR und die UN Convention on the Rights of the Child. Siehe Artikel 26 (1) der Universal Declaration of Human Rights (UDHR), unter <http://www.un.org/Overview/rights.html> am 18.10.2007; als auch UNESCO (Hrsg.), Monitoring Report on Education for All, Paris 2001, unter < http://portal.unesco.org/education/en/ev.php-URL_ID=49591&URL_DO=DO_TOPIC&URL_SECTION=201.html> am 18.10.2007.

246 Vgl. Schulze (2000), S. 231.

bessere Arbeits- und Einkommensmöglichkeiten anderer Regionen besitzen. Denen gegenüber steht eine oft geringere Bereitschaft zur Mobilität von Menschen mit einem niedrigeren Bildungsstand, was mit den traditionell geprägten Bindungen und der tiefen Verwurzelung mit dem Heimatort erklärt werden kann.

Herkunft der Migranten

Die bisherigen Erläuterungen beziehen sich hauptsächlich auf individuelle Merkmale der Migranten, unabhängig von ihrer Abstammung. Folgende Anmerkungen befassen sich mit der räumlichen Herkunft und schaffen somit ein Verbindungsglied zwischen Heimat- und Zielort. Die meisten Migranten entstammen Orten in einem Umkreis von etwa 600 km, das ergaben unabhängige wissenschaftliche Untersuchungen, welche in ihrem Resultat größtenteils mit den Zensusdaten von 1990 einhergehen.[247] Davon ausgenommen sind Ereignisse der Verschleppung und der administrativ angeordneten Umsiedlung von Personen und ganzer Haushalte. Diese Art der unfreiwilligen Migration (*forced migration*) ist in China keine Seltenheit, wird aber von der Regierung dementiert oder herunter gespielt. Ein Beispiel für die Verschleppung der Menschen stellt die moderne Art der Sklaverei dar, in dem vor allem Junge von ihrem Heimatort weggelockt und in Arbeitsstätten (Fallbeispiel der Ziegelei aus Kapitel 3.3) festgehalten werden. Eine zwanghafte Umsiedlung von rund vier Millionen Menschen verantwortet hingegen der Bau des Dreischluchtendammes in der Provinz Hubei. Die meisten der Vertriebenen sind Bauern, die nun um ihre Existenz fürchten müssen, weil sie in höhere, unfruchtbare Regionen ziehen müssen.[248] Sogar für die Olympischen Spiele im Sommer 2008 wurden Zwangsumsiedlungen von der Regierung angeordnet.

---

247 Vgl. ebd., S. 234f. Ein Umkreis von 600 km ist für das chinesische Territorium eine geringe Distanz. Anmerkung der Verfasserin. „The general behavioral expectation is that the potential migrant follows a principle of locational choice similar to the decision to purchase goods at the nearest place offering them." De Jong/ Fawcett (1981), S. 18.

248 Mehrere Zeitschriften sowie HRW publizierten diese Fälle. Vgl. beispielhaft (o.V.), Vier Millionen Chinesen verlieren ihre Wohnungen. Weitere Zwangsumsiedlungen für Drei-Schluchten-Damm-Grossprojekt, in: NZZ Online vom 12.10.2007), unter <http://www.nzz.ch/nachrichten/panorama/china_zwangsumsiedlungen_drei-schluchten-damm_1.568327.html> am 13.06.2008. In der chinesischen Presse wird das Projekt eher gepriesen als kritisiert. Siehe die Nachrichtenagentur Xinhuanet, unter <http://news.xinhuanet.com/english/2006-05/13/content_4540727.htm> am 13.06.2008.

Das auf freiwilliger Basis zu erklärende Migrationsaufkommen verringert sich mit zunehmender Entfernung von den Heimatorten, was mit den distanzabhängigen Anstieg der ökonomischen, sozialen und psychischen Kosten erklärt werden kann. Dabei zählen höhere Transportkosten ebenso wie die Trennung von Familie und Freunden, das Zurechtfinden in einer sprachlich und kulturell ungewohnten Umgebung usw. Zudem gestaltet sich die Informationsgewinnung in weiter entfernten Regionen als sehr schwierig und ist wiederum mit zusätzlichen Kosten verbunden. Wie bereits Sjaastad aufführte, ist die Entscheidung zur Wanderung mit einer Kosten-Nutzen-Abwägung verbunden, die sich umso komplizierter gestaltet, je weiter man sich von seinem Herkunftsort entfernt. Von dieser Annahme ist jedoch Abstand zu halten, denn mit einer weiteren Entfernung zum Heimatort *kann* ein größerer Nutzen einhergehen. Das heißt für Familien in abgeschnittenen Landstrichen die Migration in weiter (als 600 km) entfernte Industrieregionen in Kauf zu nehmen, da sich in unmittelbarer Nähe keine Möglichkeiten zur finanziellen Aufstockung des Haushaltes ergeben.[249] Durch die wirtschaftliche Entwicklung verschoben sich einige Industriegebiete je nach ihren Aufgaben. Somit entstanden auch im Binnenland entsprechende Produktions- und Verarbeitungsstätten, welche potentielle Migranten aus der unmittelbaren Umgebung zur Arbeit heranzogen. Die Migration mit zunehmender Entfernung zum Heimatort ist damit in den letzten Jahren etwas gesunken.

Die besondere Verbindung zum Heimatort zeigt sich vor allem anhand der Personen, welche in ihre Herkunftsgebiete zurückkommen. Fest steht, dass fast jeder Migrant, soweit er sich keine neue Existenz in urbanen Regionen aufbaut, zurückkehrt. Häufig bleiben die Rückkehrenden nur für kürzere Intervalle, bevor sie wieder in die Stadt gehen. Oft zwingt erst der Tod, eine schwere Krankheit eines Familienmitgliedes auf dem Land oder das entsprechende Alter die Migranten zur endgültigen Rückkehr. Mit ihren neuen Kenntnissen und Erfahrungen können die erfahrenen Heimkehrer eine positive Wirkung hervorrufen, indem sie zur Entwicklung der Gemeinschaft beitragen oder potentiellen Migranten hilfreiche Empfehlungen zur Wanderung geben können.

Die überwiegende Freiwilligkeit der Migrationsbewegungen stellt ein besonderes Charakteristikum der Wanderungen dar. Dies gilt auch für die administrativ unterstützte Migration mit Verlegung des Wohnsitzes. Daher ist es wichtig bei den soziodemografischen Merkmalen das Eigen-

249 Hier ist wiederum die enorme geografische Größe Chinas zu beachten, wobei einige hunderte Kilometer keine besonders große Entfernung darstellen. Besonders in den Provinzen Hunan, Jiangxi, Sichuan, Jiangsu und Henan wandern die Menschen in andere Regionen wie die Küstengebiete ab.

interesse der Migranten zu berücksichtigen. Nur so ist es möglich, die Selektivität als Resultat von Einzelentscheidungen zu erkennen, die durch die Migranten selbst getroffen werden. Auch wenn die Aufteilung nach Alter, Geschlecht, Bildungs- und Familienstand der Wanderungsentfernung nicht ohne die lokale Struktur von Gelegenheiten zu verstehen ist, bedarf es für eine Entscheidung stets die Bereitschaft potentieller Migranten.

Die folgende Tabelle zeigt abschließend die wesentlichen Unterscheidungsmerkmale der Migration nach ihrer freiwilligen und unfreiwilligen Ausprägung in Bezug auf China. In diesen Überlegungen sind die Annahmen Ravensteins und Zelinskys und somit die Unterscheidung zwischen den geografischen und zeitlichen Ebenen der Migration enthalten. Es lassen sich in der chinesischen Migration ländlicher Arbeiter die Bewegungen von Fern- und Nahwanderern, ebenso wie Langzeit- und temporärer Migranten erkennen. Die jeweiligen Merkmale unterscheiden sich jedoch mit den entsprechenden regionalen Bezügen.[250]

Tabelle 5: Typologien der Migration

	Freiwillig	**Unfreiwillig**
Art der Migration	individuelle Migration: zur freiwilligen Unterstützung des Haushaltes und zur eigenen Kapitalanhäufung	Personen, die vom Haushalt oder der Regierung dazu angehalten werden bzw. für ein besseres Leben ihre Heimat verlassen
Typen	Arbeitssuchende, Individualisten, Anpassungsfähige	Verschleppte, Zwangsumgesiedelte, Flüchtlinge, Gezwungene (von Familie)

Eigene Darstellung.

Letztlich bleibt nur eine Minderheit permanent in den Städten abseits ihrer Familien. Die Mehrheit der Migranten kehrt immer wieder in ihre Heimatdörfer zurück und zirkuliert daher vielmehr, als dass sie sich konsequent in eine Richtung bewegt. 54 Prozent befragter Migranten arbeiten für etwa fünf Jahre abseits ihrer Herkunft in den Städten. Nur 3,6 Prozent migrieren zusammen mit ihrer Familie. Hingegen lassen 81 Prozent der Wanderarbeiter ihre Kinder zurück. Diese Trennung ist eine harte Probe für die Ehepartner als auch für die Kinder.[251]

Die einheimische Presse spricht von den Wanderarbeitern als herumstreunende Heimatlose und meist Hoffnungslose.[252] Doch wie verhalten

250 „It depends on the region of China the migrants come from and what crops they grow." Phelim Kine, Asienforscher von HRW, in einem Emailinterview mit der Verfasserin.

251 Die Zahlen beziehen sich auf die eigens vom Autor erhobenen Interviews. Vgl. Zhao (2000), S. 26.

252 Vgl. Roberts (2002), S. 153.

sich ländliche Bewohner tatsächlich und was bewegt sie dazu, sich zur Wanderung zu entscheiden bzw. welche Faktoren beeinflussen die Migration? Anhand des Push/Pullparadigmas, indem sich Migrationsursachen anhand von Sogfaktoren gleichermaßen in China relevant anwenden lassen, ist das nachfolgende Kapitel in die von der Verfasserin adäquat ermessenen politischen, wirtschaftlichen und soziokulturellen Punkte gegliedert, um eine fundierte Ursachenanalyse geben zu können und die zentrale Fragestellung zu beantworten.

5 Bestimmungsfaktoren der Migration

"In order to achieve modernization, people will go to any ends to earn money, to advance their interests, leaving behind morality, humanity and even a little bit of compassion, let alone the law or regulations, which are poorly implemented [...]. Everything is about the economy now, just like everything was about politics in the Mao era, and forced labor or child labor is far from an isolated phenomenon. It is rooted deeply in today's reality, a combination of capitalism, socialism, [...] and slavery."[253]

5.1 Politische Faktoren

5.1.1 Push

Ausgangspunkt jeder Migrationsbewegung sind die Ursachen oder Beweggründe, die eine Person dazu veranlassen den bisherigen Wohnort zu verlassen und die Faktoren, die sie dazu bewegen, einen Zielort zu bestimmen. Eine Unterscheidung zwischen strukturellen Ursachen und individuellen Wünschen und Einschätzungen muss hierbei beachtet werden. Strukturelle Gesichtspunkte finden sich besonders im politisch-administrativen Handlungsrahmen. Im Gegensatz zu vielen anderen Entwicklungsländern ist wegen dem Haushaltsregistrierungssystem in China nicht zwingend die Landlosigkeit ein Auslöser für die Abwanderung. Verschiedene Maßnahmen und Vorgänge seitens der Regierung veranlassen die Landbewohner zur Migration.

Politische Armutsbekämpfung

Die Zentralregierung und lokale Ämter spielen eine erhebliche Rolle in der organisierten *long-distance migration* der armen Regionen des Landes. In diesen Provinzen planen lokale Behörden Landbewohner in andere Orte zu „verschieben", in denen es mehr Arbeitsstellen in Fabriken gibt

253 Jindou, Hu (Professor of economics at the University of Technology in Beijing), zitiert in: French, Howard W., Memo From Shanghai. Fast-Growing China Says Little of Child Slavery's Role, in: New York Times vom 21.06.2007 (<http://www.nytimes.com/2007/06/21/world/asia/21china.html?_r=1&scp=-1&sq=-said+Hu+Jindou%2C+a+professor+of+economics+at+the+University+of+Technology+in+Beijing.+%93%94+%28NYT+21.06.2007%29&st=nyt&oref=slogin> am 30.05.2008).

und das Land besser zur Agrarkultur geeignet ist. In Verträgen mit städtischen Unternehmen versuchen sie fixe Gehälter zu vereinbaren und stellen Versicherungspolicen. Diese Maßnahmen gelten vorwiegend der Armutsbekämpfung, dienen aber auch der Umsetzung zu Zwangsmigration bei umweltbedingten Katastrophen.[254]

Diese Anti-Armuts-Maßnahmen wurden seit den 1980er Jahren durch intensive öffentliche Investitionen finanziert. Die Regierung in Peking stellte etwa 10 Millionen Euro jährlich bereit, um die ländliche Armut zu lindern. Der Umsiedlung armer Bauern folgte eine enorme soziale Mobilität, so dass die Armut nun auch zu einer öffentlichen Angelegenheit heranwuchs. Denn statt alle armen Provinzen in die Entwicklungshilfe der Zentralregierung einzubeziehen, wies jedes funktionelle Ministerium zusätzliche Mittel an, um entsprechende Programme in besonders armen Regionen durchführen zu können. Damit stiegen die lokalen Anliegen zur finanziellen Unterstützung und die Zahlen beliefen sich auf hunderte Millionen Euro. Die Regierung beschloss daraufhin die Maßnahmen nur noch in Regionen die der nationalen Armutsgrenze (absolute Armut) unterliegenden, durchzuführen und spornte die lokalen Regierungen sowie die Bauern an, ihr eigenes Potential zur wirtschaftlichen Entwicklung zu nutzen, um der Armut zu „entkommen". Mit Slogans wie *„Stärkt die Führung in der Armutsbekämpfung"* und *„Erhöht den Einsatz zur Beseitigung der Armut"* versuchte die politische Führung ihrem Vorhaben Glauben und Einsatz zu verleihen.[255] Auch wenn derartige Armutsbekämpfungsmaßnahmen noch immer existieren, wird nur eine sehr geringe Zahl von armen Landbewohnern durch eine „Anti-Armuts-Behörde" in die Städte zur Arbeit gesendet.

Jene *forced moves*[256] beleuchten den politischen Druck, der auf den Landbewohnern liegt, selbst aus ihrer prekären Situation zu entkommen. Dabei gibt es für sie kaum andere Möglichkeiten, als in die Städte zu migrieren. Den überschüssigen Arbeitskräften auf dem Land, besonders in wirtschaftlich benachteiligten Dörfern, gewährt die Regierung die saisonale Arbeitsmigration in andere Regionen, um mobile Berufstätigkeiten wie den Transport- und Handelssektor anzutreiben.[257] Es ist indes anzumerken, dass diese Art der unterstützenden politischen Migration eine geringe Rolle im Migrationsverhalten spielt. Weitaus mehr Bedeutung

254 Vgl. Zhang, Mei (2003), S. 49f.; 131.

255 Die Forderungen durch die lokalen Behörden zur allgemeinen Armutsbeseitigung beliefen sich im Jahre 1998 auf 1.78 Billionen Yuan. Vgl. ebd., S. 25f.

256 So genannte *forced moves* werden durch politische Spannungen, aber auch durch Kriege oder urbane Erneuerungsprojekte hervorgerufen. Vgl. De Jong/ Fawcett (1981), S. 42.

257 Vgl. Zhou (1996), S. 162f. sowie Zhang, Mei (2003), S. 50.

kommen politischen Maßnahmen zu, die ungewollt die Abwanderung in die Städte auslösen.

Bodenverwaltung

Seit den 1950er Jahren kontrollierte die Kommunistische Partei (KP) mit der Bodenreform die Ressourcen und veranlasste somit die Genehmigung jeglicher Bodennutzung durch die zentrale Regierung. Erst 1989 wurde mit dem Gesetz zur Bodenverwaltung festgesetzt, dass die administrative Zuteilung und der Transfer gleichzeitig operieren sollten. Zudem wurde ein „System zur Prüfung und Bewilligung stufenweiser Quoten" festgelegt, wobei es der Enteignung von Ackerland für den Staatsaufbau von über 1.000 Mu (1Mu=1/15 Hektar) und anderem Land von mehr als 2.000 Mu einer Genehmigung vom Staat bedurfte; die Enteignung von Ackerland von über drei Mu und anderer Böden von mehr als zehn Mu jedoch Angelegenheit der Kreisregierungen war. Auf dem Land entschieden die Behörden die Okkupation von Ackerland der Bauern, welche nur ungenügende Entschädigungen erhielten und sich ihrer Existenz bedroht sahen.[258] Den Bauern ist das Eigentumsrecht an dem von ihnen bewirtschafteten Boden bis heute insgesamt verwehrt. Das haushaltsbezogene Verantwortungssystem (HRS)[259] gewährt den Landarbeitern lediglich ein Nutzungsrecht. Allein den Basiskadern ist das Verfügungsrecht über den Boden gewährt. Mit dieser Bestimmung Ende der 90er Jahre wurde eine große Anzahl von Bauern ihres Landes beraubt, das für ihren Lebensunterhalt unentbehrlich war. Obwohl das gegenwärtige ländliche Bodensystem den Bauern einen gerechten Mindeststandard garantiert, müssen viele ihr Einkommen zusätzlich aus anderen Quellen erwerben.[260]

---

258 Da die durchschnittliche Profitrate bei über 15% - im Gegensatz zu den weltweiten 5% - liegt. Angaben von 2002, Vgl. He (2006), S.84.

259 Das *household responsibility system* (HRS) stellt eine ländliche Maßnahme aus den 80er Jahren dar, welche zwei wesentliche Effekte zur Migrationskontrolle zeigt. Zum einen gibt es Personen die Möglichkeit Nahrungsmittel ohne einen urbanen Registrierungsstatus zu kaufen und die Essensversorgung erhöhen, was zur freien Verfügbarkeit von Nahrung auf städtischen Märkten führte und womöglich auch die Nahrungsmittelrationierung verbannte. Zum anderen gewährte das HRS den Landbewohnern wieder ihre persönliche Freiheit. Somit konnten rurale Arbeiter ihre Zeit wieder frei bestimmen. Vgl. Zhao, Yaohui, Labor Migration and Earnings Differences: The Case of Rural China, in: Economic Development and Cultural Change (4/1999), S. 767-782, hier S. 768.

260 Der Bodennutzung kommt aber noch immer eine Existenznotwendige Funktion zu. Zu begründen ist dies unter anderem durch die niedrige Entlohnung der Wanderarbeiter, was den Bauern eine völlige Aufgabe ihres Bodens unmöglich macht. Vgl. He (2006), S. 370f.

Mit den wirtschaftlichen Reformen Chinas entwickelte sich das Immobiliengewerbe der Küstenregionen durch das zuströmende Kapital ausländischer Investitionen signifikant schneller als im Inland und eine große Zahl ländlicher Arbeiter, die in kollektiven Agrarkulturen arbeiteten, waren unterbeschäftigt.[261] Die Auswirkungen auf die Gesellschaft brachten die Regierung in eine schwierige Lage, da sie die Kontrolle über die Bodenressourcen verlor. Außerdem gab es erhebliche Ungleichheiten in der Versorgung mit Grund und Boden. Durch blinde Zuteilungen ohne Investitionskapital liegen beträchtliche Gebiete bis heute brach. So konnte in vielen Provinzen keine Infrastruktur (Wasserleitungen, Strom- und Gasverbindungen, Verkehrswege) aufgebaut werden. Angesichts der jahrelang ungetätigten Bestellungen von Land wurden tausende Millionen Mu für die Agrarwirtschaft unbrauchbar. Die seit über 20 Jahren anhaltenden Reformen des landwirtschaftlichen Bodensystems („Familienverantwortlichkeitssystem") gestand den Bauern lediglich das Bodennutzungsrecht zu. Laut einer umfassenden Untersuchung sind 13,7 Prozent der Bauern ohne Land (in die Berechnungen flossen Ergebnisse von 134 Kreise und 11 Provinzen). Nach Angaben des Ministeriums für Boden und Ressourcen wurden zwischen 1987 und 2001 etwa 43 Millionen Mu Land mit gesetzlicher Genehmigung enteignet.[262]

Aufgrund der Bodenzuteilung wurde die Zahl überschüssiger Arbeitskräfte[263] auf dem Land immer höher. So befinden sich beispielsweise unter den etwa 93 Millionen ländlichen Bewohnern in Sichuan über 50 Millionen Bauern, die circa 6,23 Millionen Hektar Land bewirtschaften sollen. Vorausgesetzt jedem Bauer kommen 0,33 Hektar Land zu (wie es von der Regierung festgelegt ist)[264], gibt es immer noch schätzungsweise 30 Millionen überschüssige Arbeitskräfte. Dabei nimmt das anbaufähige Ackerland zunehmend ab. Die Regierung unterstützt eher die Entwicklung urbaner Wirtschaftskonstruktionen, als die Landverringerung zu verbessern.[265] Somit wird durch die politische Untätigkeit eine größer

261 Vgl. Roberts (2002), S. 141.

262 Da Pro Kopf etwa 0,8 Mu zur Verfügung stehen, beläuft sich die Gesamtzahl der Bauern, die ihr Land verloren, auf ca. 55 Millionen Menschen. Vgl. He (2006), S. 76-90.

263 Es ist sehr schwierig eine genaue Definition und universelle Maßmethode des Überschusses an Arbeitskräften zu geben. Der Begriff wird deshalb benutzt, weil die Anzahl unbrauchbarer Arbeiter auf dem Land seit den frühen 80ern stetig anwächst. Vgl. Zhang, Mei (2003) S. 34.

264 Diese Zuteilungen variieren zwischen den Provinzen. Generell stehen Pro-Kopf 0,8 Mu zur Bewirtschaftung zur Verfügung. Vgl. Murphy (2002), S. 36.

265 Vgl. hierzu weiterführend (o.V.), Corruption in China, in: The Economist vom 19.04.2007

werdende Anzahl überschüssiger Arbeiter „geschaffen", die sich außerhalb der Landwirtschaft eine Anstellung suchen müssen.[266] Die *Man-Land-Ratio* wird infolgedessen zu einem fundamentalen Pushfaktor der Migration.

Reform staatseigener Betriebe

Die Umgestaltung der staatseigenen Betriebe nimmt unter den Reformprojekten Chinas eine besondere Stellung ein. Durch die jahrelang aufgefahrenen Schulden, die umfassenden sozialen Wohlfahrtsfunktionen der Unternehmen sowie das überflüssige Personal stellte die Reform der Staatsbetriebe für die wirtschaftlichen Neuordnungen einen enormen Engpass dar. Erstmals mussten Mitte der 90er Jahre Angestellte entlassen werden.

Wie allerdings ist mit dem Erbe der Planwirtschaft umzugehen? Getreu dem Motto von Deng Xiaoping *„Den Fluss überqueren, indem man die Steine im Flussbett ertastet"*, wurden die Reformversuche kläglich durchgeführt. Zur 3. Plenartagung des 14. ZK präsentierte die KPC die Reform des *„Modern Enterprise System"*[267]. Die verschiedenen Reformanläufe[268] zur Abwandlung der alten Betriebsstrukturen waren ergebnislos. Folge war eine massenhafte Schließung der Unternehmen auf dem Land durch hohe Verbindlichkeiten und damit eine enorme Zahl an Entlassungen. Grund für die Verluste waren besonders durch die Regierung unternommenen Spekulationen am Aktienmarkt. Um die Staatsbetriebe zu retten, wurden diese auf dem Aktienmarkt etabliert und scheiterten. Zwischen 1996 und 2001 gingen 5335 Unternehmen bankrott und 4,3 Millionen Beschäftigte verloren ihren Arbeitsplatz. Nach Aussagen der Weltbank (WB) stieg die Zahl der jährlichen Konkursfälle zwischen 1989 bis 1993 von 277 auf 2100 in den Jahren 1994/95 an, um 1996/97 nochmals

(<http://www.economist.com/world/asia/displaystory.cfm?story_id=9040393> am 02.06.2008).

266 Vgl. Gailing, Xu, Migration and Floating in Sichuan, in: Scharping, Thomas (Hrsg.), Floating Population and Migration in China. The Impact of Economic Reforms, Hamburg 1997, S. 265-277, hier S. 268.

267 Dieser Begriff wurde von der chinesischen Regierung geprägt, um zwischen Unternehmen des planwirtschaftlichen Systems und westlicher Geschäfte zu unterscheiden. Vgl. He (2006), S. 108.

268 Dazu zählen: die Förderung marktwirtschaftlicher Elemente im planwirtschaftlichen System, die Ausweitung der Managerkompetenzen, die Verbreitung des „Unternehmensgesetzes", die Trennung der Autorität von Regierung und Unternehmen, usw. Vgl. ebd., S. 108f.

auf 5640 zu steigen. In den letzten zehn Jahren sind Zehntausende Staatsbetriebe Konkurs gegangen, vor allem in den Jahren 2000 und 2001.[269]

Ferner gab es seit 1994 immer wieder Konkursbetrüger die vor dem wirtschaftlichen Zusammenbruch Mittel transferierten und das Unternehmenskapital privat aufteilten. Das alte Gewerbe übernahm die Schulden und erklärte den Bankrott. Noch Angestellte gingen somit leer aus und verschuldeten sich privat. Sobald sich die Staatsunternehmen reformierten, sahen sie sich mit Problemen wie der Zahlung von Zuschüssen für die Rente oder Krankenversicherung an Beschäftigte konfrontiert, die sie nicht einhalten konnten. Zudem waren diese (Reform-) Strategien noch nicht ausgebaut und erprobt, was viele Unternehmen in den Bankrott trieb. Die freigesetzten Arbeitskräfte vom Lande mussten sich resultierend aus den Reformversuchen der Staatsbetriebe weitab neue Beschäftigungsmöglichkeiten suchen.

Korruption lokaler Regierungen

Die mitunter größte Bedrohung der chinesischen Gesellschaft stellen die mafiösen Kräfte und die damit einhergehende Bestechlichkeit lokaler Regierungen dar, die sich seitens der patriarchalischen Organisationen entwickelten. Korruptionsanschuldigungen sind in China nach Erzählungen ehemaliger Angestellter allgegenwärtig als sogenannte Prozesse der wirtschaftlichen Liberalisierung und Privatisierung, die durch die Schattenwirtschaft angetrieben werden.[270]

Bereits seit Jahrzehnten ist die steuerliche Belastung der Bauern sehr hoch, weil - wie Lokalregierungen argumentieren - sie der Bezuschussung für das Erziehungswesen (das Ländliche wird nicht vom Staat unterhalten) dienen. Die reale Bildungssituation aber lässt darauf schließen, dass sich eher die Kader bereichern. Es ist politisch festgelegt, dass die Zentralregierung nur die Führungsriege von der Kreisebene aufwärts versorgt, Kader unterhalb dieser Stufe leben von den Steuern der Bauern.[271] Von der Gemeindeverwaltung aus reihen sich unterschiedliche öffentliche Behörden und dazugehörige Betriebe ein; die Zahl der zu versorgenden Funktionäre ist daher nicht gering. Wer nicht in den von ihnen entwickelten Interessenverbänden involviert ist, hat kaum eine Möglichkeit in der Gemeinde aufzusteigen.

---

269 Angaben nach ein von der Weltbank veröffentlichter Sonderberichte aus dem Jahr 2002 auf Chinesisch Duowei xinwenshe (Duowei News Service), aufgeführt bei He (2006), S. 114.

270 Vgl. Solinger (2007), S. 423.

271 Vgl. Zhou (1996), S. 30f.

Um ihren Lebensstandard zu erhalten und ihre verschwenderischen Kosten für Bankette zu tragen, erhöhen die Kader die zu zahlenden Steuern.[272] Viele Bauern erwirtschaften jedoch allein durch die Feldarbeit nicht genug, um diesen Verbindlichkeiten nachzukommen, was bedeutet, dass sie einen Teil ihrer Einnahmen aus nichtbäuerlicher Arbeit für die Bezahlung der Steuern aufwenden müssen und dies die Möglichkeit einer Migration erhöht bzw. beeinflusst. Fehlende Transparenz der Finanzen innerhalb der Dorfkomitees ist in ganz China verbreitet. Durch die grassierende Korruption spitzen sich die Beziehungen zwischen den Kadern und der ländlichen Bevölkerung zu. Einige Beamte verhängen private Strafen, erheben ungerecht Anklagen, inhaftieren und missbrauchen Bauern, die ihren Zahlungen nicht nachkommen. Der Druck und auch die Wut auf die Behörden wachsen.[273]

Neben den beschriebenen Vorgängen zur Migrationsentscheidung sind einige Autoren der Meinung, die Abwanderung insbesondere aus ländlichen Gebieten sei als eine Form des politischen Protests zu verstehen. Gelenkte Wahlen, Erschleichungen zum *Hukou*-Transfer und Wahlbestechungen bieten den Bauern keine Möglichkeit zur Souveränität, weil es immer wieder zu Bestrafungen kommt. Als 1995 erstmals einfache Arbeiter ihrem Unmut Ausdruck gaben und auf die Straße gingen, bestimmte die Regierung fortan jegliche Berichterstattung über Protest in den Medien zu unterlassen bzw. die Vorgänge öffentlich herunter zu spielen. Daran zeigt sich, dass in diesem autoritären Staat Arbeiter nicht die Möglichkeit besitzen zu demonstrieren. Ein ausländischer Reporter charakterisierte die Arbeiter als *"careful to avoid any activity that might be seen as illegal or presenting a political challenge to the government."*[274]

Wenn seitens der Regierung keine Maßnahmen zur Besserung der Situation auf dem Lande eintreten, bewegen sich frustrierte Arbeiter zu-

---

272 Besonders in der Provinz Hunan leiden mehrere Kreise und somit Gemeinden und Kleinstädte unter rund sechs Milliarden Yuan Schulden (Angaben von 1998). Aufgeführt in He (2006), S. 348.

273 Vgl. ebd., S. 347-352.

274 Pan, Philip P., High Tide' of Labor Unrest in China: Striking Workers Risk Arrest to Protest Pay Cuts, Corruption, Washington Post vom 21.01.2002. Käuflich zu erwerben unter (<http://pqasb-.pqarchiver.com/washingtonpost/results.html?num=25&datetype=7&QryTxt=Pan,%20Philip%20P.,%20-%1C%19High%20Tide%19%20of%20Labor%20Unrest%20in%20China:%20Striking%20Workers%-20Risk%20Arrest%20to%20Protest%20Pay%20Cuts,%20Corruption,&sortby=REVERSE_CHRON> am 20.06.2008). Aufgeführt bei Solinger, Dorothy, Labor Discontent in China in Comparatative Perspective, in: Eurasian Geography and Economics (4/2007), S.413–438, hier S. 422.

nehmend nach Peking, um dort eine neue Anstellung zu finden.[275] Statt ihrer Empörung über ungerechte Behandlungen und die negative Lohnentwicklung durch aktive Maßnahmen wie Demonstrationen Ausdruck zu verleihen, würden Bauern - so die Meinung einiger Wissenschaftler - die Migration als Alternative vorziehen.[276] Ob diese Annahme als subjektiver Grund zu fassen ist scheint fraglich, da es diesbezüglich keine empirischen Nachweise gibt. Sicher aber ist, dass die Migration de facto als „Abstimmung mit den Füßen"[277] interpretierbar ist, dies jedoch nicht zwingend als bewusste Handlung gegen politische Verhältnisse zu betrachten ist.

5.1.2 Pull

Politische Sogfaktoren sind relativ schwierig zu erfassen, da die Migration eher als eine Reaktion auf mangelnde Umstände zu verstehen ist. Im Falle Chinas sind die Randbedingungen absolut zu beachten. Die Volksrepublik basiert auf den Konzepten der marxistischen Theorie und den Leitsprüchen Maos. Noch immer wird diese Position von der KP vertreten und propagiert. Die Chinesen wuchsen buchstäblich mit dem vermittelten politischen Bild auf, einer sozialistischen Gemeinschaft anzugehören. Besonders die Landbewohner, welche kaum Zugang zu internationalen Medien besitzen, stehen hinter dieser Staatsführung.

Politische Kultur

Gegensätzlich der Abwanderung aus politischem Protest gibt es Migrationsgründe aus politischer Zugehörigkeit. Besonders die Frage nach der provinziellen politischen Identität stellt einen substanziellen Sogfaktor dar. Die einfache Kategorisierung nach konservativer, reformierter und moderater Identität, welche von ideologischen Debatten stammen, lassen sich nicht einfach anwenden um die Komplexität der ländlichen Ebene zu erklären. Das Nationalgefühl ist laut Townsend ein relativ konstanter Faktor, wahrscheinlich durch die lange revolutionäre Ära Chinas und die Verbindung von Politik und Leitbildern wie Mao. Daher ist die kulturelle Identität der Chinesen besonders hoch.[278]

---

275 Vgl. Solinger (2007), S. 417-426.

276 So auch die Meinung von Kate Xiao Zhou, vgl. ders. (1996), S. 109-113 sowie S. 138-142.

277 Schulze (2000), S. 241.

278 Vgl. auch weiterführend dazu Townsend, James, Chinese Nationalism, in: The Australian Journal of Chinese Affairs (27/1992), S. 97-130, hier S. 97ff.

Politische Kader präsentieren sich besonders der ländlichen Bevölkerung gegenüber eines starken Charismas, um die öffentliche Unterstützung für ökonomische Reformen zu mobilisieren. Interessant ist, wie eng die kulturelle Identität in den ländlichen Regionen an die politische geknüpft ist und wie *cultural construction works* diese Verbindung verstärken.[279] In den ländlichen Gebieten steht die Mehrheit der Bevölkerung hinter der sozialistischen Idee der KP. Viele sind gewillt, an der Idee zum Aufbau Chinas mitzuwirken. Nach Aussage des AI China-Experten Pleiter ist dies ein politisch zu sehender Sogfaktor, die Heimat zu verlassen. Ganz im Sinne des historischen Materialismus fügen sich die Menschen der Leitidee des Landes, den Sozialismus zu stärken, indem die Gesellschaft als Ganzes hinter den von der Partei propagierten Kampagnen steht und im Sinne eines kommunistischen Ziels arbeitet, so dass eine vollkommen einheitliche Gemeinschaft heranwächst.

„Eat from the same big pot"[280]*; „Only socialism can bind the people together, help them overcome their difficulties, prevent polarization of wealth and bring about common prosperity."*[281]

Die Ausbreitung von Informationen über die Möglichkeiten in der Stadt ermuntern zudem Migrationsbewegungen. Fernsehen, Radio, Wiederkehrende und Besucher verbreiten die neuen Lebensperspektiven in den Städten. Auch durch Briefe und Geldsendungen der Migranten wird das Bild von Erfolgsgeschichten in den Städten geschürt. Die meisten Haushalte erhalten ihre Informationen dabei von Verwandten oder Freunden (79 Prozent), nur eine Minderheit (7 Prozent) bezieht Auskünfte aus den Medien. Die Zielauswahl erfolgt demnach privat innerhalb der kleinen Gemeinde.[282] Die meisten Migranten ziehen dabei aus utilitaristischen Konzepten[283] in die Städte. Auch wenn sich viele Wanderarbeiter

---

279 Vgl. Hendrischke, Hans, Provinces in competition. Region, identity and cultural construction, in: ders./ Chongyi, Feng, The Political Economy of China's Provinces. Comparatative and competitive advantage, London und New York 1999, S. 2-23, hier S. 14-20.

280 Xiaoping, Deng, We are on the right track and our policies will not change (18.06.1983), in: Selected Works of Deng Xiaoping, S. 39.

281 Xiaoping, Deng, We are working to revitalize the Chinese nation (07.04.1990), in: Selected Works of Deng Xiaoping, S. 344.

282 Vgl. Zhang, Mei (2003), S. 81.

283 Der Utilitarismus berücksichtigt bei der Folgenabwägung von Handlungen nur die direkten, vorhersehbaren Konsequenzen und lässt künftige Interessen außer Acht. Anmerkung der Verfasserin.

als materialistische Ausgenutzte („Goldwäscher")[284] sehen, ist zu berücksichtigen, dass sie sehr wohl auch an der städtischen Kultur bzw. Zivilisation und damit der politisch erteilten Entwicklung teilnehmen wollen.[285] Politisch gesehen ist ein wesentlicher Faktor hier die Integration von Migranten, was besonders in der urbanen Bevölkerung und Verwaltung ein noch immer weilendes Problem darstellt (mehr dazu in Kapitel 6).

Staatlich organisierter Arbeitsexport

Organisierte Hilfen bei der Arbeitssuche durch die Regierung oder andere Institutionen haben ein beträchtliches Potential, die ländliche Armut durch die Migration zu reduzieren.[286] Dabei arrangieren Lokalregierungen Arbeitsexporte und fördern die Mobilität von Armen im Rahmen eines Weltbankprojektes zur Minderung der Armut im Süd- und Nordwesten Chinas. Der Staatsrat und die Führungsgruppe zur wirtschaftlichen Entwicklung in Armengebieten veranlassen größere und mittlere Städte an der Küste, planmäßig Arbeitskräfte aus den Armenregionen des Inlands anzuwerben[287] und Staatsbetriebe einen Teil dieser Arbeitskräfte anzustellen. Gemeinsame Arbeitsbasen der Ziel- und Endgebiete sowie die von den Arbeitsämtern in den Armenkreisen gegründenden Arbeitsdienstleistungsunternehmen wurden dabei als institutionelle Rahmen für den Arbeitsexport vorgesehen.[288] Dieser Arbeitsexport hat jedoch keine Bedeutung zu anderen Armutsbekämpfungsmaßnahmen erreicht, daher ist von den staatlichen Armutsbekämpfungsfonds bisher kaum etwas in die Förderung der Arbeitsmobilität von Armen geflossen.[289]

---

284 Dieser Begriff wird oft in Zusammenhang mit materialistisch Ausgebeuteten in Verbindung gebracht. Schulze (2000) verwendet diesen Ausdruck ebenfalls. Vgl. beispielhaft ders., S. 215.

285 Vgl. Schulze (2000), S. 215f.

286 Diese Maßnahmen sind den Pullfaktoren zuzuschreiben, da sie auf einer Abhängigkeit anderer Personen beruhen. Vgl. Bogue (1969), S. 754.

287 Das Anwerben anderer Regionen wird als ein Sogfaktor für die Migration verstanden.

288 Vgl. Solinger (1999), S. 51.

289 Vgl. WB (2001), S. 71.

Tabelle 6: Gründe für die Suche nach einer Stadt zur Arbeitsverfolgung (in %)

	a) Mehrere Möglichkeiten	b) mitgehen von Verwandten oder Freunden	c) durch die lokale Regierung organisiert	d) durch Arbeits-vermittlungen organisiert	e) Anwerben durch eine Fabrik
Haushalte mit Migranten	33,8	31,9	0	32,4	1,9
Haushalte ohne Migranten	18,8	36,3	5	35	5

Quelle: Zhang, Mei (2003), S. 82.

Wie der Tabelle zu entnehmen ist, hat die direkte Anwerbung an Bedeutung bereits verloren. Auch wenn sie als politischer Pullfaktor zu erwähnen ist, sei festzuhalten, dass ebenfalls seitens der Empfangsregionen die Wirtschaftlichkeit derartiger Maßnahmen abgenommen hat, weil die selbstständige Arbeitsmobilität seit den 1980ern angestiegen ist. Vermutlich kommt dieser Aktion eher eine politisch-moralische Funktion zu.[290] Außerdem unterliegen die Städteregierungen der entwickelten Regionen darüber hinaus womöglich einem Zielkonflikt, weil sie einer wachsenden Zahl von Arbeitslosen gegenüberstehen. Für die Lokalregierungen der Heimatprovinzen der Migierten besteht die Attraktivität des Arbeitsexports darin, sowohl den Bevölkerungsdruck zu mindern als auch möglicherweise den Lebensstandard der eigenen Bevölkerung anzuheben.

Zuletzt ziehen die lokalen Regierungen ihren eigenen Nutzen, indem sie Gebühren von den anstellenden Einheiten und allem Anschein nach auch von den Migranten erhalten.[291] Unterstützungsmaßnahmen einzelner Lokalregierungen erreichten dabei ein außergewöhnliches Ausmaß. Folgendermaßen wurden in den Zielregionen Büros eingerichtet, um Arbeitsmarktinformationen zu beschaffen und weiterzuleiten, Hilfen bei der Vermittlung von Arbeitsstreitigkeiten zu leisten sowie berufsbezogene Trainingsprogramme für potentielle Migranten anzubieten. Insgesamt ist der Umfang der organisierten Migration aller Voraussicht nach jedoch gering.[292]

290 Dabei zeigen einige Sonderwirtschaftszonen Verantwortung für das arme Hinterland und intensiviert wieder Tendenzen zur Zusammenarbeit. Vgl. Schulze (2000), S. 270f.

291 Daher überrascht es nicht, dass Senderegionen wie Sichuan bis in die Mitte der 1990er Jahre Sollzahlen der zu exportierenden überschüssigen Arbeitskräfte bestimmten. Vgl. Murphy (2002), S. 40ff.

292 Schätzungsweise unter fünf Prozent stellen vermittelte Migranten dar. Vgl. Steinbach, Jens, Konsequenzen der Land-Stadt-Wanderung unter besonderer Berücksichtigung der Armutsmigration in der VR China seit 1990 (=Kölner China-

5.2 Wirtschaftliche Faktoren

5.2.1 Push

Gegensätzlich zur politisch angestoßenen Wanderung wird die wirtschaftliche Migration durch das Wissen (oder dem Glauben) vorangetrieben, dass bessere ökonomische Möglichkeiten an einem anderen Ort als in der Heimat vorherrschen. Dort wo es im Vergleich zu potentiellen Zielregionen erhebliche monetäre Unterschiede hinsichtlich der Gehälter und Lebenskonditionen gibt, entscheiden sich potentielle Migranten am ehesten zum Verlassen ihrer Heimat; insofern es für sie möglich ist. Die überwiegende Zahl von Migrationsentscheidungen innerhalb der Familie wird demnach aufgrund ihrer gegenwärtigen wirtschaftlichen Situation getroffen.

Arbeitslosigkeit und ländliche Unterbeschäftigung

Als zentrale Pushfaktoren werden immer wieder die Unterbeschäftigung und die Arbeitslosigkeit auf dem Land genannt, welche sich in der wachsenden ländlichen Bevölkerung bei gleichzeitigem Rückgang des zur Verfügung stehenden Ackerlandes bemerkbar macht.[293] Offizielle Stellen sowie chinesische Wissenschaftler erklären die Arbeitslosigkeit unter drei Blickwinkeln: 1. niedrige Effizienz und allgemeine Verluste der Staatsbetriebe, 2. das verlangsamende Wirtschaftswachstum und 3. der Strukturwandel der Industrie.[294] Diese Erklärungen lassen den Eindruck entstehen, Arbeitslosigkeit sei durch vorübergehende Ursachen hervorgerufen.

Demnach wird die Auffassung vermittelt, dass nach dem Verschwinden dieser temporären Auslöser die Menschen wieder Arbeit erhielten. Es scheint nicht verwunderlich, dass die Landbewohner somit große Hoffnungen in die Schaffung von Wiederbeschäftigungsmöglichkeiten setzen.

Studien Online. Arbeitspapiere zu Politik, Wirtschaft und Gesellschaft Chinas), Köln 2003.

293 Inwiefern ein systematischer Zusammenhang zwischen dem Grad der Abwanderung und der Ausprägung entsprechender ökonomischer Faktoren besteht, ist aufgrund der Datenlage in China noch nicht bewiesen worden. Außerdem scheint die Möglichkeit eines solchen Nachweises in Bezug zur Arbeitslosigkeit im ländlichen oder städtischen Raum eher fraglich. Vgl. Schulze (2000), S. 210.

294 Vgl. He (2006), S. 268. Zu (2.) ist zu bemerken, dass das Wirtschaftswachstum sich in seiner Geschwindigkeit mittlerweile zu den Jahren davor verringert, auch wenn es immer noch ansteigt. Anmerkung der Verfasserin.

Allerdings entstehen neue Beschäftigungsmöglichkeiten vorwiegend in technologieintensiven Branchen, die bevorzugt junge, qualifizierte Arbeiter suchen. Die meisten Arbeitslosen sind daher über 35 Jahre alt und verfügen oftmals über eine mittlere Bildung. Die Zahl der im Agrarsektor Beschäftigten ging von 92,4 Prozent im Jahre 1978 auf 64,9 Prozent zurück. Im Vergleich dazu stieg die Zahl der nichtlandwirtschaftlichen Beschäftigungen stetig an.[295]

Die chinesischen Arbeitsmarktstatistiken sind aufgrund dualer Arbeitsmärkte nach Stadt und Land getrennt gefasst. Dabei bezieht sich die offizielle Arbeitslosenstatistik nur auf den städtischen Arbeitsmarkt.[296] Das bedeutet, dass die Statistik nur die städtische Bevölkerung, welche sich an der Arbeitslosenregistrierung beteiligt, erfasst und berücksichtigt damit weder Wanderarbeiter noch ausgegliederte Arbeiter der Staatsbetriebe.[297] Demnach ist der Versuch ein gesamtes Bild und das tatsächliche Ausmaß der Beschäftigungsprobleme in der VRC darzustellen erheblich erschwert. Angesichts der fehlenden Daten ist die ländliche Arbeitslosigkeit nicht genau zu beziffern. Cho erwähnt eine inoffizielle Studie, der zufolge die überzähligen Arbeitskräfte etwa 200 Millionen bzw. 45-50 Prozent der gesamten Beschäftigten in der Landwirtschaft ausmachen. Darunter wurden ca. 150 Millionen Arbeitslose (30 Prozent) der gesamten landwirtschaftlichen Beschäftigten geschätzt. Folge war eine landesweite Migration mit rund 100 Millionen illegalen Landflüchtlingen, die in die Städte zogen.[298]

---

295 Vgl. ebd., S. 280f.

296 Vgl. Cho (2005), S. 129. Die genaue Definierung der Arbeitslosen gibt das National Bureau of Statistics (<http://www.stats.gov.cn/was40/gjtjj_en_detail.jsp?searchword=unemployment&channelid=9528&record=1> am 30.06.2008).

297 Die Statistiken China spiegeln die Wirklichkeit somit nicht richtig wider, weil die Daten einerseits verdreht, verschwiegen, gefälscht oder manipuliert werden. Zudem ist eine gesamtgesellschaftliche Erfassung durch die Existenz von Untergrundwirtschaften kaum möglich. Anmerkung der Verfasserin.

298 Nach Cai, Fang, The Transition of the Employment System under the Dual Labour Market, in: Foreign Affairs Bureau Chinese Academy of Social Sciences, o.O. o.J. [1999] (<http://bic.cass.cn/English/InfoShow/Arcitle_Show_Forum1_Show.asp?ID=418&Title=CurrentTrends%20and%20Thoughts&strNavigation=Home-%3EForum&BigClassID=4&SmallClassID=> am 30.06.2008). Aufgeführt bei Cho (2005), S. 130. Vgl. weiterführend Maidment , Bridget/ Borrie, Jan, The turning point for China's economic development, Canberra 2006, unter <http://epress.anu.edu.au/china/pdf/china-whole.pdf#page=160> am 23.06.2008.

Laut Todaro ist die Flucht vor der Arbeitslosigkeit ein menschlich-ökonomisches Verhalten, welches besonders durch realistische Modifikationen und den Ausbau einfacher Einkommensunterschiede repräsentiert wird. Eine hohe Arbeitslosen- und Unterbeschäftigungsrate *„must certainly affect a prospective migrant's ‚probability' of finding a job in the modern sector"*.[299] Demzufolge schließt sich an den Pushfaktor der Arbeitslosigkeit nahtlos der Aspekt des Einkommens an, denn nur durch die geringen Einkünfte am Heimatort und die Erwartung höherer Gehälter an einem anderen Zielort fassen Menschen den Entschluss zur Abwanderung.

Einkommen

Das Einkommen bzw. das Lohnniveau bilden eine der Schlüsselvariablen zur Erklärung von Wanderungsbewegungen. Besonders das zu gering empfundene Einkommen spielt eine dominierende Rolle für die Migration. Die ländlichen Einkünfte hängen stark von den natürlichen Gegebenheiten ab und in diesen Regionen sind die Einnahmen zu gering, um die gesamte Familie zu unterstützen.[300] Beinahe alle Migrationsuntersuchungen weisen auf die Bedeutung dieses Faktors hin und auch Anmerkungen von interviewten Migranten belegen die zentrale Gewichtung, die dem individuellen Einkommen beigemessen wird. Ein höherer Lohn ist in der Regel das primäre Ziel einer Arbeitsmigration. Durch die arbeitsmarktpolitischen Aspekte ergeben sich entlang regionaler, urban-ruraler sowie intralokaler Grenzen manifeste Einkommensdifferenzen.[301] Das durchschnittliche Nettoeinkommen von Bewohnern der ländlichen Regionen liegt deutlich unter dem der Städter. Diese Kluft verstärkte sich in den letzten Jahren (siehe Abbildung 12) durch die wirtschaftlichen Zuwächse in den Küstenregionen Chinas. Derartige regionale Einkommensunterschiede stellen die Hauptgründe der Migration aus den ländlichen zu den Küstenregionen wie Guangdong, Zhejiang, Jiangsu und Xinjiang dar.

299 Todaro (1969), S. 138.

300 Vgl. Zhang, Mei (2003), S. 122.

301 Vgl. Schulze (2000), S. 210.

Abbildung 11: Auseinanderentwicklung der Einkommen in Stadt und Land (in Yuan/ Jahr)

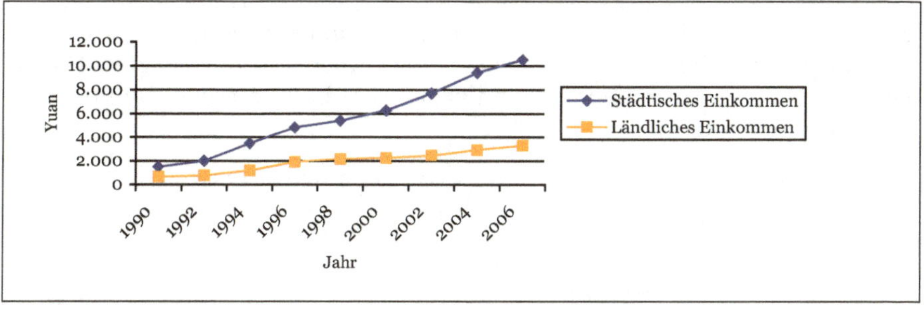

Quelle: China Statistic Year Book 2004, Zahlenwerte abgedruckt in: Kreft, Heinrich, China – Die soziale Kehrseite des Aufstiegs, in: APuZ (49/2006), S. 15-26, hier S. 18.[302]

Triebkraft seitens der Migranten ist also, wie auch Todaro erklärt, die Maximierung der Löhne. Gegensätzlich besitzen die Städte tendenziell ein Interesse daran, die Gehälter von Arbeitsmigranten möglichst gering zu halten, um ein gutes Investitionsklima zu behaupten, konkurrenzfähig zu bleiben und zugleich mittels der damit verbundenen wirtschaftlichen Entwicklung Vorteile für die regulären Stadtbewohner zu erhalten. Durch die beschränkte Datenlage der VRC lassen sich Einkommensangaben von Migranten allerdings kaum dokumentieren und vergleichen.[303]

Zum Schutz der Migranten vor zu niedriger Bezahlung wurden staatlich festgeschriebene Mindestlöhne eingeführt. Interessant ist, dass diese jährlich neu festgelegt werden. Somit soll inflationären Tendenzen Rechnung getragen und die Betriebe angehalten werden, die Löhne entsprechend anzupassen. Die Höhe der Mindestlöhne orientiert sich am örtlich-urbanen Existenzminimum. Dabei entstehen beträchtliche Unterschiede zwischen den Provinzen. In den vergangenen Jahren sind aufgrund des wirtschaftlichen Wachstums die Mindestlöhne zwar gestiegen, jedoch liegt das Niveau der Steigerungsrate noch unterhalb des Anstieges der

302 Die Zahlen von 2006 wurden von der Verfasserin zugefügt. Quelle: China, Taiwan, abrufbar unter <http://migration.ucdavis.edu/mn/comments.php?id=3306_0_3_0> am 05.02.2008.

303 Zum einen sind Menschen bei zunehmenden Wohlstandsunterschieden weniger bereit, Auskünfte über ihre persönliche Vermögenslage zu geben, zum anderen setzt sich das Einkommen in China inzwischen aus einer Vielzahl von Einzelposten zusammen, die viele Angaben problematisch erscheinen lassen. Oft wird ein Grundlohn bezahlt, der eventuell durch Prämien und Sonderzulagen ergänzt wird. Bei einer Bezahlung auf Stücklohnbasis, die überwiegend bei den Migranten in der industriellen Produktion angewendet wird, hängt das monatliche Einkommen von der Ertragslage des Betriebes ab. Vgl. Schulze (2000), S. 315.

Lebenserhaltungskosten. Die ländlichen Einkommen befinden sich deutlich unterhalb der städtischen Durchschnittslöhne.[304] Daher kann davon ausgegangen werden, dass die Migration ortshierarchisch verläuft, weil sie aufgrund höherer Einkommensgewinne mehr Anreize bietet. Dabei sind die auf der Mikroebene zu realisierenden Einkommensgewinne von spezieller Bedeutung.

Abbildung 12: Einkommen der ländlichen Haushalte nach Industrietypen (in Yuan/ Jahr)

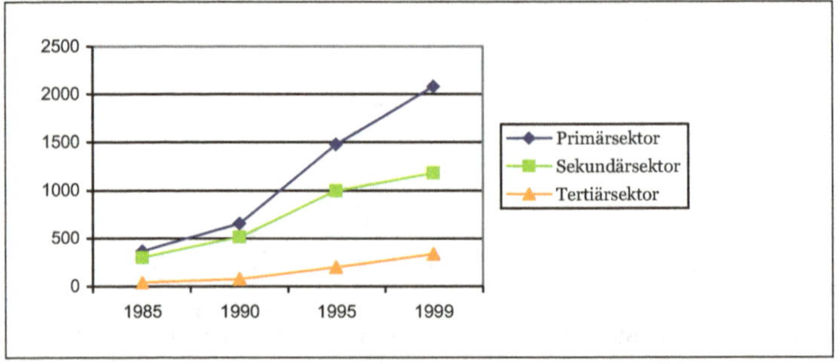

Eigene Darstellung anlehnend an den Daten des National Bureau of Statistics of China, Per Capita Annual Gross and Net Income of Rural Households (<http://202.84.17.11/english/statis/1015.htm> am 03.06.2008).

Eine weitere Überbelastung der Bauern stellt die Ansammlung der Verwaltungsorgane von Gemeinden und Kleinstädten, der inflationäre Einsatz von Personal und die willkürliche Erhebung von Abgaben dar. In den 3.000 Kreisen und 50.000 Gemeinden in China beträgt die Zahl der Kreis- und Gemeindeabteilungen 700.000, wobei 30 Millionen Personen von öffentlichen Geldern leben. Mehr als vier Millionen Dörfer verzeichnet die Landkarte Chinas und etwa 30 Millionen Kader in Dorforganisationen werden gezählt. All diese Personen werden von 900 Millionen Bauern unterhalten. Dabei ist die größte Einnahmequelle, wie Abbildung 13 zeigt, nur die Landwirtschaft, in der ihnen, wie gezeigt wurde, ein sehr geringes Einkommen zukommt. Durch diese enorme finanzielle Belastung haben immer mehr Landbewohner Schulden, was sie dazu bewegt die Migration in die Städte zur Begleichung der Verbindlichkeiten vorzuziehen.[305]

304 Vgl. ebd., S. 319-355.

305 Vgl. He (2006), S. 371f.

5.2.2 Pull

Wirtschaftliche Pullfaktoren fassen sich gemeinhin als stärkste Bestimmungspunkte der Migration. Einkommensraten und Arbeitsmöglichkeiten *„emanating from the urban system would affect whether individuals in the pool of potential migrants in fact migrate"*.[306] Das ökonomische Wachstum durch die Reformen in China steigerte das menschliche Bedürfnis, Anteil an dieser Entwicklung zu haben. Zusätzlich haben sich seit den wirtschaftlichen Neuordnungen 1978 die Verkehrswege sowie die sekundären und tertiären Sektoren in China bereits verbessert bzw. aufgebaut. Bis in die 90er Jahre wurden neue Transportmöglichkeiten in die ländlichen Regionen errichtet.[307] Die Konjunktur in den Sonderwirtschaftszonen sowie die Nachfrage nach billigen Arbeitskräften in den verschiedenen Sektoren der Städte spornen die Landbewohner zur Migration an.

Hochkonjunktur

Ganz nach der Überlegung Todaros ist die Land-Stadt-Migration durch die Einkommensdisparitäten zwischen zwei Regionen bestimmt und wird durch die wahrscheinlich sichere Anstellung in urbanen Gebieten bedingt. Es scheint, dass die Situation Chinas zu Todaros Modell korrespondiert. Allerdings ist die Migration in China von essentiellen internen Unterschieden umgeben. Einerseits gibt es eine enorme Einkommensdiskrepanz, andererseits bauen sich durch die ökonomische Reformen unzählige Arbeitsmöglichkeiten auf. Für die Erklärung der Land-Stadt-Migration in China ist das starke Einkommensgefälle zwischen Stadt und Land zu berücksichtigen, das zu Beginn der Reformpolitik durch die Erhöhung landwirtschaftlicher Aufkaufpreise und Investitionen in die Landwirtschaft zuerst sank, sich aber seit den 80er Jahren wieder erhöhte. Gleichzeitig wuchs in den Städten der Bedarf an ländlichen Arbeitskräften im Dienstleistungssektor (dieser wurde unter Mao stark vernachlässigt) als auch durch die Diversifikation von Eigentumsformen einiger Betriebe.[308]

Des Weiteren zogen besonders die seit den 1980ern etablierten und politisch unterstützten Sonderwirtschaftszonen Arbeitskräfte an. Allen voran die Region Guangdong, in welche die größten Zuwanderungsbewe-

306 Brown/ Sanders (1981), S. 155.

307 Vgl. Gailing (1997), S. 270.

308 Vgl. Scharping, Thomas/ Schulze, Walter, Labour and Income Developments in the Pearl River Delta: A Migration Survey of Foshan and Shenzhen, in: Scharping, Thomas (Hrsg.), Floating Population and Migration in China. The Impact of Economic Reforms, Hamburg 1997, S. 166-200, hier S. 177.

gungen stattfinden. Dies ist u.a. darauf zurückzuführen, dass Shenzhen, eine Stadt, die zu den am schnellsten Wachsenden der Welt gehört und immense ausländische Investitionen verzeichnet, in dieser Provinz liegt. Die urbane Industrialisierung ist ein entscheidender Faktor, welcher für die ländliche Bevölkerung die Wanderung in die Städte attraktiv macht. Speziell das Wachstum der Beschäftigungen im staatlichen Industriesektor bildet einen besonderen Pullfaktor.[309] Guangdong nimmt allen Provinzen voran eine gesonderte Stellung ein. Zusammen mit Zhejiang stellt sie die reichste Provinz Chinas dar und zieht unaufhörlich ländliche Arbeitskräfte in die Industriebranche.

Abbildung 13: Ab- und Zuwanderung der Küstenregionen

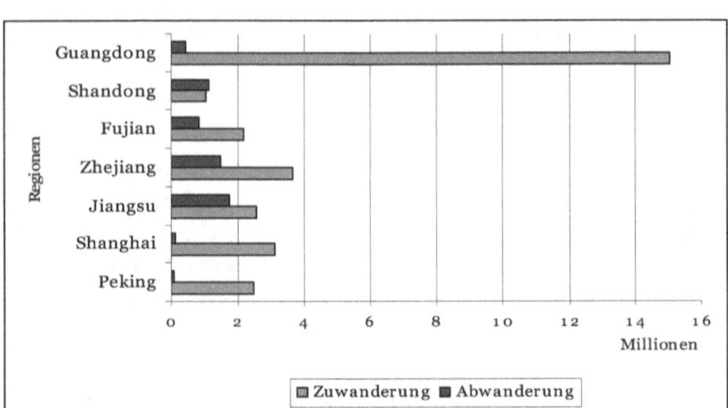

Eigene Darstellung mittels der Daten zwischen 1995 und 2000 laut Zensus 2000, aufgeführt im Anhang von Steinbach, Jens, Konsequenzen der Land-Stadt-Wanderung unter besonderer Berücksichtigung der Armutsmigration in der VR China seit 1990 (=Kölner China-Studien Online. Arbeitspapiere zu Politik, Wirtschaft und Gesellschaft Chinas), Köln 2003, S. 52.

Die ungleiche Verteilung und damit der Mangel von ländlichen Industrien stehen sinnbildlich im Zentrum des von der chinesischen Regierung propagierten Modells der kleinräumigen Migration. Die wichtigsten wirtschaftlichen Faktoren zur Erklärung der wachsenden ländlichen Einkommensungleichheit und damit der Unzufriedenheit der Landbewohner, sind durch die politische Konzentration in den Küstenregionen und den daraus resultierenden ungleichen Zugängen zu Lohneinkommen auf lokaler Ebene zu erklären. Der örtliche Mangel an Kleinindustrien erhöht hierbei beträchtlich die Wahrscheinlichkeit der Migration. Die folgende Tabelle belegt diese Behauptung. Auf Nachfrage, was die Landbewohner tun würden, gäbe es in ihrer Heimatregion eine Fabrik, antworten sie eher dort arbeiten zu wollen. Dies zeigt demnach, dass potentielle Migranten durch die Tatsache, dass sich Fabriken und somit rentable Ar-

309 Vgl. Zhang, Mei (2003), S. 36.

beitsplätze in den hochkonjunkturellen Städten befinden, auch dorthin wandern.

Tabelle 7: „Was wäre, wenn es eine Fabrik in der Nähe des Haushaltes gäbe?"

	a) Versuch dort zu arbeiten	b) Nutzung sanitärer Anlagen (wenn möglich)	c) Verfolgung kleiner Kapitalanhäufungen	d) Versuch Kinder zur Arbeit zu schicken
Haushalte mit Migranten	57,1	18,1	0	24,8
Haushalte ohne Migranten	39,4	27,3	12,1	20,2

Quelle: Zhang, Mei (2003), S. 87.

Bessere Verdienstmöglichkeiten in der Stadt[310]

Der hohe Einkommensunterschied zwischen Stadt und Land als auch unter den Regionen ist aus makrotheoretischer Sicht der Hauptantrieb für die Migration. Die Einkünfte ländlicher Bewohner steigen nur um etwa vier Prozent an, im Vergleich zu den Städten nehmen deren Gehälter um acht Prozent jährlich zu.[311] Das Einkommensniveau funktioniert also auf der Push- *und* auf der Pullseite. Maßgeblich ist bei alledem die Betrachtungsweise. Wie von Todaro erwähnt, stellt das erhoffte höhere Einkommen, welches der Zielort (wahrscheinlich) bereit hält, einen wesentlichen Bestandteil der Migrationsbewegung dar. Mit der Bewusstheit in der Stadt mehr erwirtschaften zu können, stellen die Verdienstmöglichkeiten der Industriezentren einen dominierenden Sogfaktor dar. Tabelle 8 zeigt das unterschiedliche Einkommensniveau ländlicher und städtischer Registrierter ausgewählter Küstenregionen (gelb) sowie Inlandsprovinzen und verdeutlicht die Abweichungen, die durch eine politische Registrierung beeinflusst werden.

310 Wirtschaftlich gesehen wird das Einkommen ebenfalls zum Aspekt der Hochkonjunktur gezählt. Als wichtiger Sogfaktor für Migrantionsentscheidungen werden Verdienstmöglichkeiten hier separat vorgestellt.

311 Und diese Unterschiede werden sich vermutlich erweitern. Vgl. Zhang, Mei (2003), S. 33.

Tabelle 8: Einkommen registrierter Haushalte (Auswahl)

Region	Cash Income ländlicher Haushalte (in Yuan)	Cash Income städtischer Haushalte (in Yuan)
Guangdong	1.945	3.150
Sichuan	1.269	2.610
Shanghai	4.863,9	1.000
Hunan	1.385,8	1.250
Jiangsu	3.042,9	5.100
Guizhou	643,1	880
Fujian	1.658,5	1.800
China (insgesamt)	**1.493,8**	**64.688**

Eigene Darstellung anlehnend an die Daten des National Bureau of Statistics vom ersten Quartal 2008 (<http://www.stats.gov.cn/english/statisticaldata/Quarterlydata/%3Cfont%20color=>am16.05.2008).

Auf der Mikroebene lässt also vor allem die *Hoffnung* auf bessere Verdienste potentielle Migranten den Entschluss zur Wanderung treffen. Verschiedene Studien belegen, dass Haushalte die ihr Einkommen mit nichtagrarwirtschaftlichen Verdiensten aufstocken, dazu tendieren wohlhabender zu sein als ihre Nachbarn, welche ihr Einkommen ausschließlich aus landwirtschaftlicher Arbeit einnehmen. In Orten mit wenig Industrialisierung und geschäftlichen Entwicklungen, wie Gaocheng (in Heibei), gibt es kaum Alternativen von *off-farm*-Verdiensten. Mittels politischer Kontakte und/ oder familiärer Verwandtschaften kann es einzelnen Haushalten ermöglicht werden, durch eine Migration anderen, rentablen Einkunftsmöglichkeiten nachzugehen. Eine Anstellung in der Stadt ist dabei für die Migranten einfacher, als eine außer-landwirtschaftliche Anstellung in ihrer Heimatprovinz zu finden.

Haushalte die sich an den besser vergüteten *off-farm-jobs* beteiligen, verfügen jedoch meistens über politische Kontakte oder traditionell gefragte Fertigkeiten.[312] Die Mehrheit der Wanderarbeiter wird durch den wirtschaftlichen Aufschwung im Baugewerbe in die Städte gezogen, da die dort gesuchten bzw. benötigten Arbeitskräfte einerseits keine spezielle Bildung benötigen und zudem viel mehr Gehalt bekommen (obwohl dieser Satz schon gering gestaffelt ist), als es ihnen in ihrer Heimat möglich wäre. Diese ökonomische Strategie lenkt auf die theoretischen Überlegungen des neoklassischen Erklärungsansatzes, wobei nach der *income-differential-* und *job-vacancy-Hypothese* Arbeiter dorthin wandern, wo die Vergütung ihrer Leistung und die Verfügbarkeit von Arbeitsplätzen am höchsten sind.

312 Vgl. Murphy (2002), S. 67f. und auch Solinger (1999), S. 199. Ein Beispiel ist die Kunst der Messerherstellung.

5.3 Soziokulturelle Faktoren

5.3.1 Push

Die soziokulturellen Pushfaktoren sind besonders dadurch gekennzeichnet, dass Menschen aus einer für sie unerwünschten sozialwirtschaftlichen Lage entkommen wollen. Dazu spielt das Wissen und besonders die Erwartung auf bessere Bedingungen an einem anderen Ort eine bedeutende Rolle im Entscheidungsprozess[313]. Dies muss im Hinblick auf die vorgestellten Sogfaktoren dahingehend beachtet werden, dass Individuen nicht rational handeln, sondern von der ihnen umgebenen Situation beeinflusst werden. In der soziokulturellen Kategorisierung lassen sich viele Faktoren zur Begründung der Migrationsprozesse finden. Um den Fokus der Arbeit nicht zu überspannen, werden anlehnend an Bogue und Murphy (und anderen Autoren, als auch bezüglich des zugänglichen Materials) die wichtigsten Faktoren aufgeführt.

Armut[314]

Allgemein betrachtet können die hauptsächlichen Charakteristika der chinesischen Armut als Landarmut zusammengefasst werden, welche sich in bestimmten Regionen konzentriert und prinzipiell den Agrarsektor betrifft. Vor allem in abgelegenen und Bergregionen ist das Ackerland unfruchtbar, es gibt kaum Transportmöglichkeiten und andere infrastrukturelle Probleme behindern die Entwicklung auf dem Land.[315] Derartige regionale Unterschiede und die damit in Bezug stehenden auseinander klaffenden Einkommensmöglichkeiten lassen viele Migranten den Entschluss zur Migration in die reicheren Küstenregionen treffen. Nach der vorhandenen Datenlage kann vermutet werden, dass die lokale Armut den Haupt-Pushfaktor ausmacht. Dies wird durch das Gefälle durchschnittlicher ländlicher Einkommen und Lebensstandards vor einer Mig-

---

313 *Decision making process.*

314 Auch wenn Armut aus wirtschaftlichen (sowie politischen) Konsequenzen resultiert, nimmt die Verfasserin die Auswirkungen als soziokulturellen Faktor an. Armut soll aus mikrotheoretischer Sicht nicht als wirtschaftlicher, sondern als soziokultureller Pushfaktor gefasst werden.

315 Vgl. Oakes, Tim, Selling Guizhou. Cultural development in an era of marketisation, in: Hendrischke, Hans/ Chongyi, Feng, The Poliical Economy of China's Provinces. Comparative and competitive advantage, London und New York 1999, S. 31-72, hier S. 33.

ration bekräftigt. Der Lebensraum pro Kopf von Personen vor ihrer Migration ist 23 Prozent geringer als der Durchschnitt von Haushalten in Guangdong.[316] Speziell die Regionen Sichuan, Hunan, Jinagxi Anhui und Guizhou stellen die armen Gegenden Chinas dar, aus denen, wie die folgende Abbildung zeigt, die meisten Menschen migrieren.

Abbildung 14: Ab- und Zuwanderung in den ländlichen Regionen

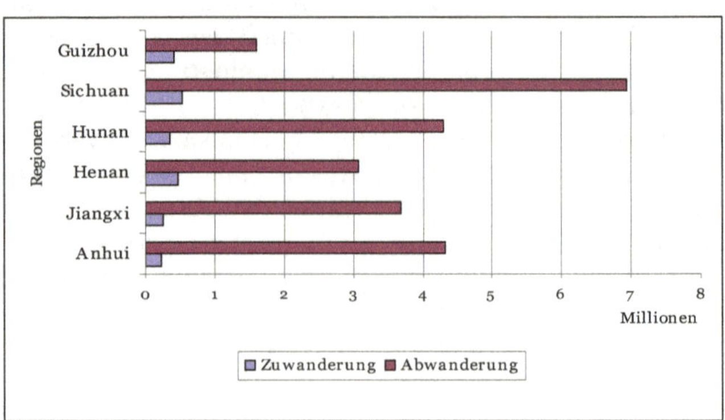

Eigene Darstellung mittels der Daten zwischen 1995 und 2000 laut Zensus 2000, aufgeführt im Anhang von Steinbach, Jens, Konsequenzen der Land-Stadt-Wanderung unter besonderer Berücksichtigung der Armutsmigration in der VR China seit 1990 (=Kölner China-Studien Online. Arbeitspapiere zu Politik, Wirtschaft und Gesellschaft Chinas), Köln 2003, S. 52.

Es scheint zudem interessant, dass etwa 20 Prozent der Land-Stadt-Migranten angeben nach der Migration kein Farmland mehr zu bewirtschaften.[317] Wie im ersten Kapitel dieser Arbeit aufgeführt, wird zwischen einer relativen und absoluten Armut unterschieden. In Bezug auf China wird größtenteils - besonders in den ländlichen Gebieten - von einer absoluten Armut ausgegangen. Die Migration kann damit einerseits eine Flucht aus dieser Notlage darstellen. Bei der Wanderung aus relativer Mittellosigkeit steht dagegen die Verbesserung der eigenen Lebensumstände im Mittelpunkt.

Auch wenn nach offiziellen Angaben die Zahl der in absoluter Armut lebenden Chinesen von 250 Millionen im Jahr 1978 auf 32 Millionen im Jahr 2000 zurückgegangen ist, lebten nach international gebräuchlicher Armutsgrenze von einem Dollar pro Tag 1998 noch 106 Millionen Menschen auf dem Land in absoluter Armut. Aufgrund des höheren Wachstumstempos in den östlichen und zentral gelegenen Provinzen befanden

316 Die Angaben sind aus dem Jahre 1993. Vgl. Scharping (1999), S. 83.

317 Vgl. Scharping (1999), S. 83.

sich nach einer Weltbankstudie im Jahr 1996 70 Prozent aller (ländlichen) Armen im Nord- und Südwesten Chinas.[318]

Es muss dennoch beachtet werden, dass das Mobilitätsniveau von Armen trotzdem geringer ist als von wohlhabenderen Familien. Den Menschen, die unter der absoluten Armutsgrenze leben, fehlt es an entsprechenden Migrationsmechanismen, d.h. besonders an der Entwicklung von Migrantennetzwerken. Zudem ist zu bezweifeln, dass die Migration in Armenkreisen mit der Armenmigration gleichzusetzen ist. In China sind die absoluten Armen nur unterdurchschnittlich mobil. Der Grund dafür ist die mit Kosten verbundene Wanderung als auch die mangelnde Informationslage über Beschäftigungsmöglichkeiten. Zusammengenommen scheint mitunter relative Deprivation[319] eher als die absolute Armut Auslöser einer Migration zu sein.

Verfall der bäuerlichen Kultur

Im Kontext der Untersuchung steht die Frage nach den Migrationsgründen ländlicher Bewohner. Deshalb ist die Erörterung bäuerlicher Verhältnisse und Entwicklungen für die Darstellung des kulturellen Pushfaktors wichtig. Im Vordergrund steht dabei die Begutachtung der kulturellen Bedingungen auf dem Land. So ist für den Aufbau einer Dorfkultur die Erhöhung des Bildungsniveaus der Bauern eine wichtige Voraussetzung. Das Verhältnis zwischen städtischer und ländlicher Bevölkerung in China beträgt 3:7, trotzdem werden 80 Prozent der Bildungsressourcen von Städtern in Anspruch genommen. Der niedrige Bildungsstand der bäuerlichen Bevölkerung beeinflusst somit die dörfliche Kultur. Laut Zahlen des Statistikamtes kommen auf 100.000 Dorfbewohner nur 492 Personen mit einem Bildungsniveau von einer Fachhochschule oder höher (in den Städten sind es 8.899 Personen) und 42.756 Personen mit einem Grundschulabschluss oder gar keiner Schulbildung.[320]

Hauptgrund für das niedrige Bildungsniveau ist die Schwierigkeit der Familien das Schulgeld aufzubringen. Zwar erhält die Mehrzahl der Kinder eine Grundschulausbildung, doch der Anteil derer, die anschließend

318 Vgl. World Bank, China: Overcoming rural poverty, Washington D.C. 2001, S. xi-xiii und S. 3-7.

319 Vgl. Stark, Oded (1991), S. 1165ff.

320 Angaben nach dem China Statistical Yearbook 2002. Aufgeführt in He (2006), S. 372f. Entsprechende Vergleiche lassen sich anhand der zur Verfügung stehenden Daten des National Bureau of Statistics erkennen. Allerdings sind nur ältere Daten einsehbar. Siehe aus dem Jahre 2000 (<http://www.stats.gov.cn/english/statisticaldata/yearlydata/YB2000e/D09E.htm> am 13.06.2008).

eine Mittelschule besuchen, sinkt auf 40 Prozent. Auch wenn die neunjährige Schulpflicht in China gepriesen wird, erhalten die Bauern mit ihrem niedrigen Einkommen keinerlei Vergünstigungen für die Zahlung der Schulgelder. Die Regierung konzentriert die Investitionen eher auf die Städte, so dass die Grundausstattungen der Schulen von Land und Stadt erhebliche Unterschiede aufweisen. Daraus ergeben sich praktische Probleme, dass Landbewohner, welche in die Stadt zur Arbeitssuche ziehen, sich der gut ausgebildeten städtischen Bevölkerung gegenüber stehen sehen. Aufgrund des ansteigenden wissenschaftlich-technischen Niveaus ergeben sich für die minder Ausgebildeten Schwierigkeiten auf dem Arbeitsmarkt in den neuen Wirtschaftssektoren eine Beschäftigung zu finden. Dies verdeutlicht die Absicht der Bauern, den einzigen Ausweg aus ihrer Lage nur in der Verdingung als Wanderarbeiter in der Schwer- und Bauindustrie zu finden. *„Das chinesische Dorf"*, so Qinglian He *„ist zu einem schrottfreien Waggon geworden, der sich vom Schnellzug abgekoppelt hat."*[321]

Suche nach neuen Werten

Neben den kulturellen Schwierigkeiten auf dem Land sind nicht nur finanzielle Aspekte für den Einzelnen Grund seine Heimat zu verlassen. Zunächst sind viele ländliche Familien von traditionellen Sichtweisen beeinflusst, einmal durch die tradierte Gesellschaft als auch die Zeiten unter Mao. Sie denken, dass nur diejenigen zur Migration in die Städte privilegiert sind, die eine Universität besuchen, in einem staatlichen Unternehmen beschäftigt sind oder einer Lehrtätigkeit nachgehen. Die soziale Position spielt dabei eine weitaus bedeutendere Rolle als das Einkommen. Diese Vorstellung ist nicht unbegründet, denn mehrere Untersuchungen belegen, dass einige Migranten über eine relativ gute Ausbildung verfügen. Der Wunsch ein spezifisches Ziel zu verfolgen wie eine bessere Ausbildung, spornt dabei junge, gebildete Menschen an, ihre Heimat zu verlassen.[322] Dies belegt die folgende Abbildung. Dennoch sei zu bedenken, dass die meisten Migranten im Vergleich dennoch über eine sehr geringe Bildung verfügen. In Berücksichtigung auf die Grundgesamtheit des Landes besitzen die Landbewohner nur eine notdürftige Schulbildung.

321 He (2006), S. 374.

322 Diese Art der Migration wird *target moves* genannt. Vgl. De Jong/ Fawcett (1981), S. 42.

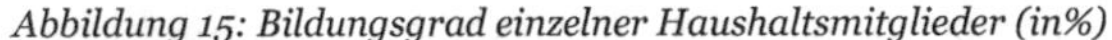

Abbildung 15: Bildungsgrad einzelner Haushaltsmitglieder (in%)

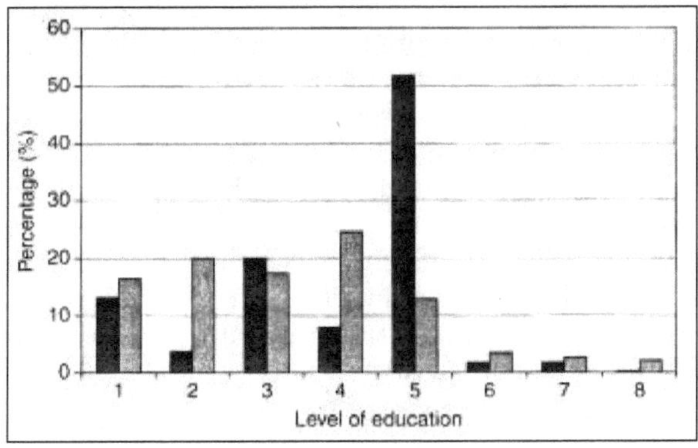

Quelle: Zhang, Mei (2002), S. 75. Die dunklen Balken stellen Haushalte mit Migranten dar, während die Hellen die Haushalte ohne Migranten wiederspiegeln. 1=illiteracy/almost illiteracy; 2=junior primary school; 3=senior primary school; 4=junior middle school; 5=senior middle school; 6=special secondary school; 7=high school; 8=higher education.

Eine andere Beeinflussung von Familien geht von bereits migrierten Familienmitgliedern aus. Positive Erfahrungen veranlassen potentielle Migranten hart zu arbeiten und jegliche Mühsal auszuhalten, um ihre Lebensqualität steigern zu können.[323] Aber auch durch ihre traditionellen Wurzeln weisen Familien einzelne Mitglieder auf, welche sich zur Migration entschließen, besonders Frauen. Ihnen kommt immer noch ein geringerer Status zu als den Männern. Als Mitglied ihrer Familie werden sie auch von ihnen bestimmt. Ohne jegliche Rechte dekretiert der Mann über die Arbeit und den Haushalt seiner Partnerin. Ebenso wird durch die Ein-Kind-Politik über den Körper der Frau, ihre Sexualität und persönliche Autonomie bestimmt. Darum entscheiden sich viele junge Frauen vor der Ehe zur Migration und einer Arbeit nachzugehen, um etwas Geld anzusparen und wenigstens einmal in ihrem Leben in der Stadt gewesen zu sein und eigenes Kapital unabhängig von der Familie verdient zu haben. Die hohe Beteiligung von Frauen an der Migration ist jedoch noch nicht als Indikator für Gleichberechtigung oder Ausdruck von Emanzipation zu betrachten. Durch die neuen Möglichkeiten, die sich in den Städten für junge Menschen bieten, ist die Entscheidung der Frauen zur Migration eher eine Art Akt ihr Selbstwertgefühl zu erhöhen.

„Ich wollte gern woanders hin, mehr sehen von der Welt und einen Weg finden, um Geld zu verdienen."[324]

323 Vgl. Zhang, Mei (2003), S. 87.

324 Interviewte Xie Qiang (Fallbeispiel A2), Vgl. Schulze (2000), S. 213.

Auch die Aussicht auf eine überzeugendere Arbeitsstelle als die bisherige bildet einen nicht unwesentlichen Grund zur Abwanderung und ist nicht nur unter monetären Faktoren zu begreifen. Diese Tatsache greift jedoch wieder vornehmlich bei Migranten mit städtischem Hintergrund, da diese Personen ihre Arbeitsposition verbessern und die eigene Karriere fördern wollen.[325] Bei ländlichen Migranten kann die Aufgabe einer unbefriedigenden Arbeit als Migrationsgrund *und* als Hinweis auf die unattraktiv empfundene Beschäftigung in der Landwirtschaft verstanden werden. Mehr über die „andere" Welt zu erfahren ist dabei ein nicht zu unterschätzender Grund, die Heimat zu verlassen. Laut Umfragen von Mei Zhang geben 21 Prozent an in die Städte zu ziehen, um sich den traditionellen Fesseln ihrer Familien zu entlegen.[326]

5.3.2 Pull

Der Zugang zu Informationen bezüglich der Möglichkeiten in der Stadt ist ein maßgeblicher Faktor der Migrationsentscheidung. Es gilt zu bedenken, dass Individuen nicht als isolierte Personen agieren. Die Zuzüge in die Städte erfolgen meist in kleineren Einheiten. Fast 72 Prozent aller Migranten haben Bekanntschaften in ihren Zielregionen, was sie aufgrund eines Sicherheitsgefühls zusätzlich in diese Regionen zieht.[327] Durch diese Verwandten oder Freunde, welche meistens selbst einmal Migranten waren, erfahren die Wanderer oft zuerst über Arbeitsmöglichkeiten und die Situation vor Ort. Das bedeutet, dass bezüglich der Pullfaktoren das eindeutige Bewusstsein über die Lage am Zielort in den meisten Fällen noch nicht gegeben ist und somit eher Hoffnungen widerspiegelt.

Absicherungsmöglichkeiten

Mit der Absicherung bestimmter Lebensverhältnisse und wirtschaftlicher Verbindlichkeiten geht die Suche nach einer Arbeitsstelle einher. Aufgrund der gewissen Hoffnung, in den Industrieregionen eine Anstellung zu finden, wird diese Determinante diesem Abschnitt zugeteilt, da die Mehrheit potentieller Migranten mit jener Vorstellung die Wanderung rechtfertigt. Die Arbeitssuche wird in vielen Erhebungen als das häufigste mit der Zuwanderung verbundene Ziel genannt. Dies korrespondiert mit den bevorzugten Abwanderungsgründen von geringem Einkommen,

325 Vgl. ebd., S. 212.

326 Vgl. Zhang, Mei (2003), S. 122.

327 Vgl. Scharping (1999), S. 88.

Unzufriedenheit mit der Arbeit und der überschüssigen ländlichen Arbeitskraft. Es ist jedoch zu beachten, dass aufgrund des aufkommenden öffentlichen Diskurses der letzten Jahre in Bezug auf Arbeitsmigration in China viele Migranten vermutlich bereits der Einfachheit wegen ihre Ab- oder Zuwanderung mit dieser Antwort begründen.

Die Verbindung zwischen materiellen Interessen und Neugier[328] betont die vielfältige Anziehungskraft, die von den industriellen Städten und Regionen auf Menschen aller Teile Chinas Einfluss hat. Nicht nur die Erfüllung beruflicher Wünsche, sondern auch eine Art Horizonterweiterung wird von den jeweiligen Migranten angestrebt - etwas, das die Herkunftsregion ihren Einwohnern nicht bieten kann und somit zum mit auslösenden Faktor der Migration wird. Die Akkumulation und der Transfer von Humankapital bietet den Haushalten die Möglichkeit, neue Fertigkeiten zu erlernen und ihr finanzielles Pensum aufzustocken.[329] Die wirtschaftliche Absicherung wird demnach im Sinne der Migrationsbedingungen als Wohlstandsverfolgung gesehen. Durch die Entwicklung neuer Sektoren ergeben sich für die Migranten auch neue Einnahmequellen, die für sie rentabler sind als die Beschäftigung auf dem Land. Namentlich der sekundäre und tertiäre Sektor bildeten sich in den letzten Jahren zunehmend heraus. Hauptsächlich das Baugewerbe zieht die ländlichen Migranten an, da bekannt ist, dass es trotz der schweren Arbeit gute Bezahlungen gibt.[330]

Ein entscheidender Pullfaktor ist die Anstellung in einer Fabrik oder einem anderen Unternehmen in der Stadt. Interessant ist, dass die Migranten mit einem offiziellen *Hukou* andere Ziele anstreben als diejenigen ohne eine Aufenthaltsgenehmigung. *Hukou*-Migranten (Personen im Besitz eines temporären *Hukou*) wandern überwiegend aus Gründen des *„work-transfers"* und Jobzuweisungen, während Migranten ohne ein *Hukou*, welche zudem eher aus Selbstinitiative wandern, fast ausschließlich zu generellen Arbeitszwecken ihre Heimat verlassen. Diese werden

328 Diese Annahme Skeldons, der die Neugier als eine wichtige Variable des Zuzuges in eine Zielregion erklärt, ist auf China übertragbar. Siehe dazu vollständig ders., International Migration within and from the East and Southern Asian Region: A Review Essay, in: Asian and Pacific Migration Journal (1/1992), S. 19-63.

329 Vgl. Hare, Denise/ Zhao, Shukai, Labor Migration as a Rural Development Strategy: A View from the Migration Origin, in: Zhao, Yaohui/ West, Loraine, Rural Labor Flows in China, Berkeley 2000, S. 148-178, hier S. 160.

330 Vgl. ebd., S. 165. Die Bezahlungen in dem Baugewerbe der Stadt sind wesentlich rentabler als das Einkommen ähnlicher Arbeiten auf dem Land. Anmerkung der Verfasserin.

in privaten Unternehmen vornehmlich eingestellt, weil sie für die Arbeitgeber günstiger und unproblematischer sind.[331]

Ehemigration

Laut Bogue besteht ein Pullfaktor aus der Suche bzw. dem Nachgehen eines bestimmten Zweckes. Aufgrund der Migration getrennte Eheleute ziehen daher in Betracht, ihrem Partner in die Stadt zu folgen. Die so genannte *marriage migration* ist eine elementare Determinante der Bestimmungsfaktoren zur Migration. Beinahe 50 Prozent befragter Migranten geben dies als Grund dafür an, die Heimat und teilweise auch die alte Arbeitseinheit verlassen zu haben. Dabei ist diese Kategorie zu über 90 Prozent weitgehend von Frauen dominiert und vorherrschend in der Stadt-Stadt-Migration. Grund dafür sind die Meldegesetze, die es Migranten anderer Städte ermöglichen schneller einen regulären Wohnsitz zu erhalten, und damit die Familienzusammenführung erleichtert.[332] Die folgende Tabelle zeigt die Verteilung von Migrationsgründen. Die Etablierung durch eine Ehe migriert zu sein ist im Gegensatz zu den anderen Variablen beachtlich. Die Antwortkategorie der Heirat impliziert dabei auch die Abwanderung von bereits verheirateten Partnern.

Tabelle 9: Verteilung von Migrationsgründen (in %)

Job-Transfer	Job-Vermittlung	Arbeit und Handel	Bildung	Verwandtschaft	Pensionierung	Familienwanderung	Heirat	andere
12.4	5.6	10.8	9.9	10.1	1.8	16.1	26.5	6.9

Daten nach Ma Z./ K.L. Liaw/ Zeng Y., Migration in the Urban/ Rural Hierarchy of China: Insights from the Micro Data of the 1987 Migration Survey, in: Environmental and Planning (5/1996), S. 877-890, Tabelle 1. Übernommen von Davin, Delia, Migration, Women and Gender Issues in Contemporary China, in: Scharping, Thomas (Hrsg.), Floating Population and Migration in China. The Impact of Economic Reforms, Hamburg 1997, S. 297-314, hier S. 299.

In China ist es mittlerweile üblich, dass verheiratete Migranten später ihre Ehefrauen nachholen. Gerade bei ländlichen Migranten ist der Anteil bereits verheirateter Personen mit 40-50 Prozent so hoch, dass inzwischen nicht mehr nur junge Männer migrieren. Dieser Umstand wird wahrscheinlich durch das Elternhaus beeinflusst. So gibt es Berichte von Widerständen in ländlichen Familien, die aus Sorge um die Kinder die Abwanderung erst nach einer Heirat und gemeinsam mit dem Ehepartner erlauben. Demnach lässt ein hoher Anteil an verheirateten Migranten auf eine beachtliche Folgemigration von Ehepartnern schließen.[333]

331 Vgl. Chan (1999), S. 56. Die Migration auf Basis der Selbstinitiative zu Arbeitszwecken begründet auch Ronald Skeldon.

332 Vgl. Schulze (2000), S. 332.

333 Vgl. ebd., S. 326.

„Weil die Familie mir fehlte, habe ich meiner Frau eine Stelle [als Näherin] besorgt. [...] Auf unser Kind passen meine Eltern zu Hause auf. So können meine Frau und ich uns oft sehen, aber wir haben kein normales Familienleben, da wir [...] keine gemeinsame Wohnung haben. Bei der Arbeitseinheit wohnen die Mitarbeiter immer zu mehreren zusammen."[334]

Etwa 78 Prozent der verheirateten Frauen leben mit ihren Ehemännern und 40 Prozent der Mütter mit ihrem Kind zusammen. Von den viele Eltern, welche von ihrem Kind getrennt sind, sehen 87,3 Prozent ihren Nachwuchs nur ein- oder zweimal im Jahr.[335] Generell gilt die Heirat als eine Strategie der Familie eine Verbindung zu einer mächtigen oder erfolgreichen Familie einzugehen. Neben dem Einkommen kommt dabei der Registrierung eine wichtige Bedeutung zu. Denn selbst wenn das Einkommen beider relativ ähnlich ist, wird eine Familie mit einer städtischen Registrierung bevorzugt.[336] Dieser Umstand zeigt, dass die Heirat eine Migration hervorrufen kann, wenn der Ehepartner ein Städter ist. Bei Frauen ist eine derartige Wanderung des Öfteren zu beobachten, da ein urbaner Mann eher eine ländliche Frau als Gattin nimmt als umgekehrt. Solche Aspekte sind in der Kultur der Städter verwurzelt, die sich gegenüber den Landbewohnern in einer Sonderstellung sehen.

5.4 Zusammenfassung und Zwischenfazit

Die Gründe für die Migration sind allesamt stark von arbeitsbezogenen Aspekten geprägt. Für die Mehrheit der Migranten stellt das zu geringe Einkommen den vorrangigen Grund zur Abwanderung dar, woraus eine starke Unzufriedenheit als auch Abhängigkeit zwischen den ländlichen Bewohnern resultiert. Phelim Kine, Asienforscher von HRW, bestätigt: *„for the majority of migrant workers, the trip to the city is to pursue a dream of greater financial security and income which can help put children through school and pay for the medical expenses of elderly relatives, etc."*[337].

Ein weiterer Punkt ist die familienbezogene Migration, welche den Großteil der Land-Stadt-Wanderungen bestimmt, daher spielt auch die begleitende Wanderung in Form von Gruppenwanderungen unter Freunden oder Bekannten sowie der Nachzug des Partners eine wichtige Rolle. Zur Begründung des Zuzuges und damit einhergehend mit den

334 Fallbeispiel A2, Schulze (2000), S. 227f.

335 Vgl. Survey of One Thousand Female Migrant Workers (2007).

336 Vgl. Davin (1997), S. 300f. Diese Art der Heiratsvermittlung soll in dieser Arbeit jedoch nicht näher beleuchtet werden.

337 In einem Email-Interview mit der Verfasserin.

Pullfaktoren, ist die Arbeitsplatzsuche als spezifisches Merkmal anzumerken. Laut Schulze stellt dieser Faktor ein überragendes Migrationsmotiv dar[338] und gilt besonders für Migranten mit ländlicher Herkunft. Selbst wenn die Migration nicht ausschließlich aus diesem Grund resultiert, findet trotzdem ein Eintritt in den Arbeitsmarkt statt.[339]

Industrie, Konstruktion, Transport und Handel sind die attraktiven Hauptbeweggründe für Migranten, die ihren Lebensstandard verbessern wollen. Ihre Arbeitsleistung ist wesentlich höher als in ländlichen Regionen der *Outmigration*[340]. Zudem ist der Anteil der interregionalen Migranten mit wachsender Größe und wirtschaftlichem Einfluss der Zielregionen wesentlich höher und unterliegt außerdem einem zeitlichen Wachstum.[341] Neben den ökonomischen Entwicklungen setzen die politischen Verhältnisse die Grundsätze einer möglichen Wanderung voraus. In China ist mit dem Migrationskontrollapparat (*Hukou*) eine Funktion geschaffen worden, welche es den potentiellen Migranten verwehren soll sich in die Städte zu bewegen. Jedoch haben die Maßnahmen der chinesischen Regierung einen begrenzten Wirkungsradius, um illegale Aufenthalte der Bauern in urbanen Regionen zu vermeiden. Zwar gingen mit den Reformen Lockerungen der Bevölkerungskontrolle einher, allerdings greifen diese Regelungen noch immer und bestimmen willkürlich den Status der Landbewohner, welche augrund dessen andere Entscheidungen zur Migration treffen als Chinesen mit einer städtischen Registrierung.

Trotz der Beeinflussung wirtschaftlicher und politischer Faktoren auf die Migrationsbewegungen, erklären sie die Wanderung nicht im eigentlichen Sinn. Auch wenn Migranten derartige strukturelle Rahmenbedingungen als Grund für die Abwanderung angeben, muss folglich beachtet werden, dass sie nicht gleichermaßen die Ursachen der Bewegungen sind. Problematisch ist, dass die meisten Migrationstheorien zudem nur die wirtschaftlichen Aspekte berücksichtigen (Sjaastad; Todaro), was sicherlich eine entscheidende Variable darstellt, jedoch die Anstöße zur Migration nur ungenügend beschreiben.

Wie gezeigt werden sollte, sind die soziokulturellen Faktoren für die Wanderungsentscheidung ausschlaggebend, weil sie von der Einheit gesteuert werden, der die Erlöse[342] zugesprochen ist. Individuen agieren

---

338 Vgl. Schulze (2000), S. 239.

339 Daher lassen sich Trennungen zwischen der Arbeitsmigration und anderer Wanderungsbewegungen nur sehr schwer fassen.

340 Die *Outmigration* beschreibt im Gegensatz zur *In-Migration* die Abwanderung aus den Heimatregionen.

341 Vgl. Scharping (1999), S. 83ff.

342 Gewinn aus der Wanderarbeit.

demnach kollektiv nicht nur zur Erweiterung des finanziellen Einkommens, sondern laut der neoklassischen Wirtschaftstheorie auch zur Minimierung der bestehenden Risiken[343]. Viele Migranten handeln aber auch aus persönlichen Gesichtspunkten. Sie sind auf der Suche nach *etwas*, sei es Arbeit, sei es Zufriedenheit, das Neue oder sich selbst.

In Bezug auf China kann mit Sicherheit gesagt werden, dass die räumlichen Bedingungen in der Migrationsentscheidung kaum eine Rolle spielen. Die temporären allerdings schon, denn viele Bauern migrieren wie angemerkt zu bestimmten Zeiten, um trotzdem noch die Felder bestellen zu können.[344] Zudem kann der temporäre Aspekt ebenfalls auf die Altersstruktur der Migranten gezeichnet werden. Wie sich herausstellte, wandern vorwiegend junge Menschen ab, wenngleich sie mehrere Jahre der Wanderarbeit nachgehen bzw. an ihrem Zielort verweilen. Der eigentliche Antrieb kann demnach nur der individuell verankerte Wunsch nach Realisierung eigener Lebensziele sein, von denen geglaubt wird sie erfüllen zu können. Dabei stellen sich vor allem für China in den letzten Jahren sichtbar ökonomische Aspekte heraus.[345]

Ein überaus wichtiges Kriterium ist darüber hinaus die Freiwilligkeit der Wanderungsbewegungen. Dies gilt auch für die administrativ unterstützten Migrationen mit Verlegung des Wohnsitzes. Daher ist es wichtig das Eigeninteresse der Migranten im Auge zu behalten. Nur so wird deutlich, dass die Selektivität das Resultat von Einzelentscheidungen ist, welche von den Migranten selbst getroffen werden. Die Migration wirkt also in vielerlei Hinsicht selektiv. De Jong et al. argumentieren, dass die Suche nach Zufriedenheit (eine ebenfalls den soziokulturellen Pushfaktoren zuzuschreibende Variable) als Motivation zur Migration und nicht nur als Anreicherung von Kapitalmitteln gesehen werden muss.[346] Es ist jedoch fraglich, ob derartige Behauptungen auf die chinesi-

343 Darunter zählen Krankheit einzelner Mitglieder, Bildung der Kinder und etwaige unvorhersehbare Ereignisse. Siehe dazu insgesamt Stark (1991).

344 Die temporäre Migration ist von der permanenten zu unterscheiden, weil bei der registrierten, temporären Wanderung die Möglichkeit der Migrationskontrolle gegeben ist, welche bei einer illegalen, aber dauerhaften Migration für die entsprechenden Kader größere Schwierigkeiten darstellt. Siehe dazu die Arbeiten von Goldstein/ Goldstein (1987) sowie Skeldon (1992).

345 Vgl. Schulze (2000), S. 211. So beschreibt auch Delia Davin, dass viele Landbewohner "believe their lives are hard, but that if they can endure the difficulties for a short time they will save or improve their prospects enough to make it all worthwhile." Davin (1999), S. 116.

346 Vgl. De Jong, Gordon F./ Chamratrithirong, Aphichat/ Tran, Quynh-Giang, For Better, For Worse: Life Satisfaction Consequences of Migration, in: International Migration Review (3/2002), S. 838-863, hier S. 841. Diese Studie stützt ihr theoretisches Konstrukt auf die Erklärung von Migrationsbewegungen in Thailand.

schen Wanderarbeiter zutreffen, weil sie primär in Anbetracht ihrer familiären Verpflichtung handeln. Angesichts der fehlenden Daten- und Interviewquellen kann diesbezüglich keine eindeutige Interpretation vorgenommen werden. Trotzdem ist aufgrund anderer Untersuchungen (wie die von De Jong et al. untersuchten Migrationsabsichten von Thailändern) die Suche nach Zufriedenheit, die sich in der Arbeit, dem Verdienst bzw. dem Einkommen und den Lebensumständen widerspiegelt, als eine wesentliche Variable der Bestimmungsfaktoren der Migration zu sehen.

Es ist recht kompliziert die einzelnen Faktoren (politisch, wirtschaftlich, soziokulturell) voneinander abzutrennen, da sie einander bedingen. Trotz dieser Schwierigkeit erwies sich das Push/Pullparadigma als überaus wertvoll für die spezifische Darstellung wichtiger Bestimmungsfaktoren der Migration. Wie bereits Bogue anmerkte, müssen die einzelnen Aspekte nach Kosten-Nutzen- und Wertvorstellungen modifiziert werden. So können ökonomische und soziale Einflüsse auf das Migrationsverhalten von Individuen erfasst werden.[347] Auch Lee, auf dessen Überlegungen das benutzte Modell zurückzuführen ist, meinte dass nicht nur die tatsächlichen Faktoren am Herkunfts- und Zielort, sondern auch die Wahrnehmung dieser Faktoren eine Wanderung hervorrufen.[348] Informationsquellen und persönliche Kontakte beeinflussen somit zusätzlich die einzelnen Entscheidungsstrategien.

Festzuhalten ist überdies, dass die Verfasserin nach eingehenden Studien die Faktoren bestimmte und sich für die prägnantesten entschied, welche die Wanderung chinesischer Landbewohner beeinflussen. Denn selbstverständlich sind auch Faktoren wie Umweltbelastungen[349] und Kriege oder politische Verfolgungen ein Anstoß zum Verlassen der Heimatregionen. Im Bezugsrahmen der vorliegenden Arbeit wurden nur Bedingungen für eine binnenländliche Arbeitsmigration berücksichtigt, welche sich als Land-Stadt-Bewegung charakterisiert. Insgesamt ist zudem zu betonen, dass die Arbeitsmigration in China positive Effekte hervorbringt. Diese sind hinsichtlich des Einkommens des ländlichen Haushalts einerseits in der Erhöhung des Lohnniveaus und andererseits in seiner Verteilung zu erkennen.[350] Die Migration wird dabei von Personen bevorzugt, welche glauben, dass die Wanderung ihnen Möglichkeiten einer Langzeit-Ausrichtung des angestrebten Lebensstandards ermög-

347 Vgl. Bogue (1969), S. 752-756.

348 Vgl. Lee (1972), S. 119.

349 Siehe dazu weiterführend Fullen, Mike/ Mitchell, David J./ Barton, Andrew P. u.a., Soil Erosion and Conservation on Subtropical Arable in Yunnan Province, South-west China, in: Cannon, Terry, China's Economic Growth. The Impact on Regions, Migration and the Environment, Wiltshire 2000, S. 279-292.

350 Vgl. Hare/ Zhao (2000), S. 166.

licht. Von der Annahme die Migration sei eine Kurzzeitstrategie, ist demzufolge Abstand zu nehmen.

Neben diesen Erkenntnissen zu den Bestimmungsfaktoren der binnenländlichen Arbeitsmigration in China lässt sich im Hinblick auf die zentrale Fragestellung zu den Migrationsabsichten feststellen, dass die chinesischen Landbewohner durch eine Vielzahl von politischen, wirtschaftlichen und soziokulturellen Gründen beeinflusst werden sich für die Migration zu entscheiden. Angesichts der aufgezeichneten treibenden Kräfte stehen die Migranten auch vielen Barrieren gegenüber. Diese Hindernisse ergeben sich während des Migrationsaufenthaltes in den Städten. Welche diese sind, wie und in welchem Umfang sie Einfluss auf die Migranten haben, wird in dem sich anschließenden Kapitel 6 erläutert. Dazu soll die gleiche Unterteilung in politische, wirtschaftliche und soziokulturelle Faktoren erhalten bleiben, um eine inhaltliche Umordnung zu vermeiden.

6 BEHINDERUNGEN DER MIGRATION

6.1 Politisch: Wachsende Elite

Die bisherigen Erörterungen beschreiben die Bestimmungsfaktoren der Migration, welche als so genannte *Drivers* agieren. Migranten sehen sich jedoch auch Hürden gegenüber stehen, welche ihr Dasein in der Stadt belasten. Der politische Standpunkt in dieser Diskussion nimmt einen wesentlichen Faktor ein, denn die Politik Pekings ist in den Städten prädominierend und bestimmt überdies die Art und Weise wie Migranten aufgenommen als auch die Hindernisse mit denen sie konfrontiert werden. Bereits die Beschreibung der Migranten als *floating population* zeigt, dass sie einer gesonderten Gruppe angehören, die sich durch das *Hukou* hervorheben.

Politische Elitenbildung

Seit Beginn der Reformen hat sich das zentralisierte, „monolithische" Staatswesen geteilt. Das Planungssystem und sozialistische Gemeineigentum waren die grundlegenden Charakteristika für den Entwicklungsmechanismus und die soziale Struktur Chinas. Die Hoffnung der chinesischen Reform lag darin, das Eigentum an gesellschaftlichen Ressourcen entsprechend den veränderten Interessen neu zuzuweisen.[351] Jedoch begann dieser Prozess mit der Vermarktung von Macht und führte zur Privatisierung von Staatseigentum. Ergebnis ist eine auffällige Ungleichheit in der Verteilung nationaler Ressourcen und damit gleichzeitig Ausgangspunkt der Umstrukturierung der gesellschaftlichen Schichten Chinas. Durch eine Angliederung von Kapitalakkumulationen[352] der Machthaber und der damit verbundenen Monopolisierung des Gesamtkapitals gab es Schwierigkeiten in der Entstehung einer Mittelklasse. Obwohl die Führungsschicht, die den Bestand des Gesamtkapitals kontrolliert, relativ klein ist, verfügt sie über die Befehlsgewalt im politischen, ökonomischen und kulturellen Leben. Dabei entwickelte sich die individuelle Korruption in eine organisierte und durchdringt derweilen einen Großteil des Partei- und Staatsapparates in China.

351 Vgl. Zhang, Mei (2003), S. 85ff.

352 Darunter zählen beispielsweise die Bereicherung von Beamten Mitte der 1980er und der Handel mit Hochschulabschlüssen Mitte der 1990er Jahre. Nach Aussagen von Sun Liping in einer chinesischen Zeitung, zitiert in He (2006), S. 419.

Die politische Elite[353] weist einen hohen Beständigkeitsgrad auf, da viele ihrer Angehörigen früher Positionen innerhalb des Planwirtschaftssystems bekleideten. Die eigentliche Elite besteht aus hohen Staatsfunktionären, hochgradigen lokalen Funktionären und Angehörigen staatseigener Institutionen. Mit den Reformen glich sich diese Elite an und hat sich von einer politischen Führungsschicht der Planwirtschaft zu einer wirtschaftlichen Macht in der Marktwirtschaft gewandelt. Die Reform des sozialistischen Systems ist ein entlang zweier Linien vorangetriebener Prozess: zunächst wird die anfangs als „Schwarzmarkt" existierende „Sekundärwirtschaft" legalisiert; dann wird die Redistributionsmacht aus einigen Gebieten zurückgezogen, um die Marktkräfte entfalten zu lassen. Auch wenn das Staatsmonopol geschwächt wird, kontrolliert es weiterhin einen großen Teil der politischen und ökonomischen Ressourcen. Der Aufstieg dieser politischen Elite monopolisiert wichtige Quellen wie Privateigentum, Kapital und Arbeitsverträge. Mit der sukzessiven Herausbildung eines Klassenbewusstseins dieser Elite ist auch in den Städten der Beginn eines Wandels festzustellen, wobei sich exklusive Wohnviertel und Stadtteile herausbilden und eine deutliche Teilung in Reich und Arm festzustellen ist.[354]

„Sie helfen uns nicht, sie nehmen uns immer wieder fest. Politisch unterdrücken sie uns und wirtschaftlich beuten sie uns aus." „In jeder Behörde haben sie versucht mich zu betrügen, ich weiß nicht mehr wie ich weiterleben soll."[355]

Die Arbeiterschicht, inklusive der Bauern und Wanderarbeiter, stellt infolgedessen einen marginalisierten Bevölkerungsteil dar. An ihren Rechten können sie sich kaum festhalten, wenn Regierungsbeamte korrupt agieren und einen großen Einfluss auf die Gesellschaft ausüben. Viele Opfer von Korruption, Enteignung und Betrug aus den Provinzen hoffen wenigstens in der Hauptstadt Gerechtigkeit zu erfahren. Vor dem staatlichen Beschwerdeamt[356] versammeln sie sich und hoffen angehört zu werden. Doch täglich vertrösten entsprechende Posten die Ankläger und lassen sie von Zivilbeamten beobachten und mitunter verhaften. Dies verdeutlicht den unterprivilegierten Status, der vor allem der Landbevölkerung aufgrund ihres *Hukous* zukommt.

---

353 Der Begriff der politischen Elite wird in dieser Arbeit als ein Teil der chinesischen Gesellschaft verstanden, welcher durch eine besondere Machtfülle und somit politische Einflussmöglichkeiten verfügt. Eine ausführliche Auseinandersetzung zu diesem Begriff gibt Hartmann (2006) in Kapitel 4.4 seines Buches.

354 Vgl. He (2006), S. 418-425.

355 Verschiedene Interviewaussagen ländlicher Bewohner in Peking aus „Chinesen suchen vermisste Söhne" gesendet im ZDF Heute Journal vom 18.09.2007 (<http://www.zdf.de/ZDFmediathek/startseite> am 01.07.2008).

356 Nennung in: „Chinesen vermissen ihre Söhne" (ZDF Heute Journal).

Hierarchische Migrationskontrolle

Bis zu Beginn der 80er Jahre hat das strikte System der Haushaltsregistrierung den Zuzug der Landbevölkerung in die Städte gänzlich verhindert und damit den Zusammenhalt der Familie aufrechterhalten, die eine entscheidende Rolle für die soziale Sicherung auf dem Land spielte. Zugleich führte dieses System für die ländliche und städtische Bevölkerung auch zu einer starken Ungleichbehandlung durch den Staat. Die Bevölkerung Chinas wurde ursprünglich durch ihre Getreidevorräte eingestuft. Das Getreide der städtischen Einwohnerschaft wurde vom Staat zugeteilt, die Rationen der ländlichen Bewohner hingegen von den jeweiligen Produktionsteams. Somit war es nicht einfach für die Bauern ihre Felder zu verlassen, weil ihre Familien harte Strafen erwarteten und sie keine Nahrungsmittelzuteilungen mehr bekamen. Mit dieser Strategie kontrollierte die Regierung die Land-Stadt-Wanderung mehr als 20 Jahre.[357] Nach den Reformen konnten die einzelnen Kader die Migranten nicht mehr direkt kontrollieren.

Abbildung 16: Migrationskontrolle

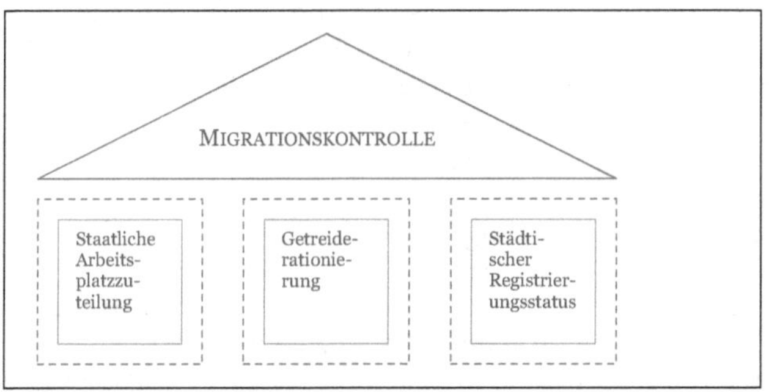

Eigene Darstellung anlehnend an den Erläuterungen von Schulze (2000), S. 68; 75.

Das *Hukou*-System regelt und begrenzt noch immer in einer Hierarchieform (Abbildung 17) die binnenländliche Migration. Auch wenn durch die Reformpolitik die direkten Subventionen der Regierung an die städtische Bevölkerung abgenommen haben, agiert das Haushaltssystem als politische Funktion der sozialen Kontrolle. Es gibt nur zwei Wege das ländliche *Hukou* in ein städtisches zu ändern: entweder durch einen Hochschulabschluss, sportliche Erfolge durch den Gewinn hochrangiger Sportereignisse wie Olympia oder die Möglichkeit, dem Militär als Offizier in der People's Liberation Army (PLA) zu dienen. Jedoch versuchen

357 Vgl. Zhou (1996), S. 142.

die lokalen *Hukou*-Behörden jegliche Anfragen eindeutig zu prüfen und in den meisten Fällen zu unterbinden.[358]

Chinesen, die in den Metropolen und vor allem als Randschicht in den Städten leben und arbeiten und über kein gültiges lokales oder temporäres *Hukou* verfügen, sind immer wieder Angriffsziele und können rechtens verhaftet sowie in ihre Heimatdörfer zurückgesendet werden.[359] Im Besonderen der letzte Aspekt manifestiert einen Besorgnis erregenden Umgang mit den Grundrechten, welche nur bei Einhaltung bestimmter formaler Kriterien, in diesem Fall dem Besitz eines gültigen *Hukou*, erfüllt werden. Außerdem gibt es keine unabhängigen Interessengruppen der Arbeiter, die ihre Rechte stärken könnten. Damit wird ein nachteiliger Effekt untermauert, denn derartige Aufgaben werden von administrativen Einrichtungen wie dem Arbeitsamt ausgeübt[360] und scheinen wenig im Sinne der Wanderarbeiter zu handeln.

Das wichtigste soziale Kontrollorgan des HRS der VRC ist die *Hukou*-Polizei. Über 300.000 zivile Beamte in öffentlichen Sicherheitsbüros und Polizeistationen kontrollieren landesweit die Menschen nach ihrem Registrierungsgrad. Dabei sammeln sie Informationen über jegliche Verhaltensweisen und Bekanntschaften.[361] Die Frage, ob dies sozial-human gerechtfertigt ist, stellt sich anhand der chinesischen Strukturen intern nicht. Der Zweck der Einstufung der Bevölkerung diene dem Zweck *„to better protect the good people and restrict the bad"*[362]. Die Zielpersonen sind hauptsächlich Migranten. Die Regierung rechtfertigt ihr Vorgehen mit der Begründung, dass statistisch gesehen die meisten Verbrechen in den Städten Chinas von ländlichen Migranten begangen werden. Das *Hukou*-System agiert somit rechtlich als *„institutionalized exclusion and division based on tight restriction of internal migration, especially migration from rural to urban areas"*[363]. Insgesamt gesehen verfügen weniger als fünf Prozent der Landbewohner über eine nichtagrarkulturelle Registrierung[364], womit die länd-

358 Lange Wartezeiten und Anrufe der Zentralregierung zählen zu derartigen Verfahren. Vgl. Wang (2005), S.87f.

359 Vgl. Davin (1999), S. 118.

360 Vgl. Schulze (2000), S. 447.

361 Nach acht Kategorien werden die Personen befragt und eingestuft, diese sind laut Fei-Ling Wang: 1) current behavior including political attitude and activities; 2) family and personal financial status and standard of living; 3) personal friends and relations including love relations, 4) physical features including body size and shape; 5) accent and slang use; 6) personal character and hobbies; 7) daily association and 8) other consequential past activities. Vgl. ders. (2005), S. 101.

362 Aussage des MPS, in: ebd. (2005), S. 103.

363 Ebd., S. 111.

364 Vgl. Hare/ Zhao (2000), S. 151.

liche Bevölkerung systematisch von Sozialleistungen ausgeschlossen wird.

„Can you understand what it means to be a man without [urban] hukou?

Life is like walking atightrope."[365]

Um auf illegalem Weg eine städtische Registrierung zu erhalten, versuchen die Landbewohner die lokalen Behörden mit Geschenken, Geldzuweisungen und Getreiderationen zu bestechen, um ein urbanes *Hukou* zu erwerben und sind teilweise bereit ihr gesamtes Gespartes dafür auszugeben.[366] Denn obwohl es rechtliche Bestimmungen zu dem Haushaltsregistrierungssystem gibt, haben die lokalen Kader ihre eigenen Ermessungsspielräume, die Bestimmungen des *Hukou* zu verändern. Die chinesische Bürokratie ist durchzogen von korrupten Beamten, die sich nicht um die Bestimmungen scheren und die Antragsteller schikanieren und verhaften.[367]

Fehlende Repräsentation der Landbevölkerung und Bildungsbarrieren

Diskriminierungen gegenüber der Landbevölkerung werden hauptsächlich durch die lokalen politischen Eliten herbeigeführt, denn sie können kurzerhand Anweisungen bezüglich des *Hukou* erweitern bzw. einengen. Im öffentlichen Dienst werden die politischen Barrieren besonders hinsichtlich der mangelhaften Repräsentation der Landbevölkerung in lokalen Volkskongressen sowie der eingeschränkten Bildungsmöglichkeiten der Bauern sichtbar. Die LPCs (*local people's congress*) verfügen über geringe signifikante Macht und räumen nur wenig volkstümliche politische Partizipation in China ein. Damit werden ländliche *Hukou*-Träger und somit auch die Migranten vor allem in den Wahlstrukturen benachteiligt. Denn per Gesetz repräsentieren Abgeordnete der LPCs etwa viermal mehr Wähler als ihre Kontrahenten in den Städten, womit die Interessen der Migranten und der Landbevölkerung deutlich unterrepräsentiert sind.

Migranten dürfen laut des Registrierungsgesetzes nur in ihrem Heimatort ihre Wahlstimme abgeben. Auch wenn einige Örtlichkeiten wie Peking diesbezügliche Reformen erließen, die es den Migranten erlauben an ihrem aktuellen Aufenthaltsort ihre Stimme abzugeben, müssen diese zuvor zurück in ihre Heimat um eine öffentliche Bewilligung zur Wahlteilnahme an einem Zielort einzuholen. Derartige Anforderungen stellen

365 Interviewaussage der Wanderarbeiterin Li Mingwei. In: Zhou (1996), S. 140.

366 Vgl. ebd. (1996), S. 140.

367 Vgl. Wang (2005) S. 99.

besonders für arme Migranten ein unlösbares Hindernis dar und lassen sie deshalb auf ihre Wahlrechte verzichten.[368]

Bildungschancen sind in China ähnlich verzerrt, weil die Aufstiegsmöglichkeiten für ländliche Bewohner sehr begrenzt sind. Das Bildungsministerium entwickelte ein striktes System auf *Hukou*-basierenden Bestimmungen zur Vergabe von Studienplätzen. Nur eine bestimmte Anzahl von Personen werden zur Aufnahme an einer Hochschule zugelassen, wobei Städter durch ihr *Hukou* im Wesentlichen bevorzugt werden. So vergibt Peking mit 10 Millionen permanenten Ansässigen nur 25.000 Studienplätze. Chinesischen Studenten mit einem *Hukou* in Peking ist zudem gewährt, 150 Punkte weniger erreichen zu müssen als die ländlichen Mitstreiter, um den Platz an einer Hochschule zu erhalten.[369] Die Land-Stadt-Wanderung steht somit verschiedenen Diskriminierungsbarrieren gegenüber, weil die Migranten ein ländliches *Hukou* besitzen und nicht die Vorzüge öffentlicher Dienste auskosten können. Gegenwärtige Reformen liberalisieren vielmehr die Begrenzungen der Reichen und Gebildeten und treiben die Ausgrenzung der Wanderarbeiter voran, während sie eine Unterschicht von Migranten kreieren.

Aktionen gegen die Migranten

Zumindest ein Teil der Migranten in den Städten ist potentiell Maßnahmen der städtischen Verwaltung ausgesetzt, welche die urbane Existenz der Migranten immer wieder in Frage stellt. In den wenigsten wissenschaftlichen Beiträgen wird die Thematik der Vertreibungsversuche der Migranten aus den Städten beleuchtet. Derartige Maßnahmen sind eher dem Begriff „Säuberungen" untergeordnet.

Ein Ziel derartiger Handlungen seitens der Regierung ist die Entfernung von Personen aus der Stadt, die entweder keine Aufenthaltsgenehmigung besitzen, noch in einem legalen Arbeitsverhältnis stehen (was die Mehrheit der Migranten betrifft, die über keinen Arbeitsvertrag verfügen) oder keine feste Wohnung vorweisen können. Im chinesischen Sprachgebrauch werden diese Bevölkerungsgruppen als *„Drei-ohne-Personen"*[370] bezeichnet. Besonders Menschen, welche einen geringen Berufsstatus haben, deren *Hukou* nicht in der Stadt gemeldet ist in der sie arbeiten,

368 Vgl. CECC (2005), S. 10.

369 Vgl. ebd., S. 10.

370 Es heißt, dass die Säuberungen der „Drei-ohne-Bevölkerung" die wirtschaftliche Entwicklung fördere. Vgl. Schulze (2000), S. 429. In der Recherche lässt sich diese Bezeichnung im Englischen als "three nos personnel" oder im Chinesischen als „sanwu renyuan" verfolgen. Anmerkung der Verfasserin.

laufen Gefahr, unter die Maßnahmen der *„clean-ups"* der Städte zu fallen.[371]

Da sich Berichte darüber nur in der örtlichen Presse finden, sollen die Aufzeichnungen Schulzes, welcher zudem Interviews mit Vertretern der Ämter für öffentliche Sicherheit durchführte, hier repräsentativ für viele stehen. Nach seiner Darstellung gibt es derartige Aktionen bereits seit den anfänglichen 80er Jahren. Doch besonders in den 1990ern stiegen die polizeilichen Aktivitäten in den Industriestädten im Hinblick auf die Migrantenverfolgung an. Ziel der jeweiligen „Säuberungen" sind die außerordentlich vielen Migranten, die sich nach chinesischem Gesetz illegal in Stadtgebieten aufhalten und sich demzufolge der direkten Kontrolle der Verwaltung enthalten. Die Verfolgungen richten sich offiziell an die Auslese von illegalen zu temporären Migranten, welche sich deshalb unzulässig in der Stadt aufhalten, weil sie a) ohne Einschaltung des Arbeitsamtes angeworben wurden; b) die Vermietung von Wohnraum auf dem freien Markt ohne Genehmigung möglich ist; c) der Zuzug von Händlern und Bauern als auch deren Angehörige, die auf den Landwirtschaftsmärkten ihre Ware verkaufen, sich schon länger in der Stadt aufhalten und damit schwer zu kontrollieren sind; sowie d) das Arbeits- und Gewerbeamt als auch die Polizei ungenaue Prüfungen durchführen und nur geringfügig mit Personal ausgestattet sind. Formell wird die *„Drei-ohne-Bevölkerung"* als Entwicklungshemmung der Wirtschaft betrachtet und nur registrierte Arbeitsmigranten sollen unterstützt werden.[372]

Die im Rahmen der einmal im Jahr durchgeführten „Säuberungen" festgenommen Personen werden zunächst in Aufnahmelager geschafft, bevor sie in ihre Heimatdörfer gebracht werden. Jedoch fallen Kontrollen, ob diese Transporte erfolgreich waren, mehr als spärlich aus. Die Migranten kehren meist schnell wieder in die Städte zurück. Ein chinesischer Journalist beschrieb diese Situation treffend: *„Nach dem Regen ist der Boden*

371 Human Rigths in China (HRIC), Not Welcome at the party: behind the "clean-up" of China's Cities. A Report on Administrative Detention under "Custody and Repatriation", New York 1999 (<http://www.hrichina.org/public/PDFs/Reports/C-R_99.pdf> am 30.06.2008).

372 Der Verkauf von Gütern sowie das Anbieten von Serviceleistungen im informellen Sektor wird von den Behörden als Störung der sozialen und wirtschaftlichen Ordnung markiert. Vgl. Schulze (2000), S. 430f. Derartige Säuberungsaktionen wurden auch im Vorfeld der Olympischen Spiele 2008 durchgeführt. Um das Stadtbild von den vielen, bepackten Wanderarbeiter zu befreien, gibt es Verbote und Kontrollen, dass sich die hunderten Migranten, welche beispielsweise dem Platz des Hauptbahnhofes auf ihre Züge warteten, nicht mehr dort aufhalten dürfen. Anmerkung der Verfasserin.

gleich wieder trocken"[373]. Diese politischen Aktionen zeigen, inwiefern die Migranten willkürlichen Kategorisierungen und der staatlichen Propaganda ausgesetzt sind. Allein wegen ihres Registrierungsstatus' und ihrer Herkunft werden sie politisch verfolgt.

6.2 Wirtschaftlich: Krisen der „Volks"-Wirtschaft

Aus der ökonomischen Perspektive lässt sich argumentieren, dass die Behandlung der Arbeitsmigranten eventuell mit deren quantitativer Präsenz zusammenhängt. Durch die vielen Millionen Wanderarbeiter verschlechtern sich die Verhandlungspositionen der Einzelnen und sorgen als Ergebnis für Benachteiligungen in den jeweiligen Arbeitsverhältnissen. Aufgrund der schwierigen Datenlage sind diesbezüglich allerdings keine eindeutigen Aussagen zu treffen.

Trotz des seit Januar 2008 in Kraft getretenen Arbeitsschutzgesetzes versuchen die Firmen mit illegalen Methoden die Migranten zu binden. Nach dem Gesetz muss bei einer Beschäftigung von einem Monat ein Arbeitsvertrag abgeschlossen werden. Die Firmen nutzen jedoch jede Nische um dieses Gesetz zu umgehen. Bevor die Frist abgelaufen ist, entlassen sie die Arbeiter wieder, woraufhin mehr als 80 Prozent der Wanderarbeiter ohne Verträge arbeiten.[374] Die rechtliche Grundlage ist den wirtschaftlichen Gegebenheiten somit nichtig und findet hier weniger Beachtung. Vielmehr sollen in dem folgenden Kapitelkomplex die wirtschaftlichen Barrieren, die einerseits durch die Wanderschaft ausgelöst werden und mit denen die Migranten umgehen müssen, vorgestellt werden.

Beschäftigungskrise

Der städtische Arbeitsmarkt ist eng mit der marktwirtschaftlichen Transformation verbunden. Der Anteil der im Staatssektor Beschäftigten städtischen Bevölkerung ging von 78,3 Prozent im Jahre 1978 auf 34,9 Prozent im Jahr 2000 zurück. Ebenso verlieren der Kollektivsektor und das Einzelgewerbe deutlich an Beschäftigungswachstum. Mit der betrieblichen Arbeitsreform wurden Losungen wie *„niedriger Lohn, hohe Sicherung, hohe*

---

373 Aufgeführtes Zitat aus der Shenzhen Tequbao vom 28.12.1990, in: Schulze (2000), S. 442.

374 Vgl. „Mehr Rechte für die chinesischen Wanderarbeiter" gesendet im ZDF Morgenmagazin vom 18.01.2008 (<http://www.zdf.de/ZDFmediathek/startseite> am 01.07.2008).

Beschäftigungsrate" durch *„hohen Lohn, niedrige Sicherung, niedrige Beschäftigungsrate"*[375] ersetzt. Arbeiter und Angestellte wurden vorwiegend aus den Staatsbetrieben in den alten Industriestädten und Bergbaugebieten Chinas entlassen.

Die Zahl der bankrotten Staatsunternehmen stieg in den 90ern dramatisch an und verschlechterte die Lage der Arbeiter immens. Doch der Staat ignorierte das Problem der sozialen Gerechtigkeit und begann mit Reformen des Gesundheits-, Wohnungs- und Schulgebührensystems, was die Armut der städtischen Familien verschlimmerte, da ein sozialer Aufstieg immer schwieriger wurde. Durch die zahlreichen Entlassungen bilden sich in vielen Städten Slums. Nach offiziellen Angaben gab es im Jahr 2002 eine städtische Armutsbevölkerung von 15,89 Millionen. Aber die Experten vermuten eine Zahl zwischen 25 und 31 Millionen Menschen, das entspricht etwa 7 bis 10 Prozent der gesamten städtischen Bevölkerung.[376]

Mit den Umstrukturierungen der Staatsbetriebe in den 90er Jahren kam es zu den ersten ernsthaften Beschäftigungskrisen in den Städten Chinas. Auch wenn der ausländische und private Sektor einen Beschäftigungszuwachs verzeichnete, konnte dies nicht den Rückgang der Angestellten im Staatssektor kompensieren. Ebenso gewann die Dienstleistungsbranche in den letzten Jahren an wirtschaftlichem Wachstum, stellte jedoch zunehmend qualifizierte Mitarbeiter ein. Die Massenentlassungen werden seitens der offiziellen Statistiken nicht aufgezeichnet, da Langzeitarbeitslose und Nichtregistrierte nicht zu den Arbeitslosen zählen.[377] Da Fabrikmanager in den SWZs nach Belieben eigene Löhne festsetzen und Personen einstellen bzw. entlassen können und die Arbeitsgehälter oftmals unter dem Niveau Hong Kongs oder Taiwans liegen, fallen diese Raten für die Wanderarbeiter deutlich niedriger aus als für städtische Arbeiter in staatlichen Fabriken.[378] Aus wirtschaftlicher Sicht werden Arbeitsmigranten angeheuert, weil sie nicht nur billig sind, sondern im Überfluss existieren und obendrein die (harte) Arbeit ausführen, welche die Städter verachten. Die Beschäftigungskrise durchzieht sich somit

375 Beide Aussagen sind gängige chinesische Gesellschaftsfloskeln. Abgedruckt in: Zhang, Wei (2005), S. 142.

376 Vgl. ebd. Der konkrete Betrag des Existenzminimums ist von Stadt zu Stadt unterschiedlich und ändert sich jährlich.

377 Vgl. Cho (2005), S. 130ff. Laut offiziellen Statistiken beträgt die städtische Arbeitslosigkeit zehn Prozent. Laut einer internen Studie des Shanghaier Bürgermeisters wird die Arbeitslosenrate aller chinesischen Städte jedoch auf 15 und 20 Prozent geschätzt. Vgl. Roberts (2002), S. 147.

378 Vgl. Davin (1999), S. 116.

durch die städtischen Schichten und kreiert eine Missachtung gegenüber den Migranten.

Illegale Beschäftigungsfelder

Neben den Kräften des Arbeitsmarktes die sich für die Migranten positiv auswirken, gibt es auch zunehmend Tätigkeiten, die von den Behörden nachdrücklich bekämpft werden. Dies gilt besonders für Prostitution, Glücksspiel und Drogenhandel.[379] Seit Mitte der 80er Jahre steigt die Zahl der Prostituierten. Bis 1997 betrug sie landesweit etwa 1.1 Millionen und heutzutage gehen Schätzungen von einer weitaus höheren Anzahl aus. Zumeist junge Frauen aus ländlichen Gebieten arbeiten in dieser Branche und sind mit einem dreifachem Druck konfrontiert: verbrecherische Macht, Geld und Gesundheit. Auch wenn die chinesische Propaganda gegen das horizontale Gewerbe kämpft, sind die Prostituierten vor allem im Süden bzw. am Rande der Großstädte wie Shanghai, Kanton und Shenzhen vermehrt vorzufinden.[380]

Wenngleich die eigentliche Ursache für diese illegalen Beschäftigungen nicht in der gestiegenen Zuwanderung zu sehen ist, werden Migranten überdurchschnittlich hoch in derartige Aktivitäten eingebunden. So sagen es zumindest die von den Polizeibehörden geführten Statistiken. Pauschal wird davon ausgegangen, dass 90 Prozent der kriminellen Handlungen von Migranten begangen werden.[381] Ob dieses Maß jedoch der Wirklichkeit entspricht oder eher die Suche nach Sündenböcken von Einheimischen und Behörden darstellt, bleibt aufgrund der ungenügend vorhandenen Datenlage fraglich.[382] Vermutlich nehmen Polizisten in den Städten Migranten eher fest und schreiben ihnen die Straftaten willkürlich zu, da sie aufgrund ihres *Hukou* und illegaler Aufenthalte kaum Rechte in den Städten besitzen und kaum die finanziellen Mittel für entsprechende Klagen aufbringen können.

---

379 Siehe dazu Auszüge aus dem Criminal Law of the People's Republic of China unter besonderer Beachtung des Chapter VI Crimes of Obstructing the Administration of Public Order und der Artikel 358-362 (<http://www.women.org.cn/english/english/laws/07.htm> am 08.07.2008).

380 Vgl. Zhang, Wei (2005), S. 138.

381 Vgl. Schulze (2000), S. 295f.

382 Schulze spricht von den undeutlich quantitativen Rückschlüssen, die aus Verhaftungen gezogen werden können, weil nur selten Variablen wie Altersstruktur, Bildungsgrad o.ä. angegeben und mit entsprechenden Bevölkerungsausschnitten verglichen werden. „Häufig wird in den Angaben nur auf festgenommene Personen Bezug genommen, ohne auf die wirkliche Schuld zu verweisen." Schulze (2000), S. 296.

Im Gegensatz zu kriminellen Akten wie Raub, Diebstahl und Drogenhandel floriert die Prostitution in den Städten Chinas als verstecktes, toleriertes Gewerbe. In Tanzlokalen, Saunen oder Frisörsalons werden diese Tätigkeiten ausgeführt, obgleich sie nicht legal sind und derartige Einrichtungen immer wieder von den Polizeikörpern kontrolliert werden. Nachweislich sind in der Prostitution viele weibliche Migranten involviert. Für sie lohnt sich diese Beschäftigung finanziell mehr als die meisten Fabrikarbeiten, was auf die mittlerweile begrenzte Anzahl an Frauen in China zurückzuführen ist. Zum anderen hat sich die Wert- und Moralvorstellung in China immens verändert. Die weite Bevölkerung akzeptiert das Gewerbe und weiß um die schlechte Stellung der Frauen, die sich dieser Arbeit hingeben und zu Opfern von Straftaten wie Misshandlungen oder gar Mord werden.[383] Aufgrund der oft naiven Vorstellung in die Stadt zu ziehen und eine gute Arbeit zu finden, verlieren sich viele Wanderarbeiter in illegalen Tätigkeitsfeldern. Dieser Umstand ist als eine Behinderung der Migration zu sehen, weil er nicht der ursprünglichen Vorstellung der Wandernden entspricht und sie auch unwissend in die Illegalität getrieben werden und sich strafbar machen.

6.3 Sozio-Kulutrell: „Down-Up"-Ansehen[384]

„In a year, farmers spend two months celebrating the New Year Festival, four months farming and six months idling."[385]

Neben den beschriebenen „Rahmenbedingungen" auf der politischen und wirtschaftlichen Ebene, ergeben sich auch soziokulturelle Disparitäten. Nicht nur, dass Wanderarbeiter in den Städten als Sündenböcke für jegliche Straftaten verrufen sind, die politische Propaganda und die Medien schüren zudem das Bild eines Lumpenproletariats vom Lande, das von den Städtern fraglos akzeptiert wird. Folglich werden die Landbewohner zu einem Gesellschaftsmitglied zweiter Klasse - ganz im Gegen-

383 Die Prostitution unterliegt zudem seit Jahren den Mafia-Organisationen und wird somit von den Polizeistellen vieler Verwaltungsgebiete durch Schutzgebühren gedeckt. Vgl. He (2006), S. 406ff. Weiterführend zu diesem Thema: Jeffreys, Elaine, China, Sex and Prostitution. London 2004.

384 Aussage des HRW-Asienforschers Phelim Kine in einem Emailinterview mit der Verfasserin.

385 (Städtischer) Volksspruch. Vgl. Gailing (1997), S. 268.

satz zu der gepriesenen Landespolitik unter dem Schirm des Sozialismus - diskreditiert. Der folgende Abschnitt beschreibt die Umgangsweisen und Vorurteile der Städter gegenüber den Migranten und welche Folgen dies für sie hat.

„Anti-Ländler-Auffassung"

Unter den tausenden Wanderarbeitern befindet sich ein beträchtlicher Anteil von An- bzw. Semialphabeten. Naiv und unwissend kommen sie in die Küstenregionen und finden oftmals keine Arbeit. In allen Groß- und Mittelstädten gibt es zahlreiche Migranten, die herumlungern, über kein Geld verfügen und keinerlei Kenntnisse und Fertigkeiten besitzen. Die meisten Straftaten wie Raub, Diebstahl, Prostitution und Glücksspiel werden deshalb der Wanderbevölkerung zugeschrieben. Durch die Reformen der Staatsbetriebe und den damit verbundenen Entlassungen vieler Städter profitieren wiederum die Migranten und werden seitens der städtischen Bevölkerung als Bedrohung der sozialen Stabilität und Konkurrenten der arbeitslosen Städter gesehen.

Die feindselige Betrachtung der Migranten in den Städten erweitert die soziale Schere zwischen ihnen und den lokalen Registrierten.[386] Die Stadtbewohner haben von den Migranten keine gute Meinung, sie meinen, dass die Lebensqualität in den Städten durch die Wanderarbeiter gesunken und die soziale Sicherheit zerstört sei. Die städtische Bevölkerung steht den unzähligen Migranten daher abweisend gegenüber. Der ihnen entgegen geschmetterte Vorwurf lautet, dass sich durch sie die Kriminalität in den Städten verschärfen würde und sie für Unordnung sorgten. Beschwerdebriefe, die sich mit Vorwürfen und Ärger sowie Vorurteilen vermischen, widerspiegeln diese Ablehnung.[387]

---

386 Vgl. Wong, Daniel Fu Keung/ Li, Chang Ying/ Song, He Xue, Rural migrant workers in urban China: living a marginalised life, in: International Journey of Social Welfare (16/2007), S. 32-40, hier S. 36f.

387 Vgl. zu den vorliegenden Aussagen (Box): Fallbeispiele 11.3 und 11.4: Protestbriefe gegen Migranten in Foshan und Shenzhen, in: Schulze (2000), S. 430f.

> *„Diese Migranten haben keinen Sinn für Sauberkeit. […] Das Ganze stinkt zum Himmel. […] Die Moskitos vermehren sich in Massen und es gibt unzählige Kröten. […] diese Bauarbeiter haben kein Benehmen. [Aus] großer Höhe [werfen sie] Sand und Steine herunter. Es ist eine ständige Staubwolke, die unser Leben beeinträchtigt." „[Es wurden] bereits mehrere Dutzend Haushalte illegaler Migranten errichtet. […] Der Schrott sieht sehr hässlich aus [und] das verwendete Baumaterial ist sehr leicht entflammbar. […] Der Ort ist eine einzige Müllhalde. […] Die Migranten sind alle arbeitslose Vagabunden."*

In Anbetracht derartiger Vorwürfe ist es fraglich, ob hier nicht an einer klassischen Sündenbock-Identität gefeilt wird. Denn scheinbar werden städtische Probleme willkürlich auf die Migranten projiziert. Zudem ist die Zuordnung der Migranten zu einer Kategorie (*„Drei-ohne-Personen"*) sichtlich banal. Eine rechtmäßige Meldebescheinigung eines längeren Besuches kann sicher mit der Aufnahme einer vom Arbeitsamt nicht genehmigten Tätigkeit einhergehen. Eine große Zahl legal Beschäftigter mit Arbeitsverträgen versäumt es jedoch, ihr *Hukou* jährlich zu erneuern. Da viele Migranten auch Laden- oder Restaurantbesitzer sind und gar als Mieter teurer Wohnungen auftreten, ist es nicht möglich, alle Migranten als verarmtes Lumpenproletariat zu bezeichnen.[388]

Derartige Andeutungen scheinen in der Reflexion, wie viel Kontakt Städter mit Migranten haben, fragwürdig. Das Negativbild gegenüber den Wanderarbeitern wird größtenteils von den Medien verbreitet. Nach erhobenen Untersuchungen der Autoren Ding und Stockman haben städtisch Registrierte kaum direkte Zugänge zu den Migranten und urteilen dennoch schlecht über sie. Die stärksten Auseinandersetzungen zeigt die folgende Tabelle. Dabei gaben die Gesprächspartner den Einfluss der *floating population*[389] auf den Verkehr bzw. Transport als auch die Sicherung des Eigentums als besorgniserregendste Variablen an, von denen sie glauben dass sie von den Wanderarbeitern beeinträchtigt werden könnten.[390] Erstaunlich scheint, dass nur wenige Städter um ihren Arbeitsplatz

388 Das Durchdringen der Gesellschaft ist vermutlich auf die rasante Entwicklung der Städte zurückzuführen, die von den Behörden nicht immer in gleichem Maße mit dem notwendigen Aufbau einer umfassenden Verwaltungsstruktur begleitet werden konnte. Vgl. ebd., S. 433.

389 Im Sprachgebrauch der Städter werden diese Migranten abwertend als *liumang* bezeichnet, was gleichbedeutend mit Hooligan oder Gauner zu verstehen ist. Vgl. Roberts (2002), S. 151.

390 Vgl. Ding, Jinhong/ Stockman, Norman, The floating population and the integration of the city community: A survey on the attitudes of Shanghai residents to re-

besorgt sind. Dieser Umstand ist auf die schlechten Stellen der Wanderarbeiter zurückzuführen, welche die Städter aufgrund ihres Status nicht ausführen wollen.

Tabelle 10: Ausmaß wahrgenommener Einflüsse der floating population auf bestehende Aspekt des städtischen Lebens (in%)

Aspekte	Sehr betroffen	Etwas betroffen	Nicht betroffen
Arbeitsplatz	6.4	29.8	63.8
Milieu	17.4	60.1	22.6
Sicherung des Eigentums	14.0	66.9	19.2
Verkehr/ Transport	30.0	60.7	9.2
Durchschnitt	16.9	54.4	28.7

Adaptiert nach Ding/Stockman (1999), S. 126. Die Angaben belaufen sich auf Untersuchungen aus dem Jahr 1995 in Shanghai.

Gründe für diese Ablehnung und Reaktionen gegen die Migranten sind, wie Roberts argumentiert, dass die Städter *„are reacting to the state's slow withdrawal of their privileged status, including guarantees of food, housing, health care, employment and social security."*[391] Weil die Wanderarbeiter in Scharen in die Städte migrieren und teilweise gar ihre Familien mitbringen und sich partiell vermehren, ist die Stadtbevölkerung verängstigt, die Migranten könnten sich kollektiv gegen die Städter zusammenschließen und deren Status gefährden. Derartige Ansichten sind nicht so weit hergeholt, wie es auf den ersten Blick scheint, denn die politischen Aktionen unter Mao (*„Hundert Blumen Kampagne"* in den 50ern und die Kulturrevolution in den 60ern) erinnern die Städter an die Kollektivität der Landbevölkerung und die damit verbundene Vorstellung, dass auch die heutigen ländlichen Migranten Unruhe stiften und Chaos verbreiten könnten.

---

cent migrants, in: Pieke, Frank/ Mallee, Hein, Internal and International Migration. Chinese Perspectives, Surrey 1999, S. 119-134, hier S. 120-126. Auch Solinger belegt diese Aussagen. Vgl. ders. (1999), S. 101. Und Delia Davin argumentiert: „there is a sense of alarm in much is written about migrants and, as in other reactions to social change, a sense of nostalgia for a more ordered past." Ders. (1999), S. 2.

391 Roberts (2002), S. 151.

Gesellschaftliche Spaltung

Die dargestellten Vorstellungen gegenüber Migranten führen in dem kommunistisch gepriesenen Land zu einer größer werdenden Spannung in der Gesellschaft, in der sich soziale Schichten bilden und Ablehnungen gegenüber bestimmter Bevölkerungsteile heranwachsen. Da die Zahl der Wanderarbeiter nicht abnehmen wird[392], gehen die Städter davon aus, dass sich ernsthafte Probleme in der urbanen Entfaltung ergeben und die wirtschaftliche Entwicklung sowie die soziale Ordnung gehemmt werden bzw. auseinanderfallen können. Ding und Stockman klassifizierten eine derartige Zerteilung der Gesellschaft in *„established"* (Städter) und *„outsiders"* (Migranten).[393] Zu erkennen ist, dass die Wanderarbeiter als eine marginalisierte Gruppe im urbanen China auftreten. Diese Marginalisierung kann in dem Sinne verstanden werden, dass die Migranten unfreiwillig von der Partizipation in einer oder mehreren Sphären des sozialen Lebens ausgeschlossen werden. Diese Art der Ausgrenzung spiegelt sich im Hinblick auf die relative Deprivation, charakterisiert durch die armen Wohnverhältnisse, geringer Möglichkeiten das Einkommen aufzustocken, Bildungsbarrieren und Anstellungsmöglichkeiten[394], wider.[395]

Mit den Bestimmungen des *Hukou* geht eine institutionalisierte Zweiteilung der Gesellschaft einher. So sind Chinesen mit einer städtischen Registrierung gewöhnlich in monopolisierten Arbeiten der staatlichen Industrie, in Regierungsbehörden, Bildungsinstitutionen und anderen Tätigkeiten im formellen Sektor beschäftigt. Menschen mit einem ländlichem *Hukou* (was die meisten Migranten betrifft) sind hingegen von derartigen *high-status jobs* ausgegrenzt. Überwiegend arbeiten Migranten im Handel, im Servicesektor, im Baugewerbe oder in privaten *sweatshops*. Viele Wanderarbeiter gehen dabei Arbeiten nach, welche die Städter nicht machen wollen, weil sie unterbezahlt oder körperlich anstrengend und schmutzig sind.[396]

---

392 Ein Abbruch der Wanderungsströmungen scheint nur im Falle einer wirtschaftlichen Krise oder politisch stärkerer Verfolgung abzunehmen.

393 Vgl. Ding/ Stockman (1999), S. 119.

394 Hierzu zählt der Umstand, dass städtisch Registrierte eher in *high-status jobs* wie der Fertigungsindustrie oder Managerposten angestellt sind, wobei ländliche Migranten vorwiegend in den Betriebs- und Bauindustrien arbeiten. Eine Auseinanderentwicklung der Beschäftigungsmöglichkeiten zwischen Städtern und Migranten ist das Ergebnis derartiger Anstellungsbarrieren.

395 Vgl. Wong et al (2007), S. 33; 34f. Siehe auch Roberts (2002), S. 143-147. Roberts spricht sogar davon, dass einige Städter lieber arbeitslos seien, als einer schlecht bezahlten und anstrengenden Arbeit nachzugehen. Vgl. ders., S. 147.

396 Vgl. Davin (1999) S. 98f.

Da die Landarbeiter gesetzlich nicht befähigt sind, Wohlfahrtssicherungen in Anspruch zu nehmen, werden sie von vielen Firmen vorrangig eingestellt, da sie als billige Arbeitskräfte keinerlei soziale Anforderungen einklagen können. Zudem wird von den lokalen Medien ein falsches Bild von den Wanderarbeitern vermittelt. Als herumlungernde, blinde Migranten werden sie bezeichnet, die sich nur aus Hoffnung in die Städte begeben und nicht wissen, was sie dort tun sollen. Doch dieses Bild trügt. Auch wenn viele Migranten vor ihrer Abreise aus der Heimat nicht um die Situation in den Städten wissen, gehen sie alsbald Arbeitsmöglichkeiten nach, die sie von staatlichen Stellen, Ausschreibungen oder privaten Vermittlungen erhalten. Durch ein extremes gesellschaftliches System, welches mittels des Haushaltsregistrierungssystems existiert, werden ländliche Migranten in China von verschiedenen Vorzügen, welche die urbanen Bewohner genießen, kategorisch ausgeschlossen und leben somit als Zweite-Klasse-Bürger in den chinesischen Städten.

6.4 Zusammenfassung und Zwischenfazit

Die Behinderungen der Migranten sind als die Konsequenzen ihrer Wanderung in den Städten aufzufassen. Selbstverständlich herrschen auch in ihren ländlichen Heimatregionen hindernde Umstände, so hat der massenhafte Aufbruch der bäuerlichen Arbeitskräfte in die SWZs negative Einflüsse auf die landwirtschaftliche Produktion. Zum einen wandern vorwiegend junge und gesunde Bauern ab, womit die Qualität der Arbeitskräfte in den Dörfern sinkt. Zum anderen werden die Felder nicht mehr richtig bestellt und eine extensive Bewirtschaftung führte zu brachliegendem Land. Das vorgestellte Kapitel beschreibt die Barrieren in der bereits vorhandenen Reihenfolge der politischen, wirtschaftlichen und soziokulturellen Ebenen. Diese Unterteilung ist deshalb von Wichtigkeit, um sowohl das inhaltliche Konzept der Arbeit beizubehalten als auch die einzelnen, sich gegenseitig beeinflussenden Strukturen der Ebenen zu erschließen und einen einheitlichen Kontext zu erhalten.

Zusammenfassend ist zu erkennen, dass sich durch die spontane Tendenz der Marktwirtschaft eine Aufspaltung der Gesellschaft in Arm und Reich entwickelte und eine in China überhand nehmende Korruption und Bestechlichkeit der Machthabenden bei der Aufteilung des sozialen Reichtums hervortrat. Die genannten politischen und wirtschaftlichen Faktoren beeinflussen in hohem Maße die soziokulturelle Ebene, welche in diesem Kapitel als mitunter stärkste Variable zu sehen ist. So sind die Ablehnungen und Vorurteile der Städter gegenüber den Migranten vehement von propagandistischen Medien und hetzenden Polizeibehörden in Umlauf gebracht worden. Aber auch die städtische Arbeitslosigkeit und die illegalen Tätigkeiten der Wanderer verstärken das stereotype Bild eines ungeliebten Lumpenproletariats.

Obwohl sich viele Wanderarbeiter am Rand der Städte aufhalten und kaum in direkten Kontakt mit den Städtern kommen, unterliegen sie Diskriminierungen und Beschimpfungen. Eigentlich sind sie eher als *„invisible residents"*[397] zu sehen, weil sie untereinander in abgegrenzten Räumen leben und immer wieder in ihre Heimatorte zurückkehren. Zudem mieten mittlerweile beinahe die Hälfte aller Migranten (überteuerte) Wohnräume von den Städtern, womit sie zu deren Einkommen beitragen. Auch wenn viele Wissenschaftler die Arbeit der Wanderarbeiter abseits der städtischen Bevölkerung betonen, weil jede Gruppe anderen Arbeiten nachgeht, hat sich dieses Bild bereits gewandelt. Durch die massiven Bauvorhaben der chinesischen Städte halten sich Unmengen Migranten in den Städten auf. Solinger beschreibt die Situation der Wanderarbeiter treffend: *„Their low profile permits an uneasy stalemate to exist between them and official residents in urban China, the result of a compromise between the state's refusal to grant sustenance and security and its inability to dominate."*[398]

Der minderwertige Status der Migranten erlaubt dieses *low profile* aufrechtzuerhalten. Öffentliche Schikanen, verdrehte Medienberichte und vor allem das starre *Hukou*-System bewahren dieses Bild. In vielen Studien nicht oder kaum aufgeführt sind die psychologischen Kosten der Wanderarbeiter. Es scheint offensichtlich, dass viele Migranten unter derartigen Störungen, den nicht-monetären Kosten, leiden und ihre Handlungen dadurch beeinflusst werden. Sie fühlen sich unglücklich, traurig, nervös, ängstlich und verlieren durch die vielen Anschuldigungen sowie Vorurteilen der Städter ihren Selbstwert.[399]

Ergänzend muss darauf hingewiesen werden, dass trotz der überwiegend negativen Einstellung der Städter gegenüber den Migranten derartige Muster nicht universell vorkommen. Viele urbane Bewohner werden durch äußere Bedingungen beeinflusst. Sie glauben, dass die Masse der Wanderarbeiter der Grund für die etlichen wirtschaftlichen, sozialen und

397 Roberts (2002), S. 153.

398 Solinger (1999), S. 3.

399 Vgl. Wong et al, S. 34. Nur eine kleine chinesische Studie beweist diese Behauptung. Wong et al. verweisen auf Fu, L.P./ Ye, Y./ Chen, Q.L., A preliminary study on anxiety of the rural labourers in town, in: Journal of Guizhou Normal University (20/2002), S. 103–106. [In Chinesisch] Weiterführend sei folgender Artikel zu empfehlen Wong, Daniel Fu Keung/ He, Xuesong/ Leung, Grace u.a., Mental health of migrant workers in China: prevalence and correlates, in: Social Psychiatry and Psychiatric Epidemiology (43/2008), S. 483–489. Abrufbar unter <http://www.springerlink.com/content/l3686000751021 0x/fulltext.pdf> am 09.07.2008.

Umweltprobleme seien, unter denen das Land leidet. Mittlerweile gewährt aber die Mehrheit der Stadtbewohner den Migranten die Anwesenheit in den Industriezentren und befürwortet auch den Schulbesuch deren Kinder auf städtischen Schulen, wenngleich zu anderen Bedingungen.[400] Interessant ist, dass sich durch die gesamte Gesellschaft Chinas eine ideologisch manifestierte Kultur zieht. Dies zeigt sich beispielhaft daran, dass selbst die Migrationskontrollen - auch wenn sie humanrechtlich nicht akzeptierbar sind und den Migranten eine erhebliche Beschneidung ihrer individuellen Freiheit widerfährt -von der Mehrheit der Bevölkerung, eingeschlossen der Wanderarbeiter selbst, akzeptiert werden. Beide, Städter wie auch Landbewohner, sehen diese Maßnahmen als notwenige Bestimmungen zur Wahrung der Sicherheit und Ordnung des Landes. Nur so könnten das Land und seine Ideologie stabil bleiben.[401]

Obwohl die geschilderten Behinderungen in den Städten vorherrschen und die von den Migranten anfangs euphorische Stimmung zu kippen scheint, hält das die Wanderarbeiter nicht auf, weiterhin in den Städten zu verweilen und unter unmenschlichen Bedingungen zu arbeiten. Aus diesen Handlungen ist als vorläufiges Fazit zu ziehen, dass davon ausgegangen werden kann, wie stark die Not auf dem Lande ist. Die Migranten arrangieren sich eher mit den sie umgebenden Stimmungen und Barrieren, als nicht in die Städte zu ziehen. Die Behinderungen in den Städten haben somit kaum einen Einfluss auf das Wanderungsverhalten oder die Migrationsabsicht, sondern stehen gesondert als Konsequenzen der Migration abseits der Motivlage.

Angesichts der beschriebenen Zustände stellen sich Fragen wie: Inwiefern reagiert Peking auf die Disparitäten? Wo ist die chinesische Regierung zu positionieren, wie ist ihre Haltung? Haben die Wanderarbeiter eine Chance auf faire Behandlungen in den Städten? Im Augenmerk der internationalen Staatengemeinschaft sowie durch die Mitgliedschaft in der ILO und den Vereinten Nationen[402] ist China gezwungen, die sozialen Ungleichheiten sowie die arbeitsrechtlichen Bestimmungen neu zu überarbeiten bzw. zu legitimieren. Im anschließenden Kapitel werden Auf-

---

400 Vgl. Ding/ Stockman (1999), S. 132.

401 Nach Befragungen Fei-Ling Wangs stellt nur eine Minderheit der Chinesen die Kontrollen der Hukou-Polizei infrage. Sie sehen sie eher als „necessary evil". Vgl. ders. (2005), S. 100.

402 Wobei die VR China hier eine Sonderstellung einnimmt, da mit der Resolution 2758 die chinesische Vertretung in den VN „ausgetauscht" wurde und seit 1976 Taiwan („Republic of China") nicht mehr allein in der UNO vertreten wird. Vgl. United Nations (Hrsg.), General Assembly: Fifty-third Session vom 08.07.1998 (<http://www.un.org/documents/ga/docs/53/plenary/a53-145.htm> am 01.07.2008).

schlüsse darüber gegeben, was die chinesische Politik bereits unternimmt, um die Situation der Wanderarbeiter zu verbessern. Darunter zählen die bestehenden Maßnahmen und Einrichtungen wie der ACFTU sowie laufende Reformen und vor allem die Ziele des zehnten und elften Volkskongresses der VRC. Diese werden deshalb näher vorgestellt, weil durch das im Jahre 2007 eingeführte Eigentumsrecht auch die Bodennutzung der Bauern geregelt und damit gleichermaßen Einfluss auf die Wanderarbeit ausgeübt wurde.

Mit dieser Analyse soll im Wesentlichen herausgestellt werden, welche Maßnahmen die Regierung bereits ergriffen hat, um die sozialen Disparitäten zu bekämpfen und die Rechte der Wanderarbeiter auszubauen und zu stärken. Gleichzeitig wird der Versuch unternommen, den Wahrheitsgehalt der Aussagen seitens der chinesischen Regierung zu bewerten. Ob und inwiefern diese Aktionen konstruktiv sind und welche Nachteile sich daraus für die Migranten ergeben, soll anhand einschlägiger Literatur analysiert werden.[403] Dies schließt Berichte des German Institute of Global and Area Studies (GIGA) und der Konrad-Adenauer-Stiftung (KAS) ebenso ein wie chinesische Zeitschriften, den ILO Report sowie Aussagen von China Labor Watch.

403 Es sei anzumerken, dass es während der Recherche nur in sehr geringem Maße Berichte über die letzten Nationalen Volkskongresse gab. Weder einschlägige internationale noch nationale wissenschaftliche Zeitungen berichteten über die Vorgänge und Ergebnisse der Kongresse. Anmerkung der Verfasserin.

7 POLITISCHE MAßNAHMEN

7.1 Positionsanalyse der Chinesischen Regierung

„The socialism we are building is a socialism with Chinese characteristics."[404]

Die öffentliche Politik hat einen sehr großen Einfluss auf die Migrationsbewegungen. Auch wenn eine Regierung per se von der Migration betroffen ist, versucht die Chinesische sie als Mittel zur Durchsetzung politischer Ziele zu gebrauchen. Gewöhnlich sollte eine Politik zum Vorteil der Gesellschaft und weniger im Sinne persönlicher Ziele ihrer Mitglieder ausgeführt werden. Während der zwei Dekaden ländlicher Wirtschafttransformationen erkannte die chinesische Regierung das Dilemma auf dem Land (Unterbeschäftigung und überschüssige Arbeitskräfte) und lockerte die Migrationskontrollen.[405] Trotzdem kann die Politik Chinas als eine „Hardliner"-Politik[406] beschrieben werden, welche vergangene Fehler nicht eingesteht und freie Meinungsäußerungen untersagt. Da seit 1949 die KPC das oberste Regierungsorgan Chinas darstellt, ist diese natürlich gewillt ihre Macht aufrecht zu erhalten. Alle wichtigen Positionen in Regierung, Verwaltung und gesellschaftlichen Organisationen (Vereine, Verbände) werden direkt oder mit Zustimmung der Partei besetzt. Die politischen Beamten befinden sich somit in bevorzugten Positionen und besitzen eine hohe Autorität, die es zu bewahren gilt. Die staatliche Kontrolle wird zum wesentlichen Kalkül der politischen Maßnahmen.[407]

Das folgende Kapitel soll nicht im Einzelnen die Vorgänge des politischen Systems der VRC[408] erklären. Grundlegend werden die Züge der chinesischen Regierung versucht darzustellen. Anhand historischer Be-

404 Xiaoping, Deng, We are on the right track and our policies will not change (18. Juni 1983), S. 39.

405 Vgl. Zhang, Mei (2003), S. 49 sowie Liu, Guofu, The Right to Leave and Return and Chinese Migration Law, Leiden 2007, S. 95-99.

406 So nennt sie auch Cook, Ian G., Pressures of Development on China's Cities and Regions, in: Cannon, Terry, China's Economic Growth. The Impact on Regions, Migration and Environment, Wiltshire 2000, S. 33-55, hier S. 35.

407 Vgl. Solinger (1999), S. 238.

408 Siehe dazu Hartmann, Jürgen, Politik in China. Eine Einführung, Wiesbaden 2006; Saich, Tony, Governance and Politics of China, Basingstoke 2004.

züge und verschiedener Berichte zu den Maßnahmen sowie einer kurzen Charakterisierung des Systems, kann eine Interpretation darüber gegeben werden, wie die chinesische Regierung „denkt" und wo sie „steht". Somit ist es möglich, eine Evaluation zu den von ihr vollzogenen Handlungen zu geben.[409] Allerdings ist darauf hinzuweisen, dass eine typologische Zuordnung des politischen Handelns nach einem politikwissenschaftlichen Modell nicht möglich ist, da es kein einheitliches Verständnismodell der chinesischen Politik gibt.[410]

Trotz der Reformperiode(n) verkündet die KPC noch immer das Ziel eine klassenlose Gesellschaft zu verfolgen. Dabei wird das Programm der Partei mehrfach korrigiert und mittlerweile das Eingeständnis gemacht, dass erst nach mehreren Generationen mit dem Durchbruch egalitärer Gesellschaftsstrukturen zu rechnen sei.[411] Dennoch legitimiert die Partei ihre Macht, indem sie die freie Entfaltung politischer Gemeinschaften verhindert, obwohl Gesetze den Bürgern die Freiheit zur Vergemeinschaftung zusprechen.[412] Es scheint also offensichtlich, dass China in die Kategorie autoritärer Systeme[413] mit sozialistischer Gewandung fällt, die dem Kapitalismus Entfaltungsmöglichkeiten bieten. Unter der Obhut des Sozialismus mit chinesischen Merkmalen betonte Deng Xiaoping die Modernisierung Chinas anhand kompromisslosen Festhaltens am politischen Führungsanspruch der KPC.

---

409 Bedacht werden sollte, dass Handeln und Denken einander beeinflussen (Talmud).

410 Gute Überblicke dazu bietet Dreyer, June Teufel, China's Political Systems: Modernization and Tradition, 3. Aufl., Houndmills und London 2000.

411 Vgl. Hartmann (2006), S. 72. Im Einklang mit dem Historischen Materialismus kann diese Perzeption dahingehend interpretiert werden, dass erst nach der gesellschaftlichen Entwicklungsphase des Kapitalismus die Gesellschaft in den Sozialismus eintreten kann. Anmerkung der Verfasserin.

412 Artikel 35 der chinesischen Verfassung von 2004 erklärt diesen Zuspruch. Die chinesische Regierung aber begrenzt dieses Gesetz durch willkürliche Abstufungen. Nach dem *Human Rights Report of China* von 2001 ist die Bildung von autonomen politischen, menschenrechtlichen, religiösen, Umwelt-, Arbeits- und Jugendorganisationen schlichtweg verboten. Ebenso ist eine Oppositionspartei nicht erlaubt. Vgl. Liu (2007), S. 98.

413 Die Kriterien für einen demokratischen Prozess sind laut Robert Dahl eine effektive Partizipation, Chancengleichheit im Wahlprozess, Aufklärungsfreiheit, politische Teilhabe und Inklusion. Im Einzelnen nachzulesen bei Dahl, Robert A., Democracy and Its Crisis, New Haven und London 1989, S. 108-115. China erfüllt bis heute keines dieser Kriterien und wird deshalb in dieser Arbeit als autoritärer Staat bezeichnet, der von Wenigen gelenkt wird. Der chinesische Staat fällt allerdings nicht in die Kategorie der autoritären Staaten, welche von nur einer Person gesteuert werden. Anmerkung der Verfasserin.

Auch wenn in der vorliegenden Arbeit keine Untersuchung zu den medialen Berichten der VRC stattfindet, sollen einige Berichte helfen, die Position der chinesischen Regierung zu analysieren.

In der chinesischen Presse finden sich immer wieder Artikel, welche die reformerischen Maßnahmen der Regierung Pekings rühmen, die sich für die bessere Behandlung der Wanderarbeiter einsetzt. Der *China Daily*[414] berichtete im letzten Jahr mehrmals über die verbesserten politischen Maßnahmen, wie der künftigen Gleichberechtigung von Arbeitsmigranten und den städtischen Werktätigen. Nach einer neuen Regulation sollten Arbeiter beispielsweise nicht mehr wegen ihrer ethnischen Zugehörigkeit, Rasse oder Geschlecht diskriminiert werden, wenn sie auf der Suche nach einer Arbeitsstelle sind. Zukünftig solle es auch ländlichen Migranten möglich sein, sich ohne eine lokale Aufenthaltsgenehmigung im örtlichen Arbeitsamt arbeitslos zu melden, wenn sie mindestens ein Jahr lang in der Stadt gearbeitet haben.[415] Allerdings arbeiten die Migranten nur selten durchweg an einer Stelle sondern, wie bereits gezeigt wurde, oft nur saisonal. Somit ist es also trotzdem nicht möglich sie in der Arbeitslosenstatistik aufzuführen. Zudem wird in den Artikeln nicht erwähnt, wann oder wie derartige Maßnahmen umgesetzt werden bzw. greifen sollen.

Gemäß den Aussagen von *China Labor Watch*, einer im Jahr 2000 gegründeten New Yorker „*Watchdog*"-Gruppe[416], ist sich die chinesische Regierung darüber bewusst, dass sie zu Zeiten der wachsenden Globalisierung und deren Auswirkungen eine starke Rolle spielen muss, wenn sie die Stabilität aufrecht erhalten und die Bildung unabhängiger Gewerkschaften verhindern will. Denn eigenstaatliche Arbeitnehmerorganisationen würden die KPC in ihrer Regierungsweise erheblich beeinträchtigen. Um die Bildung dieser Zusammenschlüsse zu verhindern, versucht die Regierung harmonische Beziehungen zwischen den Firmen und den Arbeitern zu konstruieren. In ihrer Anstrengung soziale Stabilität voranzutreiben, ist (allein) die ACFTU[417] von staatlicher Seite bevollmächtigt mehr Einfluss auf Multinationale ausüben, die mit China operieren.[418]

414 Eine englischsprachige nationale Tageszeitung.

415 Vgl. Chuanjiao (2007).

416 Diese Begrifflichkeit erklärt die unabhängige Beobachtung einer Gruppe oder Organisation zu einem bestimmten Sachverhalt.

417 Genauere Erläuterungen zur ACFTU folgen im Kapitel 7.2.

418 Vgl. Qiang, Li, Commentary on the 2006 International Forum on Economic Globalization and Trade Unions (<http://www.chinalaborwatch.org/Commentary%20on%20the%202006%20International%2

Diese Maßnahmen sind sicherlich wichtig für die kritische Auseinandersetzung mit arbeitsrechtlichen Problemen, jedoch werden noch immer keine Wanderarbeiter in der ACFTU repräsentiert, geschweige denn sich rechtlich für sie eingesetzt.

Bereits seit Jahren fordern verschiedene Organisationen[419] die Verbesserung der Lage der Wanderarbeiter. Die chinesische Regierung jedoch spricht eher über ihre Probleme anstatt sie zu lösen und stempelt die Ausbeutung der Wanderarbeiter als Produkt westlicher Firmen ab. Auch die lokalen Regierungen, welche als vertikale Strukturen des Regierungsapparates funktionieren, scheren sich nicht um die Arbeitsmigranten. In dem 2002 erschienenen Arbeitsreport der Stadt Shenzhen und ihrem zehnten Fünfjahresplan wurden die Wanderarbeiter in nur acht Punkten erwähnt. Diese Absätze beschäftigten sich zudem nur mit der Geburtenkontrolle der Migranten, ihren Straftaten sowie ihrer Überwachung. Die Lebensumstände der Wanderarbeiter, deren Bildung und andere Aspekte der Sozialfürsorge werden in diesen Dokumenten ausgeblendet.[420] Es gibt faktisch keine neutrale Evaluation der Wanderarbeiter. Somit kann damit gerechnet werden, dass die Diskriminierungen gegen sie zuerst von der Regierung ausgehen.

Die Regierung ist sich wohl bewusst, dass der „neue" Reichtum der Städte und damit des Landes auch den Wanderarbeitern zu verdanken ist. Öffentlich erhält sie deshalb den Schein neue Maßnahmen zu ergreifen und die Wanderarbeiter zu involvieren, jedoch gibt es in vielen Programmen Zusätze, welche das Leben der Migranten nicht im Geringsten verbessern.[421] In dieser Diskussion ist zu beachten, dass die chinesische Führung Menschenrechte anders versteht als die westlichen Gesellschaften. Dort nämlich sind sie Teil der individuellen politischen Rechte. Die

---

0Forum%20on%20Economic%20Globalization%20and%20Trade%20Unions.htm> am 14.08.2007).

419 Erwähnt seien Menschenrechtsorganisationen wie Amnesty International oder Human Rights Watch.

420 Vgl. Chen, Yang, Shenzhen Government Disregards Migrant Worker's Rights (Abschnitt I), in: China Labor Watch o.O. o.J. [2003] (<http://www.chinalaborwatch.org/Shenzhen%20Government%20-Disregards.htm?article_id=50038> am 14.08.2007).

421 So erklärt z.B. das Gesetz zur Rentenzahlung, dass bis zum 60. Lebensjahr fünf volle Jahre Steuern an die Stadt gezahlt werden müssen, in der gearbeitet und gelebt wird. Fällt diese Steuer auch nur einen Monat aus, ist man von der Rentenzahlung ausgeschieden. Vgl. Chen, Yang (Abschnitt III/1). Die meisten Wanderarbeiter verfügen aufgrund der unregelmäßigen Zahlungen ihrer Arbeitsgeber und ihrer Registrierung keine Rentenversicherung. Sie sparen ihr Geld selbst und verlassen sich auf ihre eigene Familienstrategie. Anmerkung der Verfasserin.

chinesische Regierung aber legt ihr Augenmerk der wirtschaftlichen, sozialen und kulturellen Rechte in die Entwicklung des Landes und damit gleichzeitig in die Wirtschaft.[422] Folgende Beispiele sollen zeigen, welche Vorsätze von der Regierung gesteckt und verfolgt werden (besonders für die Wanderarbeiter) und welche Einflussmöglichkeiten die Partei hat.

7.2 Ergebnisse der letzten Nationalen Volkskongresse

Die Entwicklungskonzeption des 10. Nationalen Volkskongresses (NVK) von 2007 lautete, im Sinne einer „harmonisch sozialistischen Gesellschaft"[423] zu handeln. Im ideologischen Richtungsstreit um die Fortführung des Reformkurses mit liberalen und konservativen Kritikern sprach sich die Führungsspitze für die weitere Ausführung der Reformpolitik aus. Bereits damals (2007) pries der Ministerpräsident Wen Jiabao, dass nur die effektive Entwicklung chinesischer Produktivkräfte und die weitere erfolgreiche Wirtschaftsentwicklung geeignet sei, die entstandene Disparität zwischen armen und wohlhabenden Teilen der Bevölkerung zu verringern und gesellschaftlichen Spannungen entgegenzuwirken, um die soziale Stabilität zu sichern.[424] Bei dieser Art der ideologischen Politikführung ist es jedoch zweifelhaft, ob die Machthabenden wirklich gewillt sind, die Barrieren zu bekämpfen, da sie bei Erfolg derartiger Maßnahmen ihr eigenes wirtschaftliches Wachstum einbüßen müssten. Ohne Eliten und Wohlhabenden haben aber auch die armen Bauern keine Möglichkeit ihre Lage finanziell zu verbessern.[425]

Mit der Ratifizierung des Gesetzes zum Schutz des Privateigentums bekräftigten Partei- und Staatschef Hu Jiantao und Ministerpräsident Wen Jiabao (welche ihre Ämter bereits in diesem Jahr [2007] des NVK für weitere fünf Jahre bestätigten) ihren marktorientierten Reformkurs. Das

---

422 Vgl. Liu (2007), S. 116.

423 Schucher, Günther/ Giese, Karsten/ Schüller, Margot u.a., Die chinesische Führung bekräftigt ihren Kurs, in: GIGA Focus Asien (4/2007), S. 1 (<http://www.giga-hamburg.de/dl/download.php?d=/content/publikationen/pdf/gf_asien_0704.pdf> am 23.05.2008). [Im Folgenden abgekürzt mit GIGA.]

424 Vgl. GIGA (2007), S. 2.

425 Diese Unstimmigkeiten führen zu einem Dilemma, denn die Eliten, welche gerade für die Armut der Bauern verantwortlich sind, gehören gleichzeitig zu der einzigen Schicht im Land, welche die Lage der Armen verändern kann.

GIGA schreibt, dass von der neuen Gesetzgebung vor allem Unternehmer und die entstehende Mittelschicht profitieren werden.[426] Allerdings sind in derartigen Maßnahmen weder die Wanderarbeiter noch die Landbevölkerung inbegriffen. Auch wenn sich die Staatsführung bewusst ist die sozialen Widersprüche zu stoppen, ist es zweifelhaft, ob ihr dies gelingen wird.

So zieht sich die Diskussion zum Schutz des Eigentums bereits über zehn Jahre hin. Im Oktober 2007 trat endlich ein entsprechendes Gesetz in Kraft und bietet erstmals gleichen Schutz für private, staatliche und kollektive Eigentümer. Im Einzelnen legt die Verordnung fest, dass das Eigentum an Immobilien, produktivem Vermögen und Geldeinkommen geschützt ist und gewährt die Nutzung und Gewinnerzielung aus privatem Eigentum. Diese Regelung scheint daher eher ein Schutz des wirtschaftlichen Eigentums darzustellen und nur der oberen Gesellschaftsschicht dienlich zu sein. Ein überaus wichtiger Punkt im Kontext der Thematik dieser Arbeit ist die Regelung des Bodeneigentums in den ländlichen Gebieten. Das Eigentumsrecht sieht keine Veränderung der Nutzungsrechte für die Bauern vor, die in der Regel auf 30 Jahre angelegt sind. Demnach dürfen Bauern zwar das ihnen zugeteilte Land an Dritte verpachten, die Nutzungsrechte aber nicht verkaufen.[427] Daher sind die Bauern nicht vor Enteignungen durch die Regierung geschützt und ziehen aus dem Gesetz für sich selbst keinerlei Vorteile. Die Bestimmung der KP zum Eigentum wird auch nicht die Korruption stoppen oder die Bereicherung bestimmter Gesellschaftsgruppen verhindern. Es scheint, dass das Gesetz eher als eine Absicherung der Regierung zu verstehen ist, die so den Anschein vermitteln will sich an internationale Standards zu halten.

Zur 11. Sitzung im März 2008 nahmen erstmals Vertreter der Wanderarbeiter[428] unter den Mitgliedern des NVK teil. Dieser symbolische Schritt wurde von den staatlichen Medien ausgiebig rezitiert und sollte deutlich machen, dass die KPC gewillt ist, die armen Schichten der Gesellschaft nicht auszugrenzen. Die bloße Erlaubnis einer Handvoll Arbeitsmigranten am *„rubber-stamp parliament"* allein wird allerdings keine Veränderung herbeiführen. Die Wanderarbeiter machen mehr als 10 Prozent der gesamten chinesischen Bevölkerung aus und gerade einmal ein Prozent

---

426 Vgl. ebd., S. 1.

427 Vgl. ebd., S. 4.

428 Dies waren jedoch nur drei an der Zahl, die zudem über ein temporäres *Hukou* aus Guangdong, Shanghai und Chongqing verfügten. Vgl. (o.V.), ACFTU must back Migrant Worker Legislators, in: China Labour Bulletin vom 18.03.2008 (<http://www.china-labour.org.hk/en/node/100224> am 10.07.2008).

der NVK-Abgeordneten.[429] Die Chance, dass ihre Stimme einen aussagekräftigen Einfluss auf die parlamentarischen Prozessverläufe haben wird, scheint sehr gering.

Dieses Jahr stand vor allem die Gestaltung der wirtschaftlichen Ordnung, welche nun mehr Nachhaltigkeit in der Wirtschaft erfahren soll, im Vordergrund. In dem am 1. Januar 2008 in Kraft getretenen neuen Arbeitsvertragsgesetz sind unter den 20 für 2008 geplanten Gesetzesvorhaben u.a. auch ein neues Sozialhilfegesetz sowie ein Lebensmittelsicherheitsgesetz aufgeführt. Außerdem soll bis 2010 der Aufbau des Rechtssystems abgeschlossen sein.[430] Bis dahin werden noch eine Reihe neuer Sozialgesetze notwendig sein. Ob die Regierung diese auch umsetzen kann, ist nicht zu sagen, jedoch zu bezweifeln. Denn die vielen neuen Gesetze wurden noch nicht geprüft und bedürfen geschultes Personal und Kontrolleinheiten.

Ab Herbst 2008 soll auch der Grundschulbesuch für alle Kinder kostenfrei sein. Bereits im vergangenen Jahr waren die Kinder von Familien auf dem Lande vom Schulgeld befreit worden. Und Wen Jiabao versprach, bald auch den Kindern von Migranten ein Recht auf Schulbildung in den Städten zu gewähren. Allerdings zeugt diese Aussage von Skepsis, inwiefern dieses Vorhaben umgesetzt werden soll.

Die Sozialpolitik der Regierung stößt nicht generell auf Zustimmung. So äußerten die Vertreter der Wirtschaft auf dem Volkskongress mehrfach Kritik an dem neuen Arbeitsvertragsgesetz. Denn dieses verpflichtet die Unternehmen, Überstunden ordnungsgemäß zu bezahlen, den Arbeitern eine Sozialversicherung zu gewähren sowie ihnen nach zehn Jahren der Betriebszugehörigkeit einen unbefristeten Arbeitsvertrag anzubieten. Viele Unternehmer klagen nun über steigende Personalkosten.[431] Darum verpflichtete sich die Regierung, klare Richtlinien für die Anwendung des umstrittenen Gesetzes auszuarbeiten, um so Unsicherheiten bei dessen Implementierung auszuräumen.[432]

Abschließend sei zu bemerken, dass bei beiden NVKs die sozialen Probleme des Landes zwar angesprochen, doch nicht gelöst wurden.

429 Vgl. ebd.

430 Vgl. Kleining, Jochen, Einer ungewissen Zukunft entgegen. Die 1. Sitzung des 11. Nationalen Volkskongresses der VR China (=Länderbericht Konrad-Adenauer-Stiftung), o.O. 2008 [März], S. 4f. (<http://www.kas.de/wf/doc/kas_13390-544-1-30.pdf> am 11.07.2008).

431 Vgl. ebd., S. 5.

432 Vgl. Xu, Wang, Regulations will clarify labor contract law, in: China Daily vom 11.3.2008 (<http://www.chinadaily.com.cn/china/2008npc/2008-03/11/content_6525325.htm> am 11.07.2008).

Kleine Verbesserungen konnten im Schulsystem vorangetrieben werden, jedoch sind die Vorhaben der Regierung alles andere als legitimierte Maßnahmen. Die Regierenden reden von Gleichberechtigung und Reformmaßnahmen. Diese Verlautbarungen klingen allerdings eher nach heißen Worten, die sich schnell wieder auflösen, obwohl Gesetze verabschiedet werden. Die Erfolge der Politik sind deshalb so fraglich, weil es keine unabhängige Rechtssprechung, keine zuverlässigen Beamten oder eine offene Medienlandschaft gibt. Die Regierung ist vielmehr gewillt die neue Mittelschicht zu unterstützen und bezieht daher die Bauern sowie die Wanderarbeiter nicht bzw. kaum in ihre Vorhaben ein. Die Volksrepublik steht erneut vor einem grundlegenden Strukturwandel, dessen Ausgang unbewusst ist.

7.3 ACFTU und ILO

Laut Gesetzeslage der VRC sind humanrechtliche Rahmenbedingungen gegeben und die politische Führung bestätigt dies mit der Existenz der Arbeitsgewerkschaft ACFTU sowie der Mitgliedschaft in der ILO. Allerdings sind diese Bestimmungen sehr ominös. So spezifiziert das Arbeitsgesetz der VRC nicht klar, dass Arbeiter von Arbeitern in einem kollektiven Verhandlungsprozess repräsentiert werden und chinesische Wanderarbeiter haben nicht einmal das Recht zu streiken.[433] Als Mitglied der ILO hat China viele internationale Abkommen ratifiziert, meistens jedoch fehlt es noch immer an der Umsetzung. Zudem mangelt es seitens der Organisation an Druck, China zu zwingen die Vereinbarungen einzuhalten.

ACFTU

Die erstmalige Teilnahme von Wanderarbeitern am NVK 2008 wurde von der ACFTU nicht nur als symbolischer Akt beschrieben, sondern auch als wichtiger Schritt, die Interessen der Migranten zu vertreten. Die Gewerkschaft unterstrich überdies ihr Vorhaben die neuen Gesetzesvorschriften mithilfe des starken politischen Rückhaltes unterstützen zu wollen. Die als unabhängige von der Arbeiterklasse im Jahre 1925 gegründete Gewerkschaft[434] *All China Federation of Trade Union* steht unter der politischen Observierung der KPC.

---

433 Vgl. Conflicts of Interest and the Ineffectiveness of China's Labour Laws.

434 Vgl. A Brief Introduction of the All-China Federation of Trade Unions (ACFTU) vom 20.09.2007 (<http://english.acftu.org/template/10002-/file.jsp?cid=63&aid=156> am 13.07.2008).

Auf ihrer Internetseite beschreibt sich die ACFTU als *union*[435], welche die Interessen der Arbeiter schützen will und für die sozialistische Modernisierung des Landes einsteht. Gemeinsam mit den Gewerkschaften (von denen keine namentlich genannt wird, die aber von der ACFTU unterstützt werden) wird der Schutz der *„legitimierten Rechte"* der Wanderarbeiter als bedeutendes Ziel erklärt.[436] Die Formulierung der Maßnahmen klingt sehr bescheiden. Es wird betont, dass den Arbeitsmigranten eine gewichtige Rolle in der chinesischen Arbeiterklasse zukommt und sie einen wesentlichen Beitrag zur Modernisierung des Landes beitragen. Allerdings muss berücksichtigt werden, dass die Migranten Mitglied der ACFTU sein müssen, um in deren Aktionen einbezogen zu werden. Und es ist kein Geheimnis, dass die Union die KPC (und umgekehrt) unterstützt. Laut China Daily sind bereits 41 Millionen Wanderarbeiter Mitglied der ACFTU und zusammen mit den Gewerkschaften konnten mehrere Millionen ausstehende Gehälter eingeklagt werden.[437] Allerdings sind diese Aussagen eher fragwürdig, da andere Quellen wie HRW davon sprechen, dass weniger als 30 Prozent der Wanderarbeiter der Union beigetreten sind.[438]

In dem *International Covenant on Economic, Social and Cultural Rights* (ICESCR) wird neben dem Recht auf Gleichheit den Arbeitern der Zuspruch zur Organisierung unabhängiger Gewerkschaften bewilligt sowie dass diese frei operieren und nationale Vereinigungen bilden dürfen. Die chinesische Regierung erklärte zum Artikel 8 (1) der ICESCR, welcher den Arbeitern das Recht zuspricht freie Gewerkschaften zu gründen[439], dass dies in China nur möglich sei, wenn entsprechende Anfragen mit der chinesischen Verfassung, dem Arbeitsgesetz sowie dem Gewerkschaftsgesetz vereinbar seien. Letzteres verhindert die Bildung von unabhängigen Unionen, da es nur der ACFTU ein legales Monopol zuspricht entsprechende *trade unions* zu bilden.[440]

---

435 Da sich der Begriff *union* (zu Deutsch: Verband, Verein, Union) im englischen Wortstamm der ACFTU findet, soll er auch im deutschen Sprachgebrauch dieser Arbeit benutzt werden.

436 Vgl. A Brief Introduction of ACFTU.

437 Vgl. (o.V.), Wal-Mart Tipp of union iceberg, in: China Daily vom 19.10.2007 (http://www.chinadaily.com.cn/bizchina/2007-10/19/content_6190560.htm> am 23.11.2007).

438 Vgl. Report HRW (2008), S. 48.

439 The Committee on Economic, Social and Cultural Rights (CESCR, Hrsg.), Fact Sheet Nr. 16, Wien 1993 (<http://www.unhchr.ch/html/menu6/2/fs16.htm> am 15.07.2008).

440 Vgl. Report AI (2007), S. 4.

Die ACFTU besitzt also einen „*quasi-governmental status*" und bewegt sich in ihrem Aufbau von oben nach unten, wobei ohne demokratische Züge verwaltet wird. Demnach kann von einer organisierten Hierarchie gesprochen werden. Das Unionskomitee versucht im Übrigen einzelne Arbeiter an ihrer Arbeitsstelle in Gruppen (*danwei*) unterzubringen, in der die Vorzüge einer Mitgliedschaft propagiert werden. Mit dem Unionskomitee und den Verbandsgruppen kann die ACFTU innerhalb der Arbeiterschaft und vor allem bei den Wanderarbeitern, welche zuvor noch nie etwas von derartigen Vereinen hörten, Einfluss ausüben. Interessant ist, dass chinesische Arbeiter, welche Mitglied der Union sind, eine Anstellung in einer der vielen "*non-union enterprises*" erhalten. Daraus kann geschlossen werden, dass die ACFTU diese Mitglieder als Katalysatoren „verwendet", um andere Arbeiter zu überreden der Union beizutreten und die Ausbreitung der traditionellen Union zu bekräftigen.[441]

Eine der selbsterklärten Rollen der Union der letzten zwei Dekaden ist die Beihilfe zum Entwurf des Arbeitsrechts. Natürlich ist die vorangetriebene Beteiligung im Legislaturprozess für die am meisten diskriminierte Gruppe entscheidend, wenn die für das Land vehementen Probleme der Arbeiter bewältigt werden. Die ACFTU wird bereits tadellos in dem NVK und der Chinese People's Political Consultative Conference (CPPCC)[442] vertreten und muss, wie CLB argumentiert, „*give its full support and political backing to the work of migrant worker law-makers, not just at the national level but in provincial and municipal people's congresses across the country.*"[443]

Das Losreißen der ACFTU von der Kontrolle der KPC ist beinahe unmöglich und vielleicht auch nicht gewollt. Mit den steigenden Mitgliederzahlen wird ebenfalls die Unterstützung der sozialen Stabilität durch die Partei bekräftigt. Auch wenn die Union einige gewerkschaftsähnliche Strategien aufbaute, wie z.B. das Organisationstraining, agiert sie als „*quasi-state organ*", welches nicht durch ihre Mitglieder bestimmt wird.

---

441 Vgl. Taylor, Bill/ Lin, Fu/ Qi, Li, ACFTU membership organising strategies: local level initiatives in Guangdong and Shanghai, ohne Ort und Jahr [vermutlich von 2003], S. 24 (<http://personal.cityu.edu.hk/~sabill/publications/union%20recruitment%20in%20China.pdf> am 25.06.2008). China besitzt somit ein Instrument einer „*union movement*", welches durch die KPC bemächtigt ist, ihren Mitgliedern Vorteile zu erweisen. Die ACFTU sollte jedoch eher den Zerfall des öffentlichen Sektors schlichten, um soziale Unruhen zu verhindern und maßlosen Zustände der Arbeiter im privaten Sektor zu regeln. Vgl. ders., S. 30

442 Die CPPCC ist ein Beratungsnetzwerk, welches überwiegend aus Parteimitgliedern besteht und über die Prinzipien des chinesischen Kommunismus diskutiert. Anmerkung der Verfasserin.

443 Conflicts of interest and the ineffectiveness of China's labour laws.

Die geringen Schutzmaßnahmen der Arbeiter sind grundlegend für die Krise der Gewerkschaften in China.[444]

ILO

Als Gründungsmitglied der International Labour Organisation (ILO)[445] wendet sich China offiziell gegen Zwangsarbeit, Kinderarbeit und Diskriminierung am Arbeitsplatz und hat ferner besonderen Einfluss auf die Studien und die Reports, welche die Organisation verfasst und auch darüber, was über China abgedruckt wird.

In dem Bericht der ILO *„Equality at work: Tackling the challenges"*[446] von 2007 werden in 120 Seiten gerade einmal zwei für die Beschreibung der ländlichen Wanderarbeiter in China aufgegriffen. In acht Punkten wird kurz das *Hukou*-System sowie die Situation der Arbeiter erklärt. Die Aussagen gehen zwar mit den Erläuterungen anderer Wissenschaftler und Reports wie von AI und HRW einher, widerspiegeln die Lage der Arbeiter jedoch zu kurz und teilweise oberflächlich.

Die ILO schließt mit China seit Jahren verschiedene Abkommen, jedoch werden nur die wenigsten erfüllt bzw. wird ihnen nur zaghaft nachgegangen. So spricht die ILO in ihrem Report davon, dass im Jahre 2002 und 2003 auf Empfehlung des Staatsrates eine Anzahl von Vorschriften eingeführt wurde, welche die Arbeitgeber zur Einhaltung ihrer Verpflichtungen gegenüber den Arbeitenden anhalten soll. Auch die Einführung des Minimalgehaltes im Jahre 2006 wird als wichtiger Schritt verstanden, die Wanderarbeiter besser in die Gesellschaft einzugliedern.[447] Jedoch müssen für die Einhaltung der Mindestlöhne Arbeitsverträge beim Arbeitsamt zur Kontrolle vorgelegt und überprüft werden.[448] Da die meisten Wanderarbeiter nicht über derartige Verträge verfügen, haben sie rechtlich gesehen keinen Anspruch auf einen Mindestlohn. Durch den Zwang zu Überstunden, Geldbußen für Widerreden oder Nichterscheinen und durch das Zurückhalten von Löhnen haben manche Manager zudem ein wirkungsvolles System etabliert, um die durchschnittlich zu zahlenden Löhne zu drücken.

Eine gepriesene vollendete Maßnahme stellt das Bildungsgesetz dar. Demnach ist der neunjährige obligatorische Schulbesuch für Kinder aus

444 Vgl. Taylor et. al (2003), S. 31.

445 Vgl. Report AI (2007), S. 6.

446 Abrufbar unter <http://www.ilo.org./wcmsp5/groups/public/---dgreports/---dcomm/---webdev/documents/publication/wcms_082607.pdf>.

447 Vgl. Report ILO (2007), S. 35.

448 Vgl. Schulze (2000), S. 360.

ländlichen und städtischen Regionen möglich. Offiziell garantiert Chinas Verfassung jedem Bürger das Recht auf eine neunjährige Schulbildung. In der Praxis wird Millionen Kindern dieses Recht verwehrt. Dies dürfte für die gesamte Volkswirtschaft, die zunehmend auf qualifizierte Arbeitskräfte angewiesen ist, zu einem Problem werden. Mit dem im Jahr 2006 ratifizierten ILO-Abkommen Nr. 111 hat sich China verpflichtet der Arbeitsdiskriminierung entgegenzuwirken. Die Reform des *Hukou*-Systems stellt dabei einen besonderen Schritt dar. So sollen Arbeitsschutz und öffentliche Dienstleistungen künftig auch für ländliche Migranten zu erschließen sein. Außerdem sollen die Städter und Landbewohner mit gleicher Würde behandelt werden.[449]

In der Schlusserklärung des Reports fehlt die Anerkennung von Querverbindungen zwischen der Internationalen Arbeitsorganisation (ILO) und anderen internationalen Organisationen wie der WTO. Womöglich ist die Befürchtung Chinas zu groß dies könne protektionistischen Maßnahmen Tür und Tor öffnen. "*Neue Gesetzentwürfe sind zwar begrüßenswert, helfen den Betroffenen derzeit aber nicht*"[450], sagt Chinaexperte Dirk Pleiter. Auch wenn die chinesische Regierung einige wichtige Abkommen der ILO ratifiziert hat[451], werden andere Kernverträge[452] nicht wahrgenommen.

Wirkungsvoller wäre, freie Gewerkschaften zuzulassen, die unabhängig vom staatlichen Gewerkschaftsverband als Ansprechpartner vor Ort agieren könnten. Die chinesischen Arbeiter haben keine Möglichkeit autonome Organisationen zu gründen, sie haben keine Rechte zu streiken und ihre Petitionen sowie Rechtsprozesse bleiben größtenteils ohne Erfolg. Besonders durch die Existenz des *Huko*-Systems werden derartige Disparitäten ausgelöst und stellen die Regierenden vor eine besondere Aufgabe. Mit der Lockerung der Migrationskontrollen und den damit einhergehenden Reformen des Systems sollte (laut Vorstellung der Regierung) der offizielle *Hukou*-Status in ausgewählten Provinzen abgeschafft werden. Im folgenden Kapitel sollen die Reformen des *Hukou*-Systems knapp vorgestellt und gezeigt werden, dass die chinesische Regierung nicht gewillt ist, ihren politischen Status aufzugeben und dass viele Maß-

449 Vgl. Report ILO (2007), S. 35.

450 Aussage in einem Gespräch mit der Verfasserin.

451 Dazu zählen die Abkommen Nr. 100, Nr. 111 gegen die Diskriminierung in Arbeit und Beruf sowie Nr. 182, die für die Verhinderung der Kinderarbeit steht (<http://www.ilo.org/ilolex/cgi-lex/ratifce.pl?China> am 17.07.2008).

452 Darunter die Abkommen Nr. 87 (Freedom of Association and Protection of the Right to Organize); Nr. 98 (Right to Organize and Collective Bargaining); und Nr. 29 wie auch Nr. 105 die sich der *forced labor* verschrieben. Vgl. ebd.

nahmen für die Wanderarbeiter keine wesentlichen Vorteile bzw. Verbesserungen darstellen.

7.4 Fragliche Reformen des Hukou-Systems

Nach den wirtschaftlichen Marktreformen des Landes wurde erstmals 1993 ein Plan zur Erneuerung des *Hukou*-Systems vorgestellt. Dieser rief zur allmählichen Aufhebung der Unterscheidung zwischen ländlichem und städtischem *Hukou* sowie der Ablösung der drei Typen des temporären, permanenten und Gäste-*Hukou* auf. Entsprechende Maßnahmen sollten mittels einer Minderung der Migration in die kleineren Städte, sowie einer Dezentralisierung der Behörden für die Vergabe von *„standards for entry"*[453] zu einer lokalen Einheit, durchgesetzt werden.

Die zentralen Behörden vergeben nur anhand etablierter Kriterien, wie der Bescheinigung einer stabilen Arbeitsstelle, geregeltes Einkommen und eine gesicherte Unterkunft, permanente Registrierungen, die wiederum auf eine bestimmte Zeit begrenzt sind.[454] Bei einer Verlagerung der Behörden können die lokalen Ämter eigene Bestimmungen je nach ländlichen Gegebenheiten und Nöten festlegen und Migrationsvorschriften werden nicht mehr von der Zentrale gesteuert.[455] Dieser Plan wurde von dem Staatsrat 2001 akzeptiert und zu einer festen Bestimmung.[456] So müssen Bewerber eines permanenten *Hukou* in der Provinz Zhejiang einen Arbeitsvertrag über mindestens fünf Jahre vorweisen, über eine gewisse Kapitalanlage verfügen als auch eine *„self-built housing unit for more than five years or purchase a hundred-square-meter commercial housing unit priced at least 250.000 Yuan [23.000 €]"*[457] bescheinigen können.

Angesichts dieser strengen Vorschriften ist eine verschwindende Minderheit der Migranten in der Lage, sich für ein permanentes *Hukou* in der Stadt zu qualifizieren. Die rigorosesten Bestimmungen der *Hukou*-Registrierung finden sich in den Küstenregionen. In Guangzhou müssen

453 Anforderungen zum Erhalt eines temporären oder permanenten *Hukou*.

454 Trotzdem werden diese Registrierungen permanent genannt, weil sie zeitlich von längerer Dauer sind als die temporären. Wie lange sie genau bestehen, kann nicht genau gesagt werden, da zeitliche Kriterien zwischen den Städten variieren. Anmerkung der Verfasserin.

455 Vgl. Wang (2005), S. 187. Allerdings ergeben sich aus derartigen Bestimmungen wiederum Gefahren der Korruption. Anmerkung der Verfasserin.

456 Die Umsetzung vollzog sich am 30.03.2001. Vgl. ebd., S. 192.

457 Ebd., S. 192.

Migranten mindestens fünf Jahre fest an einem Platz in der Stadt wohnen (nicht in den Randgebieten), eine stabile Einkommensquelle vorweisen und an den sozialen Sicherheitsprogrammen der Stadt teilnehmen. Für die meisten Migranten sind derartige Bestimmungen nicht einhaltbar, weil sie sich die teuren Unterkünfte in den Städten nicht leisten können, es keine Garantie für einen gesicherten Arbeitsplatz gibt und sie sich ständig in Bewegung befinden. In Peking muss ein Antragsteller gar über einen Posten als Arbeitgeber verfügen und jährlich über drei Jahre lang lokale Steuern in Höhe von über 800.000 Yuan (73.700€) bezahlen, um eine Aufenthaltsgenehmigung zu erhalten.[458] Es zeigt sich also, dass sich nur die Reichsten ein permanentes *Hukou* leisten können und die Migranten aus den Reformen keinen Vorteil erlangen geschweige denn eine Chance haben.

Auch wenn Chinas *Hukou*-Politik nicht allein den Grund der Schwierigkeiten des Umgangs mit den Migranten darstellt, verschlimmert das *Hukou*-System die existierenden Probleme. Um die Arbeitsmobilität zu senken, versucht die chinesische Regierung die wachsenden Einkommensdisparitäten zwischen Stadt und Land aufrecht zu erhalten und darüber hinaus bekräftigen *official policies* die negativen sozialen Einstellungen gegenüber armen Migranten. Aus diesem Grund besteht die Möglichkeit einer permanenten sozialen Teilung in den Städten Chinas durch die politische Stabilität.[459]

Die Reformversuche sind Ergebnis der Politik der 80er Jahre und gleichzeitig eine Reaktion auf die neuen Bedingungen der *floating population*. Die Richtung der politischen Entwicklung wurde mehr und mehr von Genehmigungen charakterisiert. Jedoch bewahrten sich die Staatsführer neben der wachsenden liberalen Politik immer noch die Migration zu überwachen und zu kontrollieren. Mit der Vergabe von temporären Registrierungen stellten sie sicher, dass diese Bewegungen billig und nützlich seien, wie das folgende Zitat belegt:

„[...] if a city's rate of population increase outstrips the rate of economic development, it is bound to have a negative effect on the construction of the four modernizations."[460]

Trotz der Erneuerungen in der Wirtschaft des ganzen Landes hinkt die Reform des *Hukou*-Systems erheblich hinterher. Xu Miaofa schreibt: *"Situations have arisen among the practical problems of registration manage-*

---

458 Vgl. Report AI (2007),S. 37.

459 Vgl. Wang (2005), S. 114-123.

460 Zitat eines von Solinger interviewten Offiziellen, Vgl. Solinger (1999) S. 52 Die vier Modernisierungen beschreiben vier Reformpunkte: Industrie, Landwirtschaft, Wissenschaft und Verteidigung. Anmerkung der Verfasserin.

ment where a legal basis for action is lacking and where many departments formulate policies that lack unity."[461] Bis China die urbane Registrierung liberalisiert hat, wird das Phänomen der Separation von Personen in noch anderen Ausmaßen auftauchen.[462]

Einerseits sind die Reformen wegen der ökonomischen Relevanz nötig, weil die Immobilität der Menschen durch das *Hukou*-System das wirtschaftliche Wachstum behindern könnte.[463] Vor allem der Ausschluss einer bestimmten Bevölkerungsgruppe und die nicht anwachsende Urbanisation tragen dazu bei.[464] Andererseits gibt es wachsende ethnische Bedenken durch externe Faktoren wie der Mitgliedschaft Chinas in der WTO, was eine Anpassung an internationale Standards erfordert.

Als nach den 90er Jahren die Diskussionen über Reformen und die Zukunft des *Hukou*-Systems in den Medien laut wurden, priesen viele chinesische Zeitungen die Abschaffung des Registrierungssystems. Interessant ist, dass seit dem Zuspruch der Regierung, Bedenken in den Schlagzeilen chinesischer Medien grassierten. Es scheint also, als sei die Befürwortung einer offiziellen Sanktionierung eine instrumentalisierte Propaganda-Kampagne gewesen, um die Menschen vor den Reformen abzuschrecken.[465] Bis heute wurden keine wesentlichen Veränderungen vorgenommen.

Noch immer bestimmt die politische Elite die *floating population* und führt genaue Unterlagen über deren Aufenthalt.[466] Die chinesische Regierung ist nicht gewillt, den Zustrom ländlicher Migranten in die Städte ohne weiteres zu akzeptieren. Ganz im Sinne Xiaopings *„leaving the land but not the countryside"*[467] soll die Agrarproduktion angetrieben werden. Auch wenn seit den 80er Jahren Lockerungen in der Migrationskontrolle

---

461 Miaofa, Xu, The Trend of Reform of the Household Registration System as Seen from the Perspective of Population Mobility, in: Mallee, Hein, Reform of the Hukou-System, Sharpe 1996, S. 70-85, hier S. 84.

462 Diese sind zum jetzigen Zeitpunkt allerdings noch nicht klar zu definieren. Vgl. ebd., hier S. 78.

463 Dazu zählen Marktsegmentationen und -verzögerungen sowie geringe Arbeitseffizienz.

464 China gehört trotz seines wirtschaftlichen Aufschwunges durch das Hukou-System zu den Ländern mit der niedrigsten Urbanisationsrate. Vgl. Wang (2005), S. 180.

465 Vgl. ebd., S. 181.

466 So ist seit 1985 durch das Ministerium für Öffentliche Sicherheit legitimiert, dass temporäre Registrierungen in den Städten genau festzuhalten sind, um die Migranten kontrollieren zu können. Vgl. Solinger (1999), S. 50.

467 Aufgeführt in ebd., S. 52.

befürwortet werden, lehnen einzelne Metropolen die Liberalisierung ab, denn es wird befürchtet, dass es bei einer Reform zu einem großen Druck auf die Städte durch Massen von Umsiedlern kommen wird. Das würde dazu führen, dass die bereits überlasteten sozialen Systeme in den Städten zusammenbrechen und die wirtschaftliche Entwicklung in ländlichen Regionen durch den Wegzug der dortigen Eliten weiter verlangsamt werden könnte.

Obwohl die chinesische Regierung Maßnahmen im Sinne der Wanderarbeiter verspricht, stellt sich heraus, dass viele Vorschläge und auch Umsetzungen (z.B. das Eigentumsgesetz) den eigentlichen Zielpersonen nicht wirklich Vorteile bringen. Das *Hukou*-System stellt eine *„semisecret"* und anwachsende lokalisierte Funktion dar, welche nur wenig Raum für eine systematische Untersuchung zulässt.[468] Außerdem trägt es zur Aufrechterhaltung Chinas politischer Stabilität bei und erzeugt eine Umwelt, die für die Bewahrung eines autoritären Staates bedeutend ist, obgleich sie etwas Raum für die Entwicklung einer demokratischen Elite zulässt.

468 Auch Fei Wang betont diesen Standpunkt und ist wie die Verfasserin der Meinung, dass Daten zur Erfassung und Bestimmung meistens mangelhaft, fehlerhaft und mehr als schwerlich zu erlangen sind. Vgl. ders., S. 113.

8 Politische Optionen

8.1 NGO-Arbeit und Gewerkschaftsentstehungen

Auch wenn zunehmend über die Probleme Chinas und im Speziellen die Wanderarbeiter diskutiert werden, gibt es nur wenige Vorschläge oder Empfehlungen, was die Regierung tun kann, um die bestehenden Schwierigkeiten zu lösen. Vermutlich hat Chinas weltpolitische Stellung Einfluss darauf, inwiefern zum einen Informationen nach außen dringen und wie viele Empfehlungen seitens der Regierung überhaupt angenommen werden. Unabhängig von derartigen Umständen sollen in diesem Kapitel verschiedene Optionen angesprochen werden, welche die Lage der Wanderarbeiter eventuell verbessern könnten.

Die erste und mitunter vielleicht wichtigste Überlegung ist die Zulassung der Arbeit von Nichtregierungsorganisationen. Dirk Pleiter betonte, dass China die Arbeit verschiedener Menschenrechtsorganisationen, darunter Amnesty International, noch immer nicht zulässt. Die meisten Vereinigungen befinden sich deshalb in Hongkong, weil es aufgrund der langjährigen britischen Kolonisation seit der „Rückgabe" an China eine sogenannte *Special Administrative Region of the People's Republic of China*[469] darstellt.

Problematisch ist, dass in China alle chinesischen gesellschaftlichen Organisationen als NGOs bezeichnet werden und darin auch alle Verbände eingeschlossen sind, welche offiziellen Einheiten der Regierung angeschlossen sind.[470] Im Grunde genommen ist diese Rahmung des Begriffs NGO nicht zutreffend. Der Frauenverband bildet beispielsweise einen der fünf großen Komplexe der KPC und des Regierungssystems. Die Vorsitzenden des Verbandes sind allesamt Regierungsbeamte, die von der Organisationsabteilung der Partei ernannt werden.[471] Zudem werden alle Ausgaben dieser Organisationen von der Regierung finanziert, was der eigentlichen Bedeutung einer NGO widerspricht. Weil Chi-

---

469 Sie weiterführend zum politischen Wandel in Hongkong (kein Überblickswerk): Lai, Carol Pui-Yee, Media in Hong Kong: press freedom and political change. 1967 - 2005, London 2007.

470 So z.B. der Frauen- und Behindertenverband, der von Deng Pufang, dem ältesten Sohn Deng Xiaopings geleitet wird. Vgl. He (2006), S. 446.

471 Ähnlich verhält es sich bei den großen Volksorganisationen wie dem Jugendverband. Vgl. He (2006), S. 446f.

na aufgrund seiner eigenen Begriffsbestimmungen jedoch über so genannte NGOs verfügt, kann die Regierung ein nicht Vorhandensein derartiger Organisationen dementieren.

Die Zulassung von unabhängigen NGOs würde helfen die verschiedenen Gesellschaftsinteressen besser zu vertreten. Besonders ärztliche und medizinische Versorgung von Migranten könnte durch entsprechende Hilfe der NGOs ermöglicht werden.[472] Auch die Vermittlung einer Rechtshilfe würde den Wanderarbeitern die Möglichkeit geben, ihre ausstehenden Löhne sowie Schadenersatz für die körperlichen (und psychischen) Übel einzuklagen. Mit der Existenz von Nichtregierungsorganisationen bestünde die Aussicht Migranten besser vor Übergriffen zu schützen, da sich derartige Gruppen für ihre Rechte einsetzen und sie publik machen könnten. Denn ein großes Problem ist die Unwissenheit über die Schandtaten, die den Arbeitern angetan werden. Allerdings kann die fehlende öffentliche Legitimation transnationaler Politik nicht durch NGOs ausgeglichen werden, da diese ebenfalls nicht immer demokratisch legitimiert sind. Wichtig ist, dass die Organisationen unabhängig arbeiten und internationale Mitglieder vorweisen können.[473]

Eine weitere wichtige politische Option ist die Respektierung des Rechts zur Formierung und des Beitritts in unabhängige Gewerkschaften, was ein international unterstütztes Abkommen der VRC durch die Deklaration des Artikels 8 (1) der ICESCR ist, welche dieses Recht verordnet.

[...] No restrictions may be placed on the exercise of this right other than those prescribed by law and which are necessary in a democratic society in the interests of national security or public order or for the protection of the rights and freedoms of others [...].[474]

Die chinesische Regierung aber bemerkte, dieser Artikel "*shall be consistent with the relevant provisions of the Constitution of the People's Republic of China, Trade Union Law of the People's Republic of China and Labor Law of the People's Republic of China.*"[475] Aufgrund der gesetzlichen Lage durch das

---

472 Amnesty International erwähnt in seinen Berichten die erhöhte AIDS-Quote junger Migranten in China, sowie die fehlende Hilfe bei akuten Arbeitsunfällen. Vgl. Report AI (2007), S. 15ff.

473 Die Kriterien der Union of International Associations (UIA) für eine legitimierte NGO können auf der Homepage (<http://www.uia.be> am 17.07.2008) nachgelesen werden.

474 Artikel 8 (1a) der ICESCR, unter <http://www.unhchr.ch/html/menu3/b/a_cescr.htm> am 17.07.2008.

475 Das Zitat wurde im Report HRW S. 50 aufgeführt und entstammt den Unterlagen der United Nations Treaty Collection von 2007, welche zum Zeitpunkt der Bearbeitung dieser Arbeit nicht aufrufbar war. Anmerkung der Verfasserin.

Gewerkschaftsgesetz, welches andere Unionen neben der ACFTU verbietet, hatte die chinesische Führung das Anliegen, Artikel 8 (1a) von seiner Ratifizierung auszuschließen. Unter diesen Voraussetzungen schränkte die chinesische Regierung internationales Recht ein und sollte von der internationalen Staatengemeinschaft dringend dazu angehalten, werden diese Rechte zu respektieren.

Das chinesische Gesetz erkennt nicht das Recht der Arbeiter an, sich zu organisieren und Gewerkschaften außerhalb der staatsverbundenen ACFTU zu gründen. Und dies verschlimmert die Ausnutzung der Wanderarbeiter in den Städten. Den chinesischen Arbeitern (die Migranten eingeschlossen) sollte darüber hinaus die Befugnis zu streiken erteilt werden. Derartige Einschränkungen berauben den Arbeitern die Möglichkeit den Missbrauch an ihrer Person von den Arbeitgebern zu verlauten und zu entschädigen. Darum ist es wichtig, dass a) das Chinesische Arbeitsgesetz erneuert wird und den Arbeitern das Recht zum Streik gewährt sowie b) die freie Formierung von Gewerkschaften legalisiert wird und damit die Repräsentation der Arbeiter erfüllt ist. Denn alle Arbeiter sollten das Recht haben sich unabhängigen *trade unions* anzuschließen, von denen sie meinen, dass sie ihre Interessen vertreten.

Vorrangig sind die Diskriminierungen der Wanderarbeiter auf die Existenz des *Hukou*-Systems zurückzuführen. Daher ist es offensichtlich, dass eine Erneuerung dieses Systems die mitunter oberste Priorität erfährt. Die im folgenden Kapitel aufgeführten Empfehlungen entsprechen einer graduellen Umsetzung von Langzeitideen.

8.2 Erneuerung des Hukou-Systems

Wie in dieser Arbeit mehrfach gezeigt wurde, schafft das *Hukou*-System zur Haushaltsregistrierung und Wohnsitzkontrolle beständig die Voraussetzung dafür, dass Wanderarbeiter in vielerlei Weise diskriminiert werden. Es bedarf demnach einer grundlegenden Reformierung. Zwar wurde in den neunziger Jahren die Unterscheidung zwischen Stadt- und Land-*Hukou* offiziell abgeschafft. Da es jedoch noch immer die Abgrenzung zwischen *permanent* und *temporary residents* gibt, lebt die Zweiklassengesellschaft weiter. Aufgrund ihres *Hukou*-Status sollten Wanderarbeiter nicht vom Gesundheits- und Bildungssystem ausgeschlossen werden. Sie müssen einen Zugang zum Gesundheitswesen und zu Schulen bekommen.

Chinas Registrierungsmanagement fasst im Wesentlichen vier Funktionen: die Registrierung von Geburten[476], Migrationen, Todesfällen und die Erhaltung der öffentlichen Ordnung. Damit stellt das *Hukou*-System immer noch die wichtigste Kontrollfunktion der Kommunistischen Partei Chinas dar. Auch wenn eine Reform des *Hukou*-Systems unabdingbar ist, kann sie nicht in einem Schritt bewältigt werden.

Die *Hukou*-Reformen bedingen signifikant die politische Teilhabe. Neugestaltungen werden sicherlich auch Widerständen begegnen; besonders von der städtischen Mittelklasse, die ihre gewohnten Vorteile in Gefahr sieht und Angst hat, von den ländlichen Migranten buchstäblich überrannt zu werden. Dabei kann es zu erheblichen Schwierigkeiten der Ressourcenverteilung kommen und eine wirtschaftliche Herausforderung bedeuten, wenn 760 Millionen[477] ländliche Residenten vollen Zugang zu öffentlichen Diensten haben und mit den Städtern gleichgestellt werden.

Zusammen mit den Ausführungen der *Congressional-Executive Commission of China*[478] sowie dem Report von *Amnesty International*[479], sollen nun drei verschiedene Schritte aufgezeigt werden, um die diskriminierenden Handlungen gegen die Migranten zu unterbinden, die potentielle soziale Instabilität zu verringern und die Basis für einen stetigen Rückbau des *Hukou*-Systems zu schaffen.

Schrittweiser Abbau der Ausschlüsse von Sozialprogrammen:

Eine effektive Methode, die Hindernisse zu überwinden, welche den Migranten besonders bei Bezug von Sozialhilfe begegnen, wäre der Abbau von Bildungsbarrieren der Migrantenkinder. Ihnen sollte die Möglichkeit zuteil werden, zusammen mit den städtischen Kindern eine staatliche Schule besuchen zu dürfen, ohne den Aufwand eines Schulgeldes aufbringen zu müssen. Mit der wachsenden nationalen Wirtschaft sollten chinesische Behörden die *Hukou*-Diskriminierungen

---

476 Das Phänomen der „*black children*" (Kinder, die zuwider der politischen Bestimmungen der Einkindpolitik geboren werden und somit nicht in die Bücher eingetragen werden) häuft sich während der letzten Jahre immens in den Außenbezirken der Städte und ländlichen Gebieten, weil Eltern aufgrund der Einkindpolitik ihre Nachkömmlinge aus Angst vor enormen Geldbußen nicht registrieren lassen. Die Nichtregistrierung der Kinder hat erhebliche Auswirkungen auf die Nahrungsverteilung, Bildung und zukünftige Beschäftigungen. Vgl. Miaofa (1996), S. 82f.

477 Die Zahl entspricht 60 Prozent der Gesamtbevölkerung Chinas. Vgl. CECC (2005), S. 11.

478 Vgl. hierzu ebd., S. 12ff.

479 Vgl. hierzu Report AI (2007), S. 41f.

stetig abbauen. Auch lokale Regierungen müssten beginnen, ihren Landbewohnern und Wanderarbeitern öffentliche Dienste zuzusprechen, die den Städtischen ebenbürtig sind.

Dialogsuche:

Da die Migranten von öffentlichen Diensten ausgegrenzt sind, werden private Bemühungen in Anspruch genommen. Der Aufbau von inoffiziellen Schulen für die Kinder von Wanderarbeitern ist nur ein Beispiel. Dennoch werden diese Einrichtungen seitens der Behörden (sowie der Städter) als Belästigung empfunden und abgebaut. Bereits hier sollten Schritte zu einem Dialog gesucht werden und soziale Dienste unterstützend wirken. Hierbei sollten vor allem internationale Erfahrungen beitragen, nützliche Maßnahmen einzubringen. Denn so wäre eine politische Auseinandersetzung mit Migrationstrends möglich, wie sie andere Länder bereits erfuhren und entsprechende Eingliederungspolitik betrieben.[480]

Beseitigung der Hukou-Einschränkungen, die gegen internationales Recht verstoßen:

Eine legale Basis des chinesischen *Hukou*-Systems ist fraglich. Die existierenden Regulierungen reflektieren das Modell einer zentralen Planung. Mit den *Hukou*-Bestimmungen wird die Bewegungsfreiheit eingeschränkt und dies verstößt gegen das *International Covenant on Civil and Political Rights* (ICCPR) als auch gegen die breiten Gewährungen der persönlichen Freiheiten in der chinesischen Konstitution. Es ist besonders wichtig, die Anforderungen zur nationalen Gesetzgebung anzuheben, um das *Hukou*-System zu modernisieren und die Rechte der ländlichen Bevölkerung zu bewahren. Die chinesischen Behörden sollten Grenzen des Registrierungssystems in dessen Regulierungen, als auch in den nationalen Gesetzen setzen. Derartige Beschlüsse müssen transparent sein und in ihrer Umsetzung eingehender kontrolliert werden. Zudem müssen sie an die internationalen Abkommen anknüpfen und der Bevölkerung das Recht zur Gleichheit gewähren.[481]

---

480 Als unreflektierte Beispiele sollen hier Frankreich, Deutschland oder auch die USA genannt werden.

481 Von besonderer Wichtigkeit stehen die Ergebnisse derartiger Handlungsvorschläge im Recht auf Bildung (Art. 12 ICESCR), auf adäquate Behausung (Art. 11(1) ICESCR) sowie auf einen gewährten Schutz und Beistand der Familie (Art. 10(1) ICESCR). Die Artikel sind abrufbar unter <http://www.unhchr.ch/html/menu3/b/a_cescr.htm>. Vor allem die Bildung der Kinder unter gleichen Bedingungen, eingeschlossen der sozialen Leistungen, sollte der KPC besonderes Anliegen sein.

Die aufgeführten Beispiele sind, wie bereits erwähnt, Überlegungen der Verfasserin anlehnend an Literaturempfehlungen. Für die Umsetzung derartiger Maßnahmen ist es notwendig, dass das ganze System transparenter wird und der Bevölkerung ein größeres Recht an Mitsprache und Repräsentanz zugesprochen wird. Auch wenn viele politische Aktionen bzw. Optionen ineinander fließen und von enormer Wichtigkeit sind, steht die Erneuerung des *Hukou*-Systems an oberster Stelle, da seine Existenz das Klassenbewusstsein spaltet und die Grundlage einer vehementen Differenzierung darstellt.

8.3 Einhaltung internationaler Standards

"The international community should respect the measures countries take to promote and protect human rights according to their particular situation and reality."[482]

Amnesty International fordert die chinesische Regierung dazu auf, die Menschenrechte zu achten, indem sie internationale Standards am Arbeitsplatz durchsetzt. Dazu gehören eine faire Bezahlung, sichere Arbeitsbedingungen, als auch Erholungs- und Urlaubszeiten. Die wachsende und prosperierende Volkswirtschaft muss ihre Bemühungen verstärken, um diese Ziele zu erreichen. Wie im internationalen Recht festgelegt, sollte auch die chinesische Regierung folgende Standards einhalten:

- Verstärkung von Vollstreckungsmaßnahmen und die Erhöhung des Strafmaßes für Firmen, die ihren Arbeitern keine gültigen und einklagbaren Verträge aushändigen;
- Respektierung des Rechts auf die Bildung und Teilhabe an unabhängigen Gewerkschaften;
- Fortführung der wachsenden Ressourcenbereitstellung für Hilfsstellen, die sich für die formellen Rechte der Wanderarbeiter einsetzen, welche von ihren Arbeitgebern missbraucht wurden.

Die politische Führung Chinas sollte beginnen, die Obligationen des zweiten Artikels der ICESCR[483] zu befolgen und gemessen am wirtschaft-

---

482 Zitat des ehemaligen chinesischen Außenministers Tang Jiaxuan, abgedruckt in dem Artikel: Chinese FM Meets Russian Human Rights Representative (<http://english.people.com.cn/english/200003/16/eng20000316N108.html> am 18.07.2008).

lichen Wachstum den maximalen Beitrag der vorrätigen Mittel zur Erzielung wirtschaftlicher, sozialer und kultureller Rechte bereit zu stellen. Als China im Jahre 2001 Teilnehmer der ICESCR wurde, stimmte die chinesische Regierung nicht nur der Garantie zum Recht der Arbeit zu (Artikel 6), sondern auch dem Recht begünstigter Arbeitsbedingungen, wie fairen Lohnzahlungen, zu.[484]

Darüber hinaus ist festzuhalten, dass die Freiheit des Menschen, sich eigenständig zu bewegen, ein internationales Gut ist, welches in China mit der Existenz des *Hukou*-Systems kontrolliert und eingeschränkt wird. Das *International Covenant on Civil and Political Rights* (ICCPR) stellt das Hauptvertragsabkommen zur Freiheit der Bewegung und Residenz in Staaten dar. Artikel 12 (1) legitimiert dieses Recht: *„Everyone lawfully within the territory of a State shall, within that territory, have the right to liberty of movement and freedom to choose residence"*. Entgegen der Lockerungen seit der Reformpolitik ist es den ländlichen Bewohnern noch immer nicht möglich, in den Städten legal ansässig zu sein. Eine Überarbeitung des *Hukou*-Systems stellt somit auch eine internationale Pflicht dar.

Trotz der Ratifizierungen einiger internationaler Konventionen bezüglich des Migrationsgesetzes, wie der UDHR, ICESCR,CERD,CEDAW und des CSR sowie der Zustimmung der ICCPR, haben diese Abkommen nur geringe Auswirkungen auf grundlegende normative Voraussetzungen des chinesischen Systems bezüglich des Migrationsgesetzes.[485] Die chinesische Regierung sollte deshalb zusätzlich das Abkommen Nr. 81[486] der ILO ratifizieren, welches die Arbeitsinspektion in Handel und Industrie verfolgt. Es ist darüber hinaus sehr wichtig, dass Chinas Arbeitsgesetze überprüft und verbessert werden. Die folgenden Punkte bedürfen einer Erwägung[487]:

1. Die chinesischen Arbeitsgesetze müssen den Arbeitern das Recht zum Streik gewähren.
2. Die Gewerkschaften sollten für größere Autonomie und klarere Unterscheidungen zwischen *„union officials"* und *„government officials"* treffen.

---

483 Dieser Artikel 2(1) bestimmt die Kontrolle der politischen Partein bezüglich der ratifizierten Abkommen. Abrufbar unter <http://www.unhchr.ch/-html/menu3/b/a_cescr.htm> am 18.07.2008.

484 Diese Bestimmungen setzt Artikel 7 der ICESCR. Einzelheiten dazu sind abrufbar unter <http://www.unhchr.ch/html/menu3/b/a_cescr.htm> am 18.07.2008.

485 Vgl. Liu (2007), S. 114.

486 Labour Inspection Convention, abrufbar unter <http://www.ilo.org/ilolex/cgi-lex/convde.pl?C081> am 19.07.2008.

487 Vgk. Conflicts of interest, (CLB).

3. Die Bestimmung der aufrechterhaltenden Autorität der Kommunistischen Partei Chinas muss beseitigt werden, da sie die unabhängige Arbeit von Organisationen stört und jegliche Vorgänge kontrolliert.

Die Bearbeitung derartiger Maßnahmen bedarf für sich genommen der Kontrolle von Gesetzen. Die chinesischen Gesetze sind weniger Rechtsinstrumente als Mittel der chinesischen Politik die Ziele des Regimes durchzusetzen. Phelim Kine betont: „*Laws – the Labor Law and Labor Contract Law – have valuable protections for workers, including migrants. The problem is the lack of enforcement of these laws.*"[488] Auch wenn die chinesische Führung die Existenz derartiger Kontroll- und Schutzfunktionen unterstreicht, muss sie gewillt sein, diese besser umzusetzen. Da China zunehmend als Global Player die Weltbühne betritt, ist es wichtig, internationale Abkommen zu verfolgen und einzuhalten.

Um in China die gegebenen Umstände der diskriminierenden Haltung gegenüber der Wanderarbeiter aufzuheben, ist es zwar einerseits wichtig, die Regierung zu langfristigen Umsetzungen humanrechtlicher Maßnahmen sowie deren Einhaltung anzuhalten[489], andererseits sollte die internationale Gemeinde zusätzlich versuchen eigens zu handeln, um mehr Druck auf die chinesische Wirtschaft auszuüben. Wie sich zeigt, ist die wirtschaftliche Entwicklung für die Regierung oberstes Kalkül zur Modernisierung des Landes, mitunter durch unmenschliche Beschneidungen. Um diesen Gegebenheiten entgegen zu wirken, sollten andere Länder, welche durch den billigen Import chinesischer Waren profitieren, die von Wanderarbeitern gefertigt wurden, beispielsweise höhere Einfuhrzölle erheben und diese Waren besteuern, um den unrechten Produktionsfirmen den Boden zu nehmen.

Die Empfehlungen für die chinesische Regierung allein werden ohne ihr konzentriertes Zutun nicht viel an der Lage der Wanderarbeiter ändern. Das zeigen die internationalen Abkommen mit China, welche bereits vor Jahren ratifiziert worden sind und die Lage der chinesischen Arbeitsmigranten noch immer nicht besserten. So greift auch die einfache Überlegung zu kurz, dass die alleinige Mitgliedschaft Chinas in internationalen Organisationen wie der WTO, große Unternehmen die politische Führung dazu drängen würden, international gültige Regeln einzuhalten und der Korruption zu begegnen. Es scheint eher sicher, dass der Eintritt Chinas in die WTO die stattfindende soziale Polarisierung beschleunigen wird. Denn die politische und wirtschaftliche Elite Chinas bündeln neue

488 In einem Emailinterview mit der Verfasserin.

489 Besonderer Betonung bedürfen hier Maßnahmen wie die Kontrolle der Gesetze mittels geschulten Personals sowie die strafrechtliche Verfolgung Menschen ausbeutender Firmen.

Möglichkeiten der Entwicklung und des Handels, indem sie soziale Verbindungen als Ressource benutzen.

Solange China die Möglichkeit der Ausnutzung einer Bevölkerungsgruppe hat und die Wirtschaft der westlichen Staaten diesen Umstand zulässt, wird es in Zukunft noch mehr Wanderarbeiter in den Städten Chinas geben, welche ihr Leben für die globale Ausbeutung geben. Nur eine soziale Bewegung könnte eine Lösung der bestehenden Probleme und eine Transformation des politischen Systems herbeiführen.

9 ZUSAMMENFASSUNG UND SCHLUSSFOLGERUNGEN

9.1 Inhaltliches Fazit

Die Migrationsprozesse in China sind nicht monokausal zu erklären, sondern ein komplexer Vorgang mit einer Vielzahl von unabhängigen, aber zusammen wirkenden Gründen, die dazu führen, dass sich ländliche Bewohner zur Migration in die Stadt entscheiden.

Konzentriert lassen sich aus den Erkenntnissen dieser Studie als Antwort auf die zentrale Fragestellung nach den Ursachen der Wanderungsbewegungen mehrere Erklärungsebenen zusammenfassen: Anhand der politischen Bestimmungsfaktoren (5.1 und 6.1) erfährt die Migration Steuerungs- und Kontrollmaßnahmen. Das *Hukou*-System (3.2) regelt die Wanderungsbewegungen und bestimmt den Status der Migranten, woraus ihre Situation in der Stadt entsteht (3.3). Wirtschaftliche Einflüsse (5.2 und 6.2) prägen die Handlungen der Wanderarbeiter in einer besonderen Art- und Weise, weil sie den Entwicklungen auf dem Land entgegenstehen und dessen Bewohnern die Möglichkeit bieten ihre finanzielle Situation zu verbessern. Da Menschen aber nicht einfach von politischen oder wirtschaftlichen Kräften getrieben werden, stehen in Zusammenhang mit diesen beiden Variablen die soziokulturellen Faktoren (5.3), die als Bestimmungsfaktoren der Wanderung wie auch seitens der behindernden Vorgänge (6.3) eine große Gewichtung haben. Die Entscheidungsmuster wurden auf der Mikroebene dargestellt. Dazu müssen die individuellen Elemente sowie die Motivlage (Kapitel 4) berücksichtigt werden, weil sie nach Meinung der Verfasserin zur Erklärung von Migrationsbewegungen von zentraler Bedeutung sind.

Besonders im 4. Kapitel dieser Arbeit ist deutlich geworden, dass hinter den Migrationsentscheidungen nicht nur wirtschaftspolitische, sondern auch wichtige soziokulturelle Motive stehen. Dabei ist herausgearbeitet worden, dass die familiäre Einheit überwiegenden Einfluss auf die Entscheidungsfindungsprozesse hat. Auch wenn es scheint, die Migration sei ein externer Prozess zur Heimatregion, wurde mehrfach argumentiert, dass sie als Erweiterung existierender Veränderungsstrategien zu verstehen ist. Die Migration wird untermauert durch bestehende Werte wie familiäre Loyalität und Liebe zur Heimat. Diese Größen sind an die Wanderung angepasst, weil Migranten sozial, wirtschaftlich und rechtlich bzw. politisch in den Städten verletzlich sind und daher das Sicherheitsnetz des ländlichen Haushaltes benötigen.

Eine nicht zu unterschätzende Variable ist darüber hinaus die Mentalität der chinesischen Landbewohner. Sicherlich ist ihr kollektives Denken einerseits durch die noch immer verankerte konfuzianische Tradition geprägt und zum anderen von der kommunistischen Politik beeinflusst. Ganz im Sinne der *danwei* werden Zusammenschlüsse im privaten als auch öffentlichen Leben gesucht wie organisiert. Da diese Gruppendynamik im kollektiven Gedächtnis der Chinesen fixiert ist, finden auch Migrationsentscheidungen aus familiären Situationen heraus statt.

Über die Zeit wurde die Migration zu einem kulturellen Weg, zeitgemäße Ziele wie den Hausbau, die Bildung der Kinder sowie die Unterstützung der Familie, zu verfolgen. Somit wurde der Wanderung auch ein vehementer Einfluss auf die dörfliche Gemeinde zuteil. Als Kettenreaktion setzten Langzeitstrategien ein. Die Migration in China ist einzigartig, weil sie selten als eine Antwort aus Ungleichheiten in der Landverteilung resultiert oder durch das Ziel, Geld zum Landkauf zu verdienen motiviert wird (5.1). Die meisten ländlichen Migranten haben zwar Zugriff auf Land, doch die Benutzung ist strikt auf die Landwirtschaft eingeschränkt. Landnutzungsrechte können jedoch nicht erkauft werden.

Eine ambivalente Rolle nimmt weiterhin das Haushaltsregistrierungssystem (6.1) ein. Auch wenn es seine ursprüngliche Funktion als Barriere für die Zuwanderung weitgehend verlor, wirkt es gegenwärtig auf die Migration. Zum einen erschwert es die Meldewege mit hohen Wartezeiten und erheblichen Kosten für provisorische Ausweise. Zum anderen verhindert es die längerfristige Bindung von Migranten in den Städten.[490]

Für die Schaffung jeglicher neuer politischer Maßnahmen in Bezug auf eine veränderte Behandlung der Wanderarbeiter bedarf es einer institutionellen Vorkehrung, um die grundlegenden wirtschaftlichen und sozialen Bedürfnisse der sozialen Randgruppen abzusichern. Auch wenn sich die chinesische Regierung des Problems bewusst ist, ist sie bisher nicht gewillt, dieses tatkräftig zu verhindern bzw. einzudämmen und den Wanderarbeitern größere Rechte zuzusprechen. Mit der Zunahme dominierender Rollen einflussreicher Gruppen (6.1) gegenüber der Politik ist die Forderung nach sozialer Gerechtigkeit de facto aus dem politischen Programm gestrichen worden. In der chinesischen Gesellschaft vollziehen sich vielmehr elementare strukturelle Brüche. Besonders die Wanderarbeiter sind aus dem (institutionellen) Modernisierungsprozess herausgefallen.

Die vorliegende Analyse hat bewiesen, dass die Wanderungsbewegungen durch die Weiten Chinas mit anderen Charakteristika verbunden

---

490 Vgl. Schulze (2000), S. 451.

sind als in vergleichbaren Entwicklungs- oder Schwellenländern.[491] So wandern hier kulturell unterschiedliche Gruppen, welche nicht die gleiche Sprache (gemeint sind durch ethnische Unterschiede entstandene Dialekte) sprechen und aus verschiedenen Lebensverhältnissen stammen. Zudem konnte bewiesen werden, dass die Wanderarbeiter in China zu einer minderwertig beurteilten Klasse gehören und dem *Hukou*-System die grundlegende Funktion derartiger Unterschiede zukommt.

Es ist zwar nach der vorgezeigten Studie noch immer schwierig, eine direkte Unterscheidung der Migranten zwischen Raum und Zeit zu geben; gemessen an den präsentierten Ergebnissen ist jedoch davon auszugehen, dass ganz im Sinne Zelinskys die Migration in China eine zirkuläre Bewegung ist, welche von *willing workers*[492] mit Langzeitstrategien eingegangen wird. Die gleichen oder andere Familienmitglieder werden immer wieder zur Migration angespornt. Die Migration scheint zu einer Familienstrategie geworden zu sein. Den Heranwachsenden ist ebenso wie den Älteren klar, dass sie eines Tages in die Städte ziehen werden. Angesichts der bestehenden ländlichen Gegebenheiten sehen viele Familien nur in der Wanderarbeit die Möglichkeit zur Besserung ihrer Lage.

Jegliche Entscheidungsmuster resultieren aus einer Situation der Unzufriedenheit (Einkommen), der Aussichtslosigkeit (Armut) sowie der Verbindlichkeit (gegenüber Familienmitgliedern). Der Entschluss zur Migration wird gefasst, wenn davon ausgegangen werden kann, dass die Wanderung die Möglichkeit bietet höhere Lang-Zeit-Gewinne zu erzielen, als der Heimatort. Weil die Migration ein gegenwärtiges Phänomen in China darstellt und damit ein Produkt der genannten Ebenen ist, sind die politischen, wirtschaftlichen und soziokulturellen Auswirkungen nicht aufzuhalten.

491 Beispielhaft und unkommentiert sei Mexiko genannt. In den letzten Jahren werden zunehmend vergleichende Studien zwischen den Migrationsbewegungen Chinas und Mexiko publiziert. Siehe Roberts, Kenneth D., Chinese Labor Migration: Insights from Maxican Undocumented Migration to the United States, in: West, Loraine A., Zhao, Yaohui, Rural Labor Flows in China, Berkely 2000, S. 179-230.

492 Man könnte sagen: *Willing workers* (bestrebte Arbeiter), but *invisible residents* (unsichtbare Bewohner). In dieser Anmerkung ist der Gedanke der freiwilligen Wanderung enthalten.

9.2 Theoretisches und methodisches Fazit

Wie die vorliegende Arbeit gezeigt hat, erfüllt Everett Lees Modell der Push- und Pullfaktoren die Anforderungen, die allgemein an ein konzeptionelles Modell gestellt werden: Zur möglichst genauen Abbildung der Realität funktioniert ein Modell als analytisches Werkzeug, um eine zusammenhängende Ordnung der signifikanten Faktoren darzustellen.[493] Das dem Untersuchungsthema adaptierte Modell diente der Identifikation verschiedener Ursachenmuster, welche - mitunter in Verbindung mit unterschiedlich beeinflussenden Variablen - als Beweggründe der Migrationsentscheidung wirken und das „aggregierte" Ergebnis zielgerichteter und rationaler Handlungen individueller Akteure darstellen. Trotzdem sollte kritisch bemerkt werden, dass es teilweise nicht möglich war einzelne Faktoren deutlich voneinander abzugrenzen. Besonders bei den vorgestellten Barrieren ist es schwierig die den Kategorien (wirtschaftlich, politisch, soziokulturell) zugewiesenen Aspekte direkt voneinander zu unterscheiden.[494] So genannte *Drivers* und *Barriers* resultieren oftmals gegenseitig voneinander bzw. gehen gar mit Push/Pullfaktoren einher.

Durch die eigens gewählte Unterscheidung der Bestimmungsfaktoren der Migration konnte der Forschungsgegenstand der vorliegenden Arbeit einfach strukturiert werden. Die diagnostizierten Push- und Pullfaktoren auf politischer, wirtschaftlicher und soziokultureller Ebene sind für die bearbeitete Studie zwar nicht überlappungsfrei, da sich beispielsweise wirtschaftliche Faktoren wie die Arbeitslosigkeit auf die soziale Armut auswirken sowie politische Reformen die ökonomische Situation am Heimatort beeinflussen und damit die soziokulturelle Ebene berühren. Es ist jedoch deutlich geworden, dass der gravitationstheoretische Ansatz, gepaart mit Theorien aus der Ökonomie und dem Ansatz des Humankapitals, sich als geeignet erwiesen hat, verschiedene kausale Ebenen zu untersuchen, ohne die zentrale Fragestellung in Zweifel zu ziehen.

Um eine genaue Identifizierung des Modells vorab darzustellen, hat die Verfasserin im zweiten Kapitel dieser Arbeit zuerst das Argument Ravensteins (2.1) aufgeführt, wobei besonders das rasante Wirtschaftswachstum die Landbewohner dazu bewegt, ihre Heimat zu verlassen. Hinzu kommen die *income-differential-* sowie die *job-vacancy-Hypothese,* welche als Verlängerung dieser Argumentation die Migrationsbewegungen erklären. Der Antriebsmotor zur Wanderung ist in erster Hinsicht das

493 Vgl. Heywood, Andrew, Politics, 2. Aufl., New York, NY 2002, S. 19.

494 So beispielsweise bei dem Argument der gesellschaftlichen Spaltung und der *„Anti-Ländler-Auffassung"*, wobei sich ersteres aus dem anderen ergibt.

Streben nach Verbesserung des materiellen Wohlstandes. Mit dieser Betrachtungsweise ist der Versuch verbunden, Probleme der Makro- und Mikroebene ex aequo zu erfassen. Eine derartige Perspektive bietet zudem die Möglichkeit, Phänomene jenseits der eigentlichen Migrationsentscheidungen erklären zu können. Darüber hinaus hilft eine akteursorientierte Sichtweise die Migration mit den Trägern des sozialen Prozesses zu verknüpfen.

Bei Betrachtung der Erkenntnisse in Kapitel 4 und 5 dieser Arbeit ist ergänzend eine Nuancierung dieser Überlegungen, welche viele Migrationsforscher[495] teilen, vorzunehmen. Wie die Verfasserin deutlich herausarbeitete, verlaufen Migrationsentscheidungen nicht monokausal. Auch wenn konzeptionelle Überlegungen vornehmlich von materiellen Interessen der Migranten ausgehen, sind neben den Einflüssen aus Politik und Wirtschaft besonders zwischenmenschliche Beziehungen entscheidende Faktoren der Wanderung. Die Verfasserin hat zudem gezeigt, dass die Betonung der wirtschaftlichen Motive vor allem eine strategische Bedeutung hat. Da die Migranten auf der Suche nach Ressourcen sind, um die Zurückgebliebenen in der Heimat zu unterstützen, ist mit einer Argumentation allein auf ökonomischer Grundlage Vorsicht geboten.

Mit dem vorgestellten Modell gelang es also zu zeigen, dass die Wanderung von mehreren Aspekten beeinflusst wird. Dabei kristallisieren sich nicht nur erwartungsgemäß arbeitsbezogene Aspekte als dominierendes Motiv heraus, sondern auch die Tatsache, dass Migranten meist subjektiven Entschlüssen folgen. Angeglichen an den Schwerpunkt der chinesischen Land-Stadt-Migration konnte eine umfangreiche Analyse der Bestimmungsfaktoren vorgenommen werden. Auch wenn die Faktoren des Modells in verschiedenen Hinsichten korrelieren, mussten sie in Bezug auf die chinesische Wanderarbeit eingegrenzt werden, weil einerseits eine Untersuchung aufgrund mangelnder vorhandener Informationsquellen nicht möglich gewesen und andererseits der Rahmen dieser Arbeit überspannt worden wäre.

Eine wichtige Feststellung ist, dass sich die Arbeitsmigration nicht allein aus subjektiven Beweggründen erschließen lässt. Wahrscheinlich sind die tatsächlichen Auswirkungen auf den Arbeitsmarkt viel größer, da viele Migranten sich unabhängig von den Motiven, welche sie in Interviews äußern, am Zielort eine Beschäftigung suchen. Wichtig ist, dass Zuordnungen bestimmter Akteure nicht einfach in feste Kategorien („ausbeuterische Unternehmen", „korrupte Politiker", „streunende Migranten") vorgenommen werden können, da eine derartige Kategorisie-

495 Zu nennen seien Michael Todaro und Larry A. Sjastaad, welche die Wanderungen mittels Erträge und Kosten anhand ökonomischer Entwicklungen erklärten. Siehe dazu Kapitel 2.2.

rung nicht hilfreich ist, die Verhältnisse zu erklären. Die Situation der Wanderarbeiter lässt sich eher als Zusammenspiel sozialer Interaktionen und Opportunitäten ableiten. Ergebnis eines derartigen Prozesses sind problematische Beschäftigungsverhältnisse und Arbeitsbedingungen, die Migranten systematisch benachteiligen. Zudem stellen Abschiebeaktionen der Stadtverwaltungen (6.1) und das mangelnde Ansehen durch die Städter (6.3) den Aufenthalt der Migranten immer wieder infrage.

Überdies ist es im untersuchten Fall schwierig, über die relative Erklärungskraft verschiedener Ursachen zu urteilen, da insbesondere das Zusammenwirken der verschiedenen Faktoren dazu geführt hat, dass die Entscheidung zur Wanderarbeit immer wieder getroffen wird. Zudem ist es kompliziert, eine objektive Relativierung durch direkt Betroffene zu treffen, weil sie entweder nicht über ihre Lage reden können, da sie von den Unternehmen oder auch politischen Kadern überwacht werden und es somit Wissenschaftlern in diesem Feld erschwert wird, qualitative Interviews zu führen. Oder sie haben Angst, die Ausbeutung ihrer Arbeitskraft und die Schändung ihres Körpers öffentlich Preis zu geben, da sie so Gefahr laufen, sich offenkundig verwundbar zu zeigen.

Ein weiterer Punkt ist die fragwürdige Informationslage. Trotz mehrerer Nachfragen an Untersuchungsinstitute in China wie der CASS, dem National Bureau of Statistics, der chinesischen Botschaft, dem Brussels Institute of Contemporary China Studies (BICCS) als auch Expertisen in England und Deutschland musste die Verfasserin feststellen, dass Personen nicht gewillt sind, über das Thema der chinesischen Wanderarbeiter zu sprechen[496] und es gleichzeitig für die Regierung Chinas ein Tabuthema darstellt. Dieses Resultat hebt sich einerseits durch die kaum vorhandene Datenlage heraus und das Unbehagen chinesischer Behörden, statistisches Material freizugeben.[497] Auch wenn die Validität dieses Materials fraglich ist, wäre eine Beschäftigung mit empirischem Primärmaterial interessant und wichtig gewesen.

Eine Befassung des Themas ist angesichts der Sprachbarrieren darüber hinaus nur in einem eingeschränkten Rahmen möglich. So konnten keine eindeutigen Erkenntnisse darüber gegeben werden, wie sich die Dorfgemeinschaft im Einzelnen organisiert und wie das Denken der chinesischen Landbevölkerung einzuschätzen bzw. zu charakterisieren ist. Diese Punkte konnten nur anhand ausgewählter übersetzter Interviews[498] ange-

496 So wurden mehrfache Interviewnachfragen sowie Bitten nach Material konsequent ignoriert.

497 Dazu zählen v.a. die Ergebnisse des Zensus von 2000, in denen Familienmitgliedern auch Fragen zur Abwanderung gestellt und daraus entsprechende Statistiken errechnet wurden.

498 Siehe Jacka/ Xianin (2004).

nommen werden. Es war zudem nicht Ziel dieser Studie, die humanrechtliche Relevanz der Wanderarbeiter herauszuarbeiten. Auch wenn eine Akzentuierung in diesem Feld unabdingbar ist, stand die Analyse der Ursachen jener Migrationsprozesse im Vordergrund.

9.3 Forschungsperspektiven

Wie in den ersten Kapiteln abgegrenzt, ist die vorliegende Studie inhaltlich und geografisch auf die Untersuchung Chinas fixiert und der zeitliche Rahmen vorab durch die wirtschaftliche Reformpolitik abgesteckt. Somit konnte dem Umfang gerecht und Oberflächlichkeiten auf Grund einer zu breiten Thematik vermieden werden. Die Ergebnisse dieser Arbeit eröffnen weitere Forschungsansätze in verschiedene Richtungen. Dabei können Aussagen über die Wirkungsweise der Migrationsprozesse als Ansatz dienen, um über vergleichbare Studien abstrahierte Aussagen zu treffen.

Eingebettet in zentrale Prozesse von Modernisierung und Urbanisierung könnten Probleme des gesellschaftlichen Wandels in kondensierter Form analysiert werden. Da sich China derzeit in einer Phase vieler Umbrüche befindet, wird oft argumentiert, dass die wirtschaftlichen Vorgänge, besonders im Hinblick auf die Wanderarbeit, gewöhnlich sind, da derartige Prozesse ebenso in den heutigen Wirtschaftsländern während deren Periode der Industrialisierung stattfanden. Fragen, die sich in dieser Hinsicht auftun sind: Wie definiert sich eine moderne Gesellschaft? Besteht die Möglichkeit einer gesellschaftlichen Transformation in China?

Des Weiteren stellen sich besonders auf der politischen Ebene neue Forschungsfragen und -perspektiven. Wie im 7. und 8. Kapitel der vorliegenden Arbeit angemerkt wurde, liegt es in den Händen der Regierung, welche Maßnahmen umgesetzt werden, um die Ausbeutung der Wanderarbeiter nicht nur zu verhindern, sondern auch deren Ausnutzung vorzubeugen und strafrechtlich zu verfolgen. Nicht die Firmenideologien und der Wille der chinesischen Regierung sollten an erster Stelle stehen, sondern das Wohl der Bürger Chinas, unabhängig ihres *Hukou*. Fraglich ist, welche Rolle das sozialistische Regime spielt und ob ein innerpolitischer wie möglicherweise auch demokratischer Wandel in China, v.a. vor dem Hintergrund der Olympischen Spiele, denkbar ist. Außerdem könnte eine Untersuchung zur Veränderung oder gar Abschaffung des *Hukou*-System überaus informativ sein. Besonders die Vorstellung was passieren würde, wenn das *Hukou* entweder nicht mehr existiert oder seine Bestimmungen gar liberaler geformt würden, wäre ein interessanter Forschungsschwerpunkt. Gäbe es dann beispielsweise von armen Menschen „geflutete“ Städte mit noch mehr Slums?

Zudem ist kaum erforscht, welche langfristigen Folgen die städtische Zuwanderung bringt. Dabei sei sowohl die makroskopische Perspektive des Arbeitsmarktes usw. zu beachten als auch die individuellen Aspekte des Wertewandels der Migranten. Fraglich ist hier die soziale Einbettung der Wandernden und inwiefern sich die strikte Land-Stadt-Trennung auswirkt. Eine weitere denkbare Untersuchung wäre die neue Migrationsentwicklung der Stadt-Stadt-Wanderung als interprovinzielle Migration. Häufig werden derartige Überlegungen wiederum mit wirtschaftlichen Entwicklungen und administrativen Maßnahmen der Regierung als auch der Städte in Verbindung gebracht. Denn einerseits spielt die städtische Arbeitslosigkeit eine besondere Rolle in der Entscheidung, seinen Wohn- und Arbeitsort zu verlagern. Andererseits können Arbeitsvermittlungen anderer Städte Personen aus urbanen Regionen bevorzugen. Auch eine Gegenüberstellung von Stadt-Stadt- und Land-Stadt-Wanderungen eröffnet neue Perspektiven der binnenländlichen Migrationsanalyse.

Ein weiterer interessanter Forschungsschwerpunkt ist darüber hinaus die unfreiwillige Migration, welche sich in China mittlerweile im organisierten Menschenhandel widerspiegelt. Fragen die sich aus dieser Überlegung ergeben sind: Welche Personen sind vom Menschenhandel betroffen? Inwiefern profitiert die Regierung aus derartigen Aktionen? Allerdings scheitern viele Untersuchungen an empirischen Nachweisen, die noch immer sehr rar sind, sowie an der Möglichkeit vor Ort entsprechende Untersuchungen durchzuführen.

Nur unter Einbeziehung der jüngsten Entwicklungen, sowie neuer politischer als auch gesellschaftlicher und rechtlicher Forschungsansätze kann es gelingen, zu einer kohärenten Erklärung für das innerpolitische Verhalten Chinas zu gelangen. Die vorliegende Studie stellt mit der Analyse der Migrationsprozesse in China und den damit einhergehenden Situationen sowie Entscheidungsvorgängen der Wanderarbeiter gleichzeitig einen Ansatzpunkt für weiterführende Untersuchungen dieser Art dar.

10 LITERATURVERZEICHNIS

10.1 Primärquellen

Amnesty International (Hrsg.), People's Republic of China. Internal migrants: Discrimination and abuse. The human cost of an economic miracle, London [März] 2007 (<http://www.amnesty.org/en/library/asset/ASA17/008/2007/en/dom-ASA170082007en.pdf> am 18.10.2007).

China Labour Bulletin (Hrsg.), Small Hands: A Survey Report on Child Labour in China (=Report No. 7: CLB Research Series: Protecting Worker Rights in China), o.O. [Peking] 2007 (<http://www.chinalabour.org.hk/en/fs/view/research-reports/Child_labour_report_final.pdf> am 2305.2008).

Congressional-Executive Commission on China. China's Household Registration System: Sustained Reform Needed to Protect China's Rural Migrants, veröffentlicht am 7. Oktober 2005 (<http://www.cecc.gov> am 19.12.2007).

Human Rights in China (Hrsg.), Not Welcome at the party: behind the "clean-up" of China's Cities. A Report on Administrative Detention under "Custody and Repatriation", New York 1999 (http://www.hrichina.org/public/PDFs/Reports-/C-R_99.pdf> am 30.06.2008).

Human Rights Watch (Hrsg.), „One Year of My Blood". Exploitation of Migrant Construction Workers in Beijing, o.O. 2008 (<http://www.hrw.org/reports/2008/china0308/china0308 webwcover.pdf> am 16.04.2008).

ILO Convention Nr. 155 concerning Occupational Safety and Health, in Kraft getreten am 11. August 1983; ILO Convention 167 concerning Safety and Health in Construction, in Kraft getreten am 11. Januar 1991. (<http://www.ilo.org/public-/english/protection/safework/cis/oshworld/ilostd/index.htm> am 30.05.2008)

International Labor Organisation (ILO; Hrsg.), Equality at work: Tackling the Challenges. Global Report under the follow-up to the ILO Declaration on Fundamental Principles and Rights at Work, Genf 2007 (<http://www.ilo.org./wcmsp5/groups-/public/---dgreports/---dcomm/---web_dev/documents-/publication/wcms_082607.pdf> am 30.05.2008).

The Committee on Economic, Social and Cultural Rights (CESCR, Hrsg.), Fact Sheet Nr. 16 adopted by the World Conference on Human Rights, Wien 1993 (<http://www.unhchr.ch-/html/menu6/2/fs16.htm> am 15.07.2008).

UNFPA (Hrsg.), Weltbevölkerungsbericht 1993, Bonn 1993.

UNFPA (Hrsg.), Weltbevölkerungsbericht 2007. Urbanisierung als Chance: Das Potential wachsender Städte nutzen (=Presse-Info), o.O. 2007 (<http://www.weltbevoelkerung.de-/pdf/wbb_2007_zusammenfassung.pdf> am 09.02.2008).

UNHCHR (Hrsg.), Fact Sheet No.16 (Rev.1), The Committee on Economic, Social and Cultural Rights, Wien 1993 (<http://www.unhchr.ch/html/menu6/2/fs16.htm> am 15.07.2008).

United Nations (Hrsg.), General Assembly: Fifty-third Session vom 08.07.1998 (<http://www.un.org/documents/ga/-docs/53/plenary/a53-145.htm> am 01.07.2008).

World Bank (Hrsg.), China: Overcoming rural poverty, Washington D.C. 2001 (<http://www.worldbank.org/servlet-/WDSContentServer/WDSP/IB/2000/11/17/000094946_001 10305344224/Rendered/PDF/multi_page.pdf> am 30.06.2008).

10.2 Monografien und Sammelbände

(o.V.), Selected Works of Deng Xiaoping Vol. III (1982-1992), übersetzt von The Bureau for the Compilation and Translation of Works of Marx, Engels, Lenin and Stalin Under the Central Committee of the Communist Party of China, Peking 1994.

Bogue, Donald J., Principles of Demography, New York u.a. 1969.

Braun, Gerald/ Topan, Angelina, Internationale Migration. Ihre Folgen für die Ursprungsländer und Ansätze eines Migrationsregimes, Sankt Augustin 1998.

Cannon, Terry, China's Economic Growth. The Impact on Regions, Migration and the Environment, Wiltshire 2000.

Chan, Alfred L., Mao's Crusade. Politics and Policy Implementation in China's Great Leap Forward, Oxford 2001.

Chang, Jung, Wilde Schwäne. Die Geschichte einer Familie. Drei Frauen in China von der Kaiserzeit bis heute, München 1991.

Chang, Jung/ Halliday, John, Mao. The Unknown Story, New York 2005.

Cho, Hyekyung, Chinas langer Marsch in den Kapitalismus, Münster 2005.

Cohen, Robin, The Sociology of Migration, Cheltenham und Brookfield 1996.

Dahl, Robert A., Democracy and Its Crisis, New Haven und London 1989.

Davin, Delia, Internal Migration in Contemporary China, New York 1999.

Day, Lincoln/ Xia, Ma (Hrsg.), Migration and Urbanisation in China, New York 1994.

De Jong, Gordon F./ Gardner, Robert W., Migration Decision Making. Multudisciplinary Approaches to Microlevel Studies in Developed and Developing Countries, New York, Oxford, Toronto u.a. 1981.

Dreyer, June Teufel, China's Political Systems: Modernization and Tradition, 3. Aufl., Houndmills und London 2000.

Dreyer, June Teufel, China's Political Systems: Modernization and Tradition, 3. Aufl., Houndmills und London 2000.

Feithen, Rosemarie, Arbeitskräftewanderungen in der Europäischen Gemeinschaft. Bestimmungsgründe und regionalpolitische Implikationen, Frankfurt a.M. 1985.

Fischer, Doris/ Lackner, Michael (Hrsg.), Länderbericht China. Geschichte-Politik-Wirtschaft-Gesellschaft (=Bundeszentrale für politische Bildung, Bd. 631), 3., vollst. überarb. Aufl., Bonn 2007.

Fischer, Karin/ Hödl, Gerald/ Maral-Hanak, Irmi u.a. (Hrsg.), Entwicklung und Unterentwicklung. Eine Einführung in Probleme, Theorien und Strategien, Wien 2004.

Franz, Peter, Soziologie der räumlichen Mobilität. Eine Einführung, Frankfurt a.M. und New York 1984.

Gaetano, Arianne/ Jacka, Tamara, On the Move: women and rural-to-rural urban migration in contemporary China , New York 2004.

Gatz, Dr. Werner, VR China. Land ·Volk ·Staat ·Wirtschaft (=Schriften des Bremer Ausschusses für Wirtschaftsforschung), Bremen 1972.

Han, Petrus, Soziologie der Migration – Erklärungsmodelle, Fakten, Politische Konsequenzen, Perspektiven, Stuttgart 2000.

Hartmann, Jürgen, Politik in China. Eine Einführung, Wiesbaden 2006.

Haug, Sonja, Klassische und neue Theorien der Migration (=Arbeitspapiere - Mannheimer Zentrum für Europäische Sozialforschung, Nr. 30), Mannheim 2000.

He, Qinglian, China in der Modernisierungsfalle, aus dem Chinesischen übersetzt von Reiter, Christine, Bonn 2006.

Heimer, Maria/ Thøgersen, Stig, Doing Fieldwork in China, Kopenhagen 2006.

Hendrischke, Hans, Provinces in competition. Region, identity and cultural construction, in: Hendrischke, Hans/ Chongyi, Feng, The Political Economy of China's Provinces. Comparatative and competitive advantage, London und New York 1999, S. 2-23.

Heywood, Andrew, Politics, 2. Aufl., New York 2002.

Huntignton, Samuel P., Who are we. Die Krise der amerikanischen Identität, übers. von Helmut Dierlamm und Ursel Schäfer, Hamburg 2004.

Jeffreys, Elaine, China, Sex and Prostitution. London 2004.

Lai, Carol Pui-Yee, Media in Hong Kong: press freedom and political change. 1967 - 2005, London 2007.

Lewis, John P., Quiet Crisis in India. Economic Development and American Policy, Washington 1962.

Liu, Guofu, The right to leave and return and Chinese migration law, Leiden u.a. 2007.

Löwer, Hans-Joachim, Bahnhof der Träumer. Mit Latinos illegal durch Mexiko, München 2006.

Maidment , Bridget/ Borrie, Jan, The turning point for China's economic development, Canberra 2006 (<http://epress.anu.edu.au/china/pdf/china-whole.pdf#-page=160> am 26.06.2008).

Mallee, Hein (Hrsg.), Reform of the Hukou-System (=Chinese Sociology & Anthropology. A Journal of Translations) Leiden 29/1996.

Marx, Karl, Das Kapital. Kritik der politischen Ökonomie (Bd.1-3), Hamburg 1867, 1885, 1894.

McGee, Terry/ Lin, George/ Marton, Andrew u.a., China's urban space: development under market socialism, London u.a. 2007.

Murphy, Rachel, How migrant labor is changing rural China, Cambridge 2002.

Nohlen, Dieter/ Nuscheler, Franz (Hrsg.): Handbuch der Dritten Welt. Ostasien und Ozeanien, Hamburg 1994.

Nuscheler, Franz, Entwicklungspolitik (=Bundeszentrale für politische Bildung, Bd. 488), Bonn 2005.

Nuscheler, Franz, Internationale Migration. Flucht und Asyl, 2. Aufl., Wiesbaden 2004.

Pieke, Frank/ Malle, Hein (Hrsg.), Internal and International Migration, Surrey 1999.

Richmond, Anthony, Immigration and ethnic conflict, Basingstoke 1988.

Saich, Tony, Governance and Politics of China, Basingstoke 2004.

Santel, Bernhard, Migration in und nach Europa. Erfahrungen. Strukturen. Politik, Opladen 1995.

Scharping, Thomas (Hrsg.), Floating Population and Migration in China. The Impact of Economic Reforms, Hamburg 1997.

Schulze, Walter, Arbeitsmigration in China 1985 - 1995: Strukturen, Handlungsmuster und Probleme unter besonderer Berücksichtigung der Zuwanderung in Großstädte des Perlflussdeltas, Hamburg 2000.

Solinger, Dorothy J., Contesting Citizenship in Urban China. Peasant Migrants, the State and the Logic of the Market, Berkeley 1999.

Stark, Oded, The Migration of Labor, Cambridge 1991.

Steinbach, Jens, Konsequenzen der Land-Stadt-Wanderung unter besonderer Berücksichtigung der Armutsmigration in der VR China seit 1990 (=Kölner China-Studien Online. Arbeitspapiere zu Politik, Wirtschaft und Gesellschaft Chinas), Köln 2003.

Széll, Giörgy (Hrsg.), Regionale Mobilität. Nymphenburger Texte zur Wissenschaft (10), München 1972,

Thomas, Dorothy Swaine/ Heberle, Rudolf/ Hutchinson, E.P., Research Memorandum on migration differentials (=Social Science Research Council), New York 1938.

UNESCO (Hrsg.), Living in two cultures. The socio-cultural situation of migrant workers and their families, Paris 1982.

Vanberg, Monika, Kritische Analyse der Wanderungsforschung in der BRD (=Arbeitsgruppe Wanderforschung), Berlin 1971.

Wang, Fei-Ling, Organizing Through Division and Exclusion. China's Hukou System, Stanford 2005.

West, Loraine/ Zhao, Yaohui (Hrsg.), Rural Labor Flows in China, Berkely 2000.

Yang, Dali L., Calamity and Reform in China, Stanford 1996.

Zhang, Mei, China's Poor Regions. Rural-urban migration, poverty, economic reform and urbanisation, London 2003.

Zhang, Wei, Sozialwesen in China (=Schriftenreihe Chemnitzer Beiträge zur Sozialpädagogik, hrsg. von Prof. Dr. Nando Belardi), Hamburg 2005 (<http://archiv.tu-chemnitz.de/pub/2007/0107/data/Zhang.pdf> am 30.06.2008).

Zhou, Kate Xiao, How the Farmers Changed China, Boulder 1996.

10.3 Artikel und Aufsätze

(o.V.), ACFTU must back Migrant Worker Legislators, in: China Labour Bulletin vom 18.03.2008 (<http://www.china-labour.org.hk/en/node/100224> am 10.07.2008).

(o.V.), AFP: Death sentence over China slave scandal, in: China Labour Bulletin vom 23.07.2007, unter <http://www.clb.org.hk/en/node/47574> am 21.05.2008.

(o.V.), China, Taiwan (<http://migration.ucdavis.edu/mn-/comments.php?id=3306_0_3_0> am 05.02.2008).

(o.V.), Chinese FM Meets Russian Human Rights Representative, (<http://English.people.com.cn/english/200003/16/eng20000316N108.html> am 18.07.2008).

(o.V.), Conflicts of Interest and the Ineffectiveness of China's Labour Laws: English Executive Summary, in: China Labor Bulletin im Oktober 2007 (<http://www.china-labour.org.hk/public/contents/category?cid=5712> am 31.05.2008).

(o.V.), Construction Workers "alienated", in: China Daily vom 09.07.2007 (<http://english.hanban.edu.cn/english/China-/216444.htm> am 28.05.2008).

(o.V.), Corruption in China, in: The Economist vom 19.04.2007 (<http://www.economist.com/world/asia/displaystory.cfm?story_id=904039> am 02.06.2008).

(o.V.), From Shanxi to Dongguan, slave labour is still in business, in: China Labour Bulletin vom 21.05.2008 (<http://www.clb.org.hk/en/node/100251> am 28.05.2008.

(o.V.), Migrant workers to get equal rights, in: China Daily vom 09.11.2007 (<http://www.chinadaily.com.cn/china/2007-11/09/content_6242133.htm> am 23.11.2007).

(o.V.), Most migrant workers in cities unhappy: Survey [Januar 2008] (<http://news.jongo.com/articles/08/0114/97992/Otc-5OTIbSzoFY35.html> am 30.05.2008).

(o.V.), Survey of One Thousand Female Migrant Workers, in: Jongo News ohne Datum [vermutlich Oktober/ November 2007] (<http://knows.jongo.com/res/article/17506> am 30.05.2008).

(o.V.), Vier Millionen Chinesen verlieren ihre Wohnungen. Weitere Zwangsumsiedlungen für Drei-Schluchten-Damm-Grossprojekt, in: NZZ Online vom 12.10.2007 (<http://www.nzz.ch/nachrichten/panorama/china_-zwangsumsiedlungen_drei-schluchten-damm_1.568327.html> am 13.06.2008).

(o.V.), Wal-Mart Tipp of union iceberg, in: China Daily vom 19.10.2007 (http://www.chinadaily.com.cn/bizchina/2007-10/19/content_6190560.htm> am 23.11.2007).

A Brief Introduction of the All-China Federation of Trade Unions (ACFTU) vom 20.09.2007 (<http://english.acftu.org-/template/10002/file.jsp?cid=63&aid=156> am 13.07.2008).

Barboza, David, China Says Abusive Child Labor Ring Is Exposed, in: New York Times vom 01.03.2008.

Brown, Lawrence/ Sanders, Rickie, Toward a Development Paradigm of Migration, with Particular Reference to Third World Settings, in: De Jong, Gordon/ Gardner, Robert Wi, Migration Decision Making. Multidisciplinary Approaches to Microlevel Studies in Developed and Developing Countries, New York u.a. 1981, S. 149-185.

Cai, Fang, The Transition of the Employment System under the Dual Labour Market, in: Foreign Affairs Bureau Chinese Academy of Social Sciences, o.O. o.J. [1999] (<http://bic.cass.cn/English/InfoShow/Arcitle_Show_Forum1_Show.asp?ID=418&Title=CurrentTrends%20and%20Thoughts&strNavigation=Home%3EForum&BigClassID=4&SmallClassID=> am 30.06.2008)

Chan, Kam Wing, Internal migration in China: A dualistic approach, in: Pieke, Frank N./ Mallee, Hein, Internal and International Migration. Chinese Perspectives, Surrey 1999, S. 49-72.

Chen, Yang, Shenzhen Government Disregards Migrant Worker's Rights (Abschnitt I), in: China Labor Watch, o.O. o.J. [2003] (<http://www.china-laborwatch.org/Shenzhen%20Government%20Disregards.htm?article_id=50038> am 14.08.2007).

Chuanjiao, Xie, Migrant Workers to get equal rights, in: China Daily vom 09.11.2007 (<http://www.chinadaily.com.cn-/china/2007/11/09/content_6242133.htm> am 26.11.2007).

Cook, Ian G., Pressures of Development on China's Cities and Regions, in: Cannon, Terry, China's Economic Growth. The Impact on Regions, Migration and Environment, Wiltshire 2000, S. 33-55.

Davin, Delia, Migration, Women and Gender Issues in Contemporary China, in: Scharping, Thomas (Hrsg.), Floating Population and Migration in China. The Impact of Economic Reforms, Hamburg 1997, S. 297-314.

De Jong, Gordon F./ Chamratrithirong, Aphichat/ Tran, Quynh-Giang, For Better, For Worse: Life Satisfaction Consequences of Migration, in: International Migration Review (3/2002), S. 838-863.

De Jong, Gordon F./ Fawcett, James T., Motivations for Migration: An Assessment and a Value-Expectancy Research Model, in: De Jong, Gordon F./ Gardner, Robert W., Migration Decision Making. Multudisciplinary Approaches to Microlevel Studies in Developed and Developing Countries, New York, Oxford, Toronto u.a. 1981, S. 13-58.

Ding, Jinhong/ Stockman, Norman, The floating population and the integration of the city community: A survey on the attitudes of Shanghai residents to recent migrants, in: Pieke, Frank/ Mallee, Hein, Internal and International Migration. Chinese Perspectives, Surrey 1999, S. 119-134.

Dongfang, Han, The Shanxi Brickyard Scandal and Child Labour in China, in: China Labour Bulletin vom 25.07.2007 (<http://www.china-labour.org.hk/en/node/47600> am 21.05.2008).

French, Howard W., Fast-Growing China Says Little of Child Slavery's Role, in: New York Times vom 21. Juni 2007 (<http://www.nytimes.com/2007/06/21/world/asia/21-china.html?_r=1&scp=1&sq=said+Hu+Jindou%2C+a+pro-fessor+of+economics+at+the+University+of+Technology-+in+Beijing.+%93%94+%28NYT+21.06.2007%29&st=nyt&oref-=slogin> am 30.05.2008).

French, Howard W., Memo From Shanghai. Fast-Growing China Says Little of Child Slavery's Role, in: New York Times vom 21.06.2007 (<http://www.nytimes.com/2007/06/21/wo-rld/asia/21china.html?_r=1&scp=1&sq=said+Hu+Jindou%2C+a+professor+of+economics+at+the+University+of+Technolo gy+in+Beijing.+%93%94+%28NYT+21.06.2007%29&st=nyt&or ef=slogin> am 30.05.2008).

Fu, L.P./ Ye, Y./ Chen, Q.L., A preliminary study on anxiety of the rural labourers in town, in: Journal of Guizhou Normal University (20/2002), S. 103–106.

Fullen, Mike/ Mitchell, David J./ Barton, Andrew P. u.a., Soil Erosion and Conservation on Subtropical Arable in Yunnan Province, South-west China, in: Cannon, Terry, China's Economic Growth. The Impact on Regions, Migration and the Environment, Wiltshire 2000, S. 279-292.

Gailing, Xu, Migration and Floating in Sichuan, in: Scharping, Thomas (Hrsg.), Floating Population and Migration in China. The Impact of Economic Reforms, Hamburg 1997, S. 265-277.

Gardner, Robert, Macrolevel Influences on the Migration Decision Process, in: De Jong, Gordon F./ Gardner, Robert W., Migration Decision Making. Multudisciplinary Approaches to Microlevel Studies in Developed and Developing Countries, New York, Oxford, Toronto u.a. 1981, S. 59-89.

Goldstein, Alice, Migration, fertility and state policy in Hubei Province, China, in: Demography (34/2007), S. 481-492.

Goldstein, Alice/ Goldstein, Sidney, Migration in China. Methodological and Policy Challenges, Social Sciene History 11 (1987), S. 85-104.

Hare, Denise/ Zhao, Shukai, Labor Migration as a Rural Development Strategy: A View from the Migration Origin, in: Zhao, Yaohui/ West, Loraine, Rural Labor Flows in China, Berkeley 2000, S. 148-178.

Heberer, Thomas: Volksrepublik China, in: Nohlen, Dieter/ Nuscheler, Franz (Hrsg.): Handbuch der Dritten Welt. Ostasien und Ozeanien, Hamburg 1994.

Hendrischke, Hans, Provinces in competition. Region, identity and cultural construction, in: Hendrischke, Hans/ Chongyi, Feng, The Political Economy of China's Provinces. Comparatative and competitive advantage, London und New York 1999, S. 2-23.

Kleining, Jochen, Einer ungewissen Zukunft entgegen. Die 1. Sitzung des 11. Nationalen Volkskongresses der VR China (=Länderbericht Konrad-Adenauer-Stiftung), o.O. 2008 [März], S. 4f. (<http://www.kas.de/wf/doc/kas_13390-544-1-30.pdf> am 11.07.2008).

Kröhnert, Steffen, Migration - Eine Einführung, herausg. vom Berlin-Institut für Bevölkerung und Entwicklung, Berlin 2007 (<http://www.berlin-institut.org/fileadmin/user_upload/handbuch_texte/pdf_Kroehnert_Migration_Einfuehrung.pdf> am 28.12.2007).

Lee, Everett S., Eine Theorie der Wanderung, in: Széll, G. (Hrsg.), München 1972, S. 115-129.

Longino, Jr., Charles F., Internal Migration, in: Borgatta, Edgar F./ Borgatta, Marie L. (Hrsg.), Encyclopedia of Sociology, New York 1992, S. 974-980.

Mallee, Hein, Agricultural Labor and Rural Population Mobility: Some Observations, in: West, Loraine/ Zhao, Yaohui, Rural Labor Flows in China, Berkeley 2000, S. 34-66.

Mallee, Hein, Reform of the Hukou System: Introduction, in: ders. (Hrsg.), Reform of the Hukou-System (=Chinese Sociology & Anthropology. A Journal of Translations) Leiden 29/1996, S. 3-15.

Messkoub, Mahmoud/ Davin, Delia, Patterns of Migration under the Reforms, in: Cannon, Terry, China's Economic Growth. The Impact on Regions, Migration and the Environment, Wiltshire 2000, S. 56-91.

Miaofa, Xu, The Trend of Reform of the Household Registration System as Seen from the Perspective of Population Mobility, in: in: Mallee, Hein (Hsrg.), Reform of the Hukou-System (=Chinese Sociology & Anthropology A Journal of Translations) Leiden 29/1996, S. 70-85.

Oakes, Tim, Selling Guizhou. Cultural development in an era of marketisation, in: Hendrischke, Hans/ Chongyi, Feng, The Poliical Economy of China's Provinces. Comparative and competitive advantage, London und New York 1999, S. 31-72.

Pan, Philip P., High Tide' of Labor Unrest in China: Striking Workers Risk Arrest to Protest Pay Cuts, Corruption, Washington Post vom 21.01.2002.

Petersen, William, Eine allgemeine Typologisierung der Wanderung, in: Széll, G. (Hrsg.), Regionale Mobilität. Nymphenburger Texte zur Wissenschaft (10), München 1972, S. 95-114.

Qiang, Li, Commentary on the 2006 International Forum on Economic Globalization and Trade Unions (<http://www.chinalaborwatch.org/Commentary%20-on%20the%202006%20International%20Forum%20on%20E-conomic%20Globalization%20and%20Trade%20Unions.htm> am 14.08.2007).

Ravenstein, E. G., The Laws of Migration, in: Journal of the Statistical Society of London (2/1885), S. 167-235.

Ravenstein, Ernest G., Die Gesetze der Wanderung, in: Széll, György (Hrsg.), Regionale Mobilität, München 1972, S.41-63.

Richmond, Anthony H., Sociological Theories of International Migration: The Case of Refugees, in: Cohen, Robin, The Sociology of Migration, Cheltenham und Brookfield 1996, S. 331-349.

Roberts, Kenneth D., Chinese Labor Migration: Insights from Maxican Undocumented Migration to the United States, in: West, Loraine A., Zhao, Yaohui, Rural Labor Flows in China, Berkely 2000, S. 179-230.

Roberts, Kenneth D., Rural Migrants in Urban China: Willing Workers, Invisible Residents, in: Asia Pacific Business Review (8/2002), S. 141-158.

Scharping, Thomas, Selectivity, migration reasons and backward linkages of rural-urban migrants: A sample survey of migrants to Foshan and Shenzhen in comparatative perspective, in: Pieke, Frank N./ Mallee, Hein, Internal and International Migration. Chinese Perspectives, Surrey 1999, S. 73-102.

Scharping, Thomas/ Schulze, Walter, Labour and Income Developments in the Pearl River Delta: A Migration Survey of Foshan and Shenzhen, in: Scharping, Thomas (Hrsg.), Floating Population and Migration in China. The Impact of Economic Reforms, Hamburg 1997, S. 166-200.

Schucher, Günther/ Giese, Karsten/ Schüller, Margot u.a., Die chinesische Führung bekräftigt ihren Kurs, in: GIGA Focus Asien (4/2007), S. 1 (<http://www.giga-hamburg.de/dl/download.php?d=/content/publikationen/-pdf/gf_asien_0704. pdf> am 23.05.2008).

Sjaastad, L.A., The Costs and Returns of Human Migration, in: The Journal of Political Economy (70/1962) S. 80-93.

Skeldon, Ronald, International Migration within and from the East and Southern Asian Region: A Review Essay, in: Asian and Pacific Migration Journal (1/1992), S. 19-63.

Solinger, Dorothy J., The Impact of Migrants on City Services, in: Chinese Environment and Development (7/1996), S. 118-43.

Solinger, Dorothy, Labor Discontent in China in Comparatative Perspective, in: Eurasian Geography and Economics (4/2007), S.413–438.

Songjiu, Shi, Strengthen Management of the Floating Population, in: Mallee, Hein (Hrsg.), Reform of the Hukou-System (=Chinese Sociology & Anthropology. A Journal of Translations) Leiden 29/1996, S. 27-35.

Stafford, Charles, Separation, reunion and the Chinese attachment to place, in: Pieke, Frank N./ Mallee, Hein, Internal and International Migration. Chinese Perspectives, Surrey 1999, S. 315-330.

Stark, Oded/ Bloom, David, The new economics of labor migration, in: American Economic Review 75/ 1985, S. 173-178.

Stark, Oded/ Taylor, Edward, Migration Incentives, Migration Types: The Role of Relative Deprivation, in: The Economic Journal (101/1991) S. 1163-1178.

Széll, György, Einleitung: Regionale Mobilität als Forschungsgegenstand, in: ders., Regionale Mobilität, S. 12-40.

Taylor, Bill/ Lin, Fu/ Qi, Li, ACFTU membership organising strategies: local level initiatives in Guangdong and Shanghai, ohne Ort und Jahr [vermutlich von 2003] (<http://personal.cityu.edu.hk/~sabill/publications/union%20Recruitment%20in%20China.pdf> am 25.06.2008).

Thøgersen, Stig, Beyond Official Chinese: Language Codes and Strategies, in: Heimer, Maria/ Thøgersen, Stig, Doing Fieldwork in China, Kopenhagen 2006, S. 110-128.

Todaro, Michael, A model of labor mirgation and urban unemployment and development, in: American Economic Review (59/1969), S. 138-148.

Todaro, Michael, Internal migration in developing countries: a survey, In: Population and Economic Change in Developing Countries (1980), S. 361-402.

Townsend, James, Chinese Nationalism, in: The Australian Journal of Chinese Affairs (27/1992), S. 97-130.

Weidlich, Wolfgang/ Haag, Günther, Concepts of the Dynamic Migration Model, in: ders. (Hrsg.), Interregional Migration. Dynamic Theory and Comparatative Analysis, Berlin 1988, S. 9-20

Wong, Daniel Fu Keung/ He, Xuesong/ Leung, Grace u.a., Mental health of migrant workers in China: prevalence and correlates, in: Social Psychiatry and Psychiatric Epidemiology (43/2008), S. 483–489 (<http://www.springerlink.com/content/l368600075l0210x/fulltext.pdf> am 09.07.2008).

Wong, Daniel Fu Keung/ Li, Chang Ying/ Song, He Xue, Rural migrant workers in urban China: living a marginalised life, in: International Journey of Social Welfare (16/2007), S. 32-40.

Woon, Yuen-Fong, Labor Migration in the 1990s. Homeward Orientation of Migrants in the Pearl Delta Region and its Implications for Interior China, in: Modern China (25/1999), S. 475-512.

Wüllner, Claudia, Wanderarbeiter in Shanghai. Ein Leben außerhalb der städtischen Gesellschaft, in: Pacific News (15/2000), S. 9-11.

Xianliang, Ren/ Bingxin, Tian/ Guowen, Huang/ Shengqi, Li, China's „Registration Taboo“, in: Mallee, Hein (Hrsg.), Reform of the Hukou-System (=Chinese Sociology & Anthropology. A Journal of Translations) Leiden 29/1996, S. 15-26.

Xu, Wang, Regulations will clarify labor contract law, in: China Daily vom 11.3.2008 (<http://www.chinadaily.com.cn/china/2008npc/2008-03/11/content_6525325.htm> am 11.07.2008).

Yan, Wand, China punishes 183 people responsible five fatal accidents claiming 189 lives (<http://www.china-embassy.org/eng/gyzg/t402128.htm> am 21.05.2008).

Zelinsky, Wilbur, The Hypothesis of the Mobility Transition, Geographic Review (61/1971), S. 219-249.

Zhao, Yaohui, Labor Migration and Earnings Differences: The Case of Rural China, in: Economic Development and Cultural Change (4/1999), S. 767-782.

Zhao, Yaohui, Rural-to-Urban Labor Migration in China: The Past and the Present, in: West, Loraine/ Zhao, Yaohui (Hrsg.), Rural Labor Flows in China, Berkely 2000, S. 15-30

10.4 Internetquellen

„Chinesen suchen vermisste Söhne“ gesendet im ZDF Heute Journal vom 18.09.2007 (<http://www.zdf.de/-ZDFmediathek/startseite> am 01.07.2008).

„Mehr Rechte für die chinesischen Wanderarbeiter“ gesendet im ZDF Morgenmagazin vom 18.01.2008 (<http://www.zdf.de/ZDFmediathek/startseite> am 01.07.2008).

ACFTU: (<http://english.acftu.org/template/10002/file.jsp?cid=63&aid=156> am 13.07.2008).

Arbeitsrecht der Volksrepublik China:

(<http://www.usmra.com/china/Labour%20Law.htm> am 28.05.2008).

CASS: (<http://bic.cass.cn/English/InfoShow/Arcitle_Show_Cass.asp?BigClassID=1&Title=CASS> am 02.03.2008).

Criminal Law of the People's Republic of China: (<http://www.women.org.cn/english/english/laws/07.htm> am 08.07.2008).

Deutsche Botschaft: (<http://www.peking.diplo.de/Vertretung/peking/de/05/Aussenwirtschaftsfoerderung/basisinfos__chines__lw__seite.html> am 05.05.2008).

Gesetz der Genfer Flüchtlingskonvention:

(<http://www2.amnesty.de/internet/deall.nsf/3c7abab8e052c42fc1256eeb004ce861/fffaf4218cc99453c1256eec00492ea9?OpenDocument> am 29.02.2008).

ICESCR:

(<http://www.unhchr.ch/html/menu3/b/a_cescr.htm> am 17.07.2008).

ILO Abkommen mit der VRC:

(<http://www.ilo.org/ilolex/cgi-lex/ratifce.pl?China> am 17.07.2008).

Kriterien der Union of International Associations (UIA) für eine legitimierte NGO:

(<http://www.uia.be> am 17.07.2008).

Labor Contract Law of the People's Republic of China:

(<http://www.lehmanlaw.com/resource-centre/laws-and-regulations/labor/labor-contract-law-of-the-peoples-republic-of-china.html> am 30.05.2008).

Labor Law of the People's Republic of China:

(<http://www.usmra.com/china/Labour%20Law.htm> am 28.05.2008).

Labour Inspection Convention:

(<http://www.ilo.org/ilolex/cgi-lex/convde.pl?C081> am 19.07.2008).

Monthly Bulletin of Statistics vom Mai 2008:

(<http://eng.dgbas.gov.tw/lp.asp?ctNode=1998&CtUnit=1053&BaseDSD=35> am 20.06.2008).

Nachrichtenagentur Xinhuanet:

(<http://news.xinhuanet.com/english/2006-05/13/content_4540727.htm> am 13.06.2008).

National Bureau of Statistics:

(<http://www.stats.gov.cn/English/ statistical-data/yearlydata/YB2000e/D09E.htm> am 13.06.2008).

Presseamt des Staatsrats der Volksrepublik China:

(<http://www.Peking.diplo.de/Vertretung/peking/de/05/Aussenwirtschaftsfoerder-ung/basisinfos__chines__lw__seite.html> am 05.05.2008).

Statistical Yearbook of The Republic of China 2006:

(<http://eng.dgbas.gov.tw/lp.asp?ctNode=2351&CtUnit=1072&BaseDSD=368> am 20.06.2008).

Universal Declaration of Human Rights (UDHR)

(<http://www.un.org/Overview/rights.html> am 18.10.2007).

10.5 Experteninterviews

Pleiter, Dirk	21. Mai 2008, Jena
China-Experte	Telefoninterview
Amnesty International	(aufgezeichnet)
(in deutscher Sprache)	
Kine, Phelim	18. Juli 2008
Asia Researcher	Email-Interview
Human Rights Watch	
(in englischer Sprache)	
Wang, Beibei	Januar-März 2008
Doktorantin der Medienwissenschaft	Face-to-Face-Interview
(in deutscher Sprache)	Email-Interview

ANHANG –

LANDKARTE

DOKUMENTE

Wirtschaftliche Landkarte der Regionen Chinas:

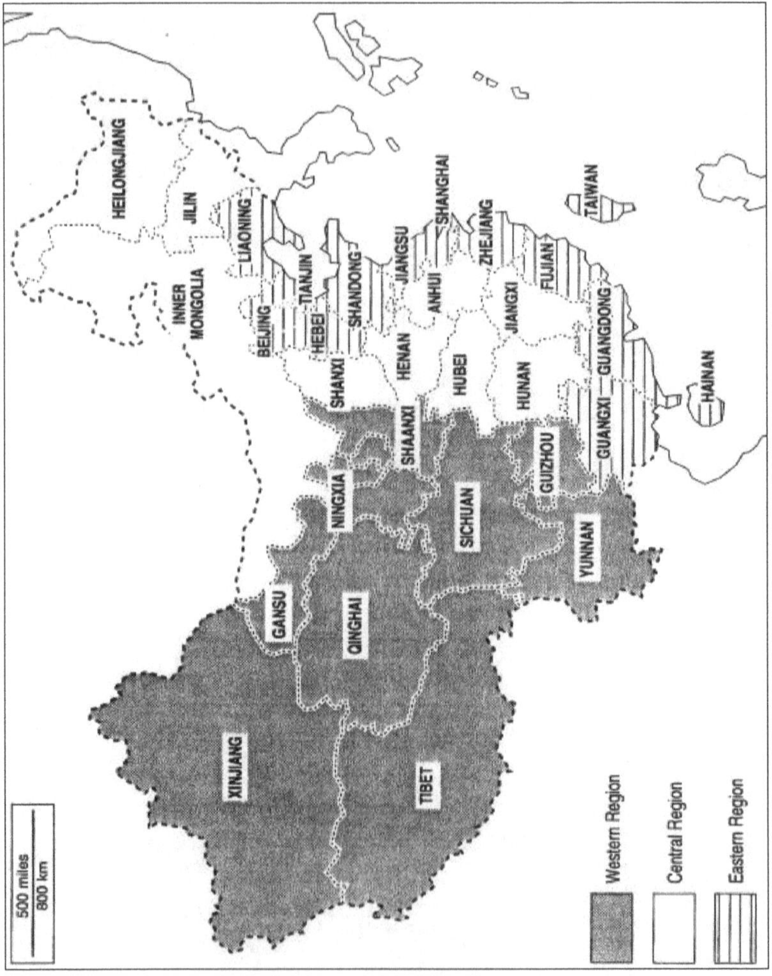

Quelle: Davin, Delia, Internal Migration in Contemporary China, Wiltshire 1999, S. 51.
Originalquelle: SSB, China Statistical Yearbook 1997, S. 42, 45.

Antrag auf eine permanente *Hukou*-Registrierung:

<table>
<tr><th colspan="3">PERMANENT RESIDENT (Changzhu renkou)</th></tr>
<tr><td>Registration Form
Type of household
(family, individual,
or collective)</td><td>Household head
(name)</td><td>Relationship to
household head</td></tr>
<tr><td colspan="2">Name
Other name
Date of birth year month day hour minute</td><td>Gender
Nationality (one of 56)</td></tr>
<tr><td colspan="2">Legal guardian (can be two names here)
Guardian relationship</td><td>Place of birth
Birth certificate issue date</td></tr>
<tr><td colspan="3">Residential address
Other address in the same city/ country</td></tr>
<tr><td colspan="2">Family origin (paternal grandfahter's date address)
Personal ID serial number</td><td>Religious belief (can be blank)
ID issue date</td></tr>
<tr><td>Education
Height
Employment</td><td>Marital status
Blood type</td><td>Military service
Profession</td></tr>
<tr><td colspan="2">When, why and from where migrated
to this city (county)
When, why and from where moved
to this address</td><td>
year month day

year month day</td></tr>
<tr><td colspan="2">When, why and to where migrated
out of this city (county)
When and why cancelled this hukou</td><td>
year month day

year month day</td></tr>
<tr><td colspan="2">Applicant's signature/ seal</td><td>Hukou registration
Authority's special seal</td></tr>
<tr><td colspan="2">Processor's signature/ seal</td><td>Registration date</td></tr>
</table>

Item	Change, Correction	Change date	Applicant's Signature/ seal	Processor's Signature/ seal

Remarks

photo 1	photo 2	photo 3

(beide Dokumente) Quelle: Wang, Fei-Ling, Organizing Through Division and Exclusion. China's Hukou System, Stanford 2005, 72f.

Antrag auf eine temporäre *Hukou*-Registrierung:

Temporary Resident *(Zanzhu renkou)* **Registration Form**

Original *hukou* type or category Host/ landlord's name

Temporary residential permit serial number Relationship to host/ landlord

Basic information	Name Gender photo Other name Nationality Date of birth year month day Residential Personal ID card serial number Permanent hukou address Permanent hukou category Education Marital status Profession
Temporary informatin	Date of arrival Reason of stay Place of stay Current profession Current employment Responsible person Temporary address Temporary residential Permit issue date Temporary residential Permit expiration date Reason of cancellation Cancellation date Left for where
With persons 15 or younger	Relation Name Gender Date of birth ID card number
Verification By mail	Contacts
remarks	
Filling unit	Processor Filling date year month day

Quelle: Wang, Fei-Ling, Organizing Through Division and Exclusion. China's Hukou System, Stanford 2005, S. 76.

Zeitfracht Medien GmbH
Ferdinand-Jühlke-Straße 7
99095 Erfurt, Deutschland
produktsicherheit@kolibri360.de